발빠르게
자격증을
취득한다!

탄탄한 매뉴얼과 최신 기출문제 수록! 빠르고 정확한 합격 지름길!

─── 정보기술자격 ───

ITQ

엑셀 2016

M A R I N E B O O K S

MEMO

이책의 차례

Information Technology Qualification

MEMO

ITQ 시험안내

1 정보기술자격 ITQ 자격 소개

2 회원가입부터 자격증 수령까지 한눈에!

3 ITQ 답안 작성 요령(온라인 답안 시스템)

MEMO

★ 정보기술자격 ITQ 자격 소개

최고의 신뢰성, 최대의 활용도를 갖춘 국가공인자격 ITQ는 실기시험만으로 평가하는 미래형 첨단 IT자격시험입니다.

시험 과목

자격종목	프로그램 및 버전		등급	시험 방식	시험 시간
	S/W	공식버전			
아래한글	한컴오피스	NEO/2020 병행(2022.1월 정기시험부터)	A등급 B등급 C등급	PBT	60분
한셀		* 한셀/한쇼 과목은 NEO버전으로만 운영			
한쇼					
MS워드	MS오피스	2016(2022.1월 정기시험부터)			
한글엑셀					
한글액세스					
한글파워포인트					
인터넷	내장브라우저 IE8:0 이상				

합격 결정기준

등급	점수	수준
A등급	400점 ~ 500점	주어진 과제의 80%~100%를 정확히 해결할 수 있는 능력
B등급	300점 ~ 399점	주어진 과제의 60%~79%를 정확히 해결할 수 있는 능력
C등급	200점 ~ 299점	주어진 과제의 40%~59%를 정확히 해결할 수 있는 능력

☞ **"제1작업"** 시트를 이용하여 조건에 따라 《출력형태》와 같이 작업하시오.

《조건》

(1) 차트 종류 ⇒ <묶은 세로 막대형>으로 작업하시오.

(2) 데이터 범위 ⇒ "제1작업" 시트의 내용을 이용하여 작업하시오.

(3) 위치 ⇒ "새 시트"로 이동하고, "제4작업"으로 시트 이름을 바꾸시오.

(4) 차트 디자인 도구 ⇒ 레이아웃 3, 스타일 1을 선택하여 《출력형태》에 맞게 작업하시오.

(5) 영역 서식 ⇒ 차트 : 글꼴(굴림, 11pt), 채우기 효과(질감-파랑 박엽지)

                그림 : 채우기(흰색, 배경 1)

(6) 제목 서식 ⇒ 차트 제목 : 글꼴(굴림, 굵게, 20pt), 채우기(흰색, 배경 1), 테두리

(7) 서식 ⇒ 최저가(단위:원) 계열의 차트 종류를 <표식이 있는 꺾은선형>으로 변경한 후 보조 축으로 지정하시오.

            계열 : 《출력형태》를 참조하여 표식(세모, 크기 10)과 레이블 값을 표시하시오.

            눈금선 : 선 스타일-파선

            축 : 《출력형태》를 참조하시오.

(8) 범례 ⇒ 범례명을 변경하고 《출력형태》를 참조하시오.

(9) 도형 ⇒ '모서리가 둥근 사각형 설명선'을 삽입한 후 《출력형태》와 같이 내용을 입력하시오.

(10) 나머지 사항은 《출력형태》에 맞게 작성하시오.

《출력형태》

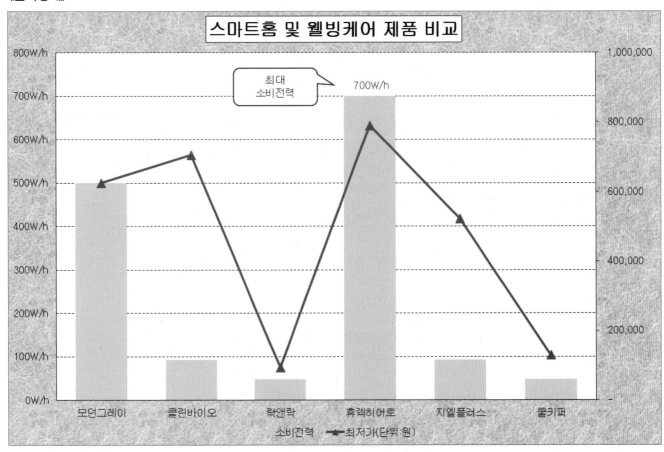

주의 ☞ 시트명 순서가 차례대로 "제1작업", "제2작업", "제3작업", "제4작업"이 되도록 할 것.

정보기술자격(ITQ) 시험 MS오피스

과 목	코드	문제유형	시험시간	수험번호	성 명
한글엑셀	1122	A	60분		

수험자 유의사항

- 수험자는 문제지를 받는 즉시 문제지와 수험표상의 시험과목(프로그램)이 동일한지 반드시 확인하여야 합니다.
- 파일명은 본인의 "수험번호-성명"으로 입력하여 답안폴더(내 PC\문서\ITQ)에 하나의 파일로 저장해야 하며, 답안문서 파일명이 "수험번호-성명"과 일치하지 않거나, 답안파일을 전송하지 않아 미제출로 처리될 경우 실격 처리합니다.(예:12345678-홍길동.xlsx).
- 답안 작성을 마치면 파일을 저장하고, '답안 전송' 버튼을 선택하여 감독위원 PC로 답안을 전송하십시오. 수험생 정보와 저장한 파일명이 다를 경우 전송되지 않으므로 주의하시기 바랍니다.
- 답안 작성 중에도 주기적으로 저장하고, '답안 전송'하여야 문제 발생을 줄일 수 있습니다. 작업한 내용을 저장하지 않고 전송할 경우 이전에 저장된 내용이 전송되오니 이점 유의하시기 바랍니다.
- 답안문서는 지정된 경로 외의 다른 보기기억장치에 저장하는 경우, 지정된 시험 시간 외에 작성된 파일을 활용할 경우, 기타 통신수단(이메일, 메신저, 네트워크 등)을 이용하여 타인에게 전달 또는 외부 반출하는 경우는 부정 처리합니다.
- 시험 중 부주의 또는 고의로 시스템을 파손한 경우는 수험자가 변상해야 하며, <수험자 유의사항>에 기재된 방법대로 이행하지 않아 생기는 불이익은 수험생 당사자의 책임임을 알려 드립니다.
- 문제의 조건은 MS오피스 2016 버전으로 설정되어 있으니 유의하시기 바랍니다.
- 시험을 완료한 수험자는 답안파일이 전송되었는지 확인한 후 감독위원의 지시에 따라 문제지를 제출합니다.

답안 작성요령

- 온라인 답안 작성 절차
  수험자 등록 → 시험 시작 → 답안파일 저장 → 답안 전송 → 시험 종료
- 문제는 총 4단계, 즉 제1작업부터 제4작업까지 구성되어 있으며 반드시 제1작업부터 순서대로 작성하고 조건대로 작업하시오.
- 모든 작업시트의 A열은 열 너비 '1'로, 나머지 열은 적당하게 조절하시오.
- 모든 작업시트의 테두리는 《출력형태》와 같이 작업하시오.
- 해당 작업란에서는 각각 제시된 조건에 따라 《출력형태》와 같이 작업하시오.
- 답안 시트 이름은 "제1작업", "제2작업", "제3작업", "제4작업"이어야 하며 답안 시트 이외의 것은 감점 처리됩니다.
- 각 시트를 파일로 나누어 작업해서 저장할 경우 실격 처리됩니다.

kpc 한국생산성본부

[제1작업] 표 서식 작성 및 값 계산 (240점)

☞ 다음은 '분야별 인기 검색어 현황'에 대한 자료이다. 자료를 입력하고 조건에 맞도록 작업하시오.

《출력형태》

분야별 인기 검색어 현황

검색코드	검색어	분야	연령대	PC 클릭 수	모바일 클릭 비율	환산점수	순위	검색엔진
BO-112	인문 일반	도서	40대	2,950	28.5%	2.9	(1)	(2)
LH-361	차량 실내용품	생활/건강	30대	4,067	34.0%	4.1	(1)	(2)
BO-223	어린이 문학	도서	40대	2,432	52.6%	2.4	(1)	(2)
LH-131	먼지 차단 마스크	생활/건강	50대	4,875	78.5%	4.9	(1)	(2)
LC-381	국내 숙박	여가/생활편의	30대	1,210	48.9%	1.2	(1)	(2)
LH-155	안마기	생활/건강	60대	3,732	69.3%	3.7	(1)	(2)
BO-235	잡화소설	도서	20대	4,632	37.8%	4.6	(1)	(2)
LC-122	홈캉스여행달	여가/생활편의	30대	3,867	62.8%	3.9	(1)	(2)
어린이 문학 검색어의 환산점수			(3)			최대 모바일 클릭 비율		(5)
도서 분야의 PC 클릭 수 평균			(4)			검색어	인문 일반	PC 클릭 수 (6)

《조건》

○ 모든 데이터의 서식에는 글꼴(굴림, 11pt), 정렬은 숫자 및 회계 서식은 오른쪽 정렬, 나머지 서식은 가운데 정렬하며 예외적인 것은 《출력형태》를 참조하시오.
○ 제 목 ⇒ 도형(배지)과 그림자(오프셋 오른쪽)를 이용하여 작성하고 "분야별 인기 검색어 현황"을 입력한 후 다음 서식을 적용하시오.
  (글꼴-굴림, 24pt, 검정, 채우기-노랑).
○ 임의의 셀에 결재란을 작성하여 그림으로 복사 기능을 이용하여 붙이기 하시오.(단, 원본 삭제).
○ 「B4:J4, G14, I14」영역은 '주황'으로 채우기 하시오.
○ 유효성 검사를 이용하여 「H14」셀에 검색어(「C5:C12」영역)가 선택 표시되도록 하시오.
○ 셀 서식 ⇒ 「F5:F12」영역에 셀 서식을 이용하여 숫자 뒤에 '회'를 표시하시오.(예 : 2,950회).
○ 「G5:G12」영역에 대해 '클릭비율'로 이름정의를 하시오.

☞ (1)~(6) 셀은 반드시 주어진 함수를 이용하여 값을 구하시오.(결과값을 직접 입력하면 해당 셀은 0점 처리됨).
(1) 순위 ⇒ 환산점수의 내림차순 순위를 구하시오(RANK.EQ 함수).
(2) 검색엔진 ⇒ 검색코드의 네 번째 글자가 1이면 '네이버', 2이면 '구글', 그 외에는 '다음'으로 구하시오.(IF, MID 함수).
(3) 어린이 문학 검색어의 환산점수 ⇒ 결과값에 '점'을 붙이시오(INDEX, MATCH 함수, & 연산자)(예 : 4.5점).
(4) 도서 분야의 PC 클릭 수 평균 ⇒ 단, 조건은 입력데이터를 이용하시오(DAVERAGE 함수).
(5) 최대 모바일 클릭 비율 ⇒ 정의된 이름(클릭비율)을 이용하여 구하시오(LARGE 함수).
(6) PC 클릭 수 ⇒ 「H14」셀에서 선택한 검색어에 대한 PC 클릭 수를 구하시오(VLOOKUP 함수).
(7) 조건부 서식의 수식을 이용하여 PC 클릭 수가 '4,000' 이상인 행 전체에 다음의 서식을 적용하시오.
  (글꼴 : 파랑, 굵게).

[제2작업] 목표값 찾기 및 필터 (80점)

☞ "제1작업" 시트의 「B4:H12」영역을 복사하여 "제2작업" 시트의 「B2」셀부터 모두 붙여넣기를 한 후 다음의 조건과 같이 작업하시오.

《조건》
(1) 목표값 찾기 - 「B11:G11」 셀을 병합하여 "환산점수의 전체 평균"을 입력한 후 「H11」 셀에 환산점수의 전체 평균을 구하시오(AVERAGE 함수, 테두리, 가운데 맞춤).
  - '환산점수의 전체 평균'이 '3.6'이 되려면 인문 일반의 환산점수가 얼마가 되어야 하는지 목표값을 구하시오.
(2) 고급필터 - 검색코드가 'L'로 시작하면서 모바일 클릭 비율이 '50%' 이상인 자료의 검색어, 분야, PC 클릭 수, 환산점수 데이터만 추출하시오.
  - 조건 범위 : 「B14」 셀부터 입력하시오.
  - 복사 위치 : 「B19」 셀부터 나타나도록 하시오.

[제3작업] 정렬 및 부분합 (80점)

☞ "제1작업" 시트의 「B4:H12」영역을 복사하여 "제3작업" 시트의 「B2」셀부터 모두 붙여넣기를 한 후 다음의 조건과 같이 작업하시오.

《조건》
(1) 부분합 - 《출력형태》처럼 정렬하고, 검색어의 개수와 PC 클릭 수의 평균을 구하시오.
(2) 윤곽 - 지우시오.
(3) 나머지 사항은 《출력형태》에 맞게 작성하시오.

《출력형태》

[제4작업] 그래프 (100점)

☞ "제1작업" 시트를 이용하여 조건에 따라 《출력형태》와 같이 작업하시오.

《조건》
(1) 차트 종류 ⇒ <묶은 세로 막대형>으로 작업하시오.
(2) 데이터 범위 ⇒ "제1작업" 시트의 내용을 이용하여 작업하시오.
(3) 위치 ⇒ "새 시트"로 이동하고, "제4작업"으로 시트 이름을 바꾸시오.
(4) 차트 디자인 도구 ⇒ 레이아웃 3, 스타일 1을 선택하여 《출력형태》에 맞게 작업하시오.
(5) 영역 서식 ⇒ 차트 : 글꼴(굴림, 11pt), 채우기 효과(질감-파랑 박엽지)
  그림 : 채우기(흰색, 배경1)
(6) 제목 서식 ⇒ 차트 제목 : 글꼴(굴림, 굵게, 20pt), 채우기(흰색, 배경1), 테두리
(7) 서식 ⇒ PC 클릭 수 계열의 차트 종류를 <표식이 있는 꺾은선형>으로 변경한 후 보조 축으로 지정하시오.
  계열 : 《출력형태》를 참조하여 표식(세모, 크기 10)과 레이블 값을 표시하시오.
  눈금선 : 선 스타일-파선
  축 : 《출력형태》를 참조하시오.
(8) 범례 ⇒ 범례명을 변경하고 《출력형태》를 참조하시오.
(9) 도형 ⇒ '모서리가 둥근 사각형 설명선'을 삽입한 후 《출력형태》와 같이 내용을 입력하시오.
(10) 나머지 사항은 《출력형태》에 맞게 작성하시오.

《출력형태》

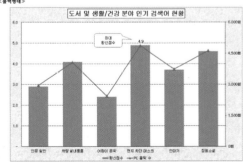

주의 ☞ 시트명 순서가 차례대로 "제1작업", "제2작업", "제3작업", "제4작업"이 되도록 할 것.

☞ **"제1작업"** 시트의 「B4:H12」 영역을 복사하여 **"제2작업"** 시트의 「B2」 셀부터 모두 붙여넣기를 한 후 다음의 조건 과 같이 작업하시오.

《조건》

(1) 고급 필터 - 제품코드가 'H'로 시작하거나, 소비전력이 '50'이하인 자료의 제품코드, 제품명, 최저가(단위:원), 무게 감소량 데이터만 추출하시오.
   - 조건 범위 : 「B14」 셀부터 입력하시오.
   - 복사 위치 : 「B18」 셀부터 나타나도록 하시오.

(2) 표 서식 - 고급필터의 결과셀을 채우기 없음으로 설정한 후 '표 스타일 보통 6'의 서식을 적용하시오.
   - 머리글 행, 줄무늬 행을 적용하시오.

☞ **"제1작업"** 시트를 이용하여 **"제3작업"** 시트에 조건에 따라 《출력형태》와 같이 작업하시오.

《조건》

(1) 소비전력 및 유통사별 제품명의 개수와 최저가(단위:원)의 평균을 구하시오.
(2) 소비전력은 그룹화하고, 유통사를 《출력형태》와 같이 정렬하시오.
(3) 레이블이 있는 셀 병합 및 가운데 맞춤 적용 및 빈 셀은 '**'로 표시하시오.
(4) 행의 총합계는 지우고, 나머지 사항은 《출력형태》에 맞게 작성하시오.

《출력형태》

A	B	C	D	E	F	G	H
1							
2		유통사 ↴					
3			현대케어		웰빙케어		스마트홈	
4	소비전력 ▾	개수 : 제품명	평균 : 최저가(단위:원)	개수 : 제품명	평균 : 최저가(단위:원)	개수 : 제품명	평균 : 최저가(단위:원)
5	1-300	1	663,100	3	440,320	1	129,000
6	301-600	1	1,102,900	**	**	1	625,150
7	601-900	**	**	**	**	1	790,000
8	총합계	2	883,000	3	440,320	3	514,717

☞ 다음은 '음식물 쓰레기통 비교'에 대한 자료이다. 자료를 입력하고 조건에 맞도록 작업하시오.

《출력형태》

	담당	팀장	본부장
확인			

음식물 쓰레기통 비교

제품코드	제품명	등록일	유통사	최저가 (단위:원)	소비전력	무게 감소량	음식물 처리 방식	비고
PC1002	모던그레이	2020-06-01	스마트홈	625,150	500	90%	(1)	(2)
CA2020	클린바이오	2022-03-10	웰빙케어	704,970	92	95%	(1)	(2)
PR2014	린클	2021-10-03	현대케어	663,100	130	98%	(1)	(2)
EJ3003	락앤락	2021-09-15	웰빙케어	94,050	48	0%	(1)	(2)
HD1002	휴렉히어로	2021-06-25	스마트홈	790,000	700	90%	(1)	(2)
GL2020	지엘플러스	2022-01-02	웰빙케어	521,940	92	95%	(1)	(2)
HE3005	쿨키퍼	2022-04-07	스마트홈	129,000	48	0%	(1)	(2)
H71003	사하라홈	2022-03-22	현대케어	1,102,900	600	92%	(1)	(2)
스마트홈 제품 개수			(3)		최대 소비전력			(5)
웰빙케어 최저가(단위:원) 평균			(4)		제품코드	PC1002	무게 감소량	(6)

《조건》

○ 모든 데이터의 서식에는 글꼴(굴림, 11pt), 정렬은 숫자 및 회계 서식은 오른쪽 정렬, 나머지 서식은 가운데 정렬로 작성하며 예외적인 것은《출력형태》를 참조하시오.

○ 제 목 ⇒ 도형(평행 사변형)과 그림자(오프셋 오른쪽)를 이용하여 작성하고 "음식물 쓰레기통 비교"를 입력한 후 다음 서식을 적용하시오
　　　　　(글꼴-굴림, 24pt, 검정, 굵게, 채우기-노랑).

○ 임의의 셀에 결재란을 작성하여 그림으로 복사 기능을 이용하여 붙이기 하시오(단, 원본 삭제).

○ 「B4:J4, G14, I14」 영역은 '주황'으로 채우기 하시오.

○ 유효성 검사를 이용하여 「H14」 셀에 제품코드(「B5:B12」 영역)가 선택 표시되도록 하시오.

○ 셀 서식 ⇒ 「G5:G12」 영역에 셀 서식을 이용하여 숫자 뒤에 'W/h'를 표시하시오(예 : 500W/h).

○ 「E5:E12」 영역에 대해 '유통사'로 이름정의를 하시오.

☞ (1)~(6) 셀은 반드시 **주어진 함수를 이용**하여 값을 구하시오(결과값을 직접 입력하면 해당 셀은 0점 처리됨).

(1) 음식물 처리 방식 ⇒ 제품코드의 세 번째 값이 1이면 '건조분쇄', 2이면 '미생물발효', 3이면 '냉장형'으로 구하시오
　　　　　　　　　　(CHOOSE, MID 함수).

(2) 비고 ⇒ 무게 감소량의 내림차순 순위를 구하시오(RANK.EQ 함수).

(3) 스마트홈 제품 개수 ⇒ 결과값에 '개'를 붙이시오. 단, 조건은 입력데이터를 이용하시오(DCOUNTA 함수, & 연산자)
　　　　　　　　　　(예 : 1개).

(4) 웰빙케어 최저가(단위:원) 평균 ⇒ 정의된 이름(유통사)을 이용하여 구하시오(SUMIF, COUNTIF 함수).

(5) 최대 소비전력 ⇒ (MAX 함수)

(6) 무게 감소량 ⇒ 「H14」 셀에서 선택한 제품코드에 대한 무게 감소량을 구하시오(VLOOKUP 함수).

(7) 조건부 서식의 수식을 이용하여 무게 감소량이 '95%' 이상인 행 전체에 다음의 서식을 적용하시오(글꼴 : 파랑, 굵게).

정보기술자격(ITQ) 최신기출문제

과 목	코 드	문제유형	시험시간	수험번호	성 명
한글엑셀	1122	A	60분		

수험자 유의사항

◎ 수험자는 문제지를 받는 즉시 문제지와 **수험표상의 시험과목(프로그램)이 동일한지 반드시 확인**하여야 합니다.

◎ 파일명은 본인의 "수험번호-성명"으로 입력하여 답안폴더(내 PC₩문서₩ITQ)에 하나의 파일로 저장해야 하며, 답안문서 파일명이 "수험번호-성명"과 일치하지 않거나, 답안파일을 전송하지 않아 미제출로 처리될 경우 실격 처리합니다 (예:12345678-홍길동.xlsx).

◎ 답안 작성을 마치면 파일을 저장하고, '답안 전송' 버튼을 선택하여 감독위원 PC로 답안을 전송하십시오. 수험생 정보와 저장한 파일명이 다를 경우 전송되지 않으므로 주의하시기 바랍니다.

◎ 답안 작성 중에도 **주기적으로 저장하고, '답안 전송'**하여야 문제 발생을 줄일 수 있습니다. 작업한 내용을 저장하지 않고 전송할 경우 이전에 저장된 내용이 전송되오니 이점 유의하시기 바랍니다.

◎ 답안문서는 지정된 경로 외의 다른 보조기억장치에 저장하는 경우, 지정된 시험 시간 외에 작성된 파일을 활용할 경우, 기타 통신수단(이메일, 메신저, 네트워크 등)을 이용하여 타인에게 전달 또는 외부 반출하는 경우는 부정 처리합니다.

◎ 시험 중 부주의 또는 고의로 시스템을 파손한 경우는 수험자가 변상해야 하며, <수험자 유의사항>에 기재된 방법대로 이행하지 않아 생기는 불이익은 수험생 당사자의 책임임을 알려 드립니다.

◎ 문제의 조건은 MS오피스 2016 버전으로 설정되어 있으니 유의하시기 바랍니다.

◎ 시험을 완료한 수험자는 답안파일이 전송되었는지 확인한 후 감독위원의 지시에 따라 문제지를 제출하고 퇴실합니다.

답안 작성요령

◎ 온라인 답안 작성 절차

수험자 등록 ⇒ 시험 시작 ⇒ 답안파일 저장 ⇒ 답안 전송 ⇒ 시험 종료

◎ 문제는 총 4단계, 즉 제1작업부터 제4작업까지 구성되어 있으며 반드시 제1작업부터 순서대로 작성하고 조건대로 작업 하시오.

◎ 모든 작업시트의 A열은 열 너비 '1'로, 나머지 열은 적당하게 조절하시오.

◎ 모든 작업시트의 테두리는《출력형태》와 같이 작업하시오.

◎ 해당 작업란에서는 각각 제시된 조건에 따라《출력형태》와 같이 작업하시오.

◎ 답안 시트 이름은 "제1작업", "제2작업", "제3작업", "제4작업"이어야 하며 답안 시트 이외의 것은 감점 처리됩니다.

◎ 각 시트를 파일로 나누어 작업해서 저장할 경우 실격 처리됩니다.

★ ITQ 답안 작성 요령

수험자 로그인

※ 해당 프로그램은 개인이 연습할 수 있는 답안전송 프로그램으로 실제 답안은 전송되지 않습니다. 또한 시험장 운영체제 및
   KOAS 버전에 따라 세부적인 부분에서 차이가 있을 수 있습니다.

❶ KOAS 수험자(연습용)을 더블클릭하여 실행합니다.

❷ [KOAS 연습용 시험과목 선택] 대화상자가 표시되면 '시험 과목'과 '수험자 성명'을 입력한 후 <선택>을 클릭합니다.

❸ [수험자 등록] 대화상자가 표시되면 본인의 수험번호를 입력한 후 <확인>을 클릭합니다. 이어서, 수험번호 확인 메시지 창에
   서 수험번호를 확인한 후 <확인>을 클릭합니다.

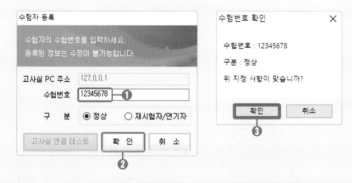

❹ [수험자 버전 선택] 대화상자가 표시되면 사용할 버전을 선택한 후 <확인>을 클릭합니다. 이어서, 수험자 정보(수험번호, 성명,
   수험과목 등)를 최종적으로 확인한 후 <확인>을 클릭합니다.

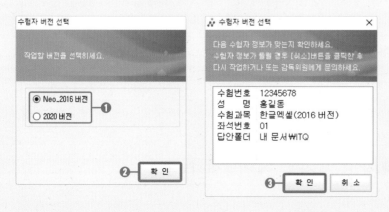

☞ "제1작업" 시트를 이용하여 조건에 따라《출력형태》와 같이 작업하시오.

《조건》

(1) 차트 종류 ⇒ <묶은 세로 막대형>으로 작업하시오.

(2) 데이터 범위 ⇒ "제1작업" 시트의 내용을 이용하여 작업하시오.

(3) 위치 ⇒ "새 시트"로 이동하고, "제4작업"으로 시트 이름을 바꾸시오.

(4) 차트 디자인 도구 ⇒ 레이아웃 3, 스타일 1을 선택하여《출력형태》에 맞게 작업하시오.

(5) 영역 서식 ⇒ 차트 : 글꼴(굴림, 11pt), 채우기 효과(질감-파랑 박엽지)

　　　　　　　　그림 : 채우기(흰색, 배경 1)

(6) 제목 서식 ⇒ 차트 제목 : 글꼴(굴림, 굵게, 20pt), 채우기(흰색, 배경 1), 테두리

(7) 서식 ⇒ 현재인원(명) 계열의 차트 종류를 <표식이 있는 꺾은선형>으로 변경한 후 보조 축으로 지정하시오.

　　　　계열 :《출력형태》를 참조하여 표식(마름모, 크기 10)과 레이블 값을 표시하시오.

　　　　눈금선 : 선 스타일-파선

　　　　축 :《출력형태》를 참조하시오.

(8) 범례 ⇒ 범례명을 변경하고《출력형태》를 참조하시오.

(9) 도형 ⇒ '타원형 설명선'을 삽입한 후《출력형태》와 같이 내용을 입력하시오.

(10) 나머지 사항은《출력형태》에 맞게 작성하시오.

《출력형태》

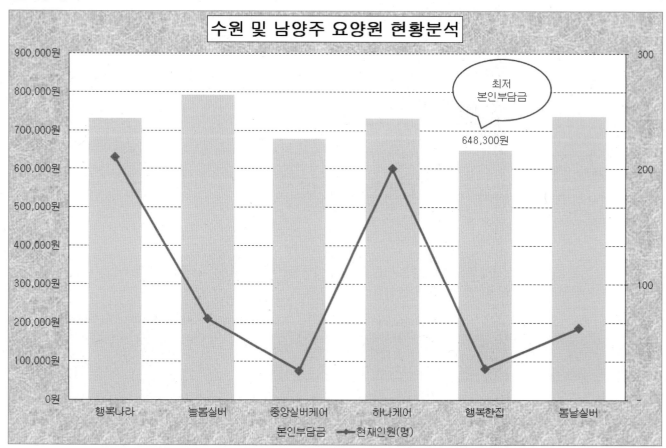

주의 ☞ 시트명 순서가 차례대로 "제1작업", "제2작업", "제3작업", "제4작업"이 되도록 할 것.

❶ Excel을 실행하여 본인의 '수험번호-성명(12345678-홍길동)'으로 [내PC]-[문서]-[ITQ] 폴더에 저장합니다.

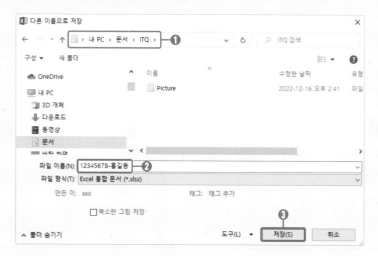

❷ 저장된 답안 파일을 전송하기 위해 [답안 전송]을 클릭합니다. 이어서, 답안파일 전송 메시지 창에서 <확인>을 클릭합니다.

   ※ 수험자 유의사항에 따라 주기적으로 답안 파일을 저장한 후 [답안 전송]을 클릭합니다.

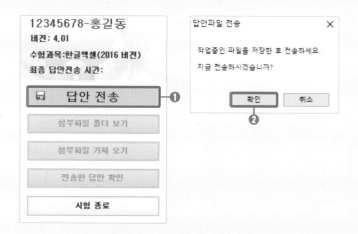

❸ [고사실 PC로 답안 파일 보내기] 대화상자가 표시되면 답안 파일의 존재 유무를 확인한 후 [답안전송]을 클릭합니다. 이어서, 성공 메시지 창에서 <확인>을 클릭합니다.

❹ 답안 파일 전송 상태가 '성공'인지 확인한 후 <닫기>를 클릭합니다.

   ※ 답안 파일은 [내PC]-[문서]-[ITQ] 폴더에 저장되어야 하며, 답안전송이 실패로 표시될 경우 다시 [답안전송]을 클릭합니다.

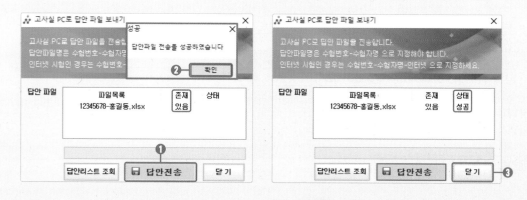

☞ **"제1작업"** 시트의 「B4:H12」 영역을 복사하여 **"제2작업"** 시트의 「B2」 셀부터 모두 붙여넣기를 한 후 다음의 조건과 같이 작업하시오.

《조건》

(1) 목표값 찾기 – 「B11:G11」 셀을 병합하여 "본인부담금 전체 평균"을 입력한 후 「H11」 셀에 본인부담금의 전체 평균을 구하시오(AVERAGE 함수, 테두리, 가운데 맞춤).
   - '본인부담금 전체 평균'이 '725,000'이 되려면 행복나라의 본인부담금이 얼마가 되어야 하는지 목표값을 구하시오.

(2) 고급필터 – 지역이 '수원'이 아니면서 현재인원(명)이 '50' 이상인 자료의 데이터만 추출하시오.
   - 조건 범위 : 「B14」 셀부터 입력하시오.
   - 복사 위치 : 「B18」 셀부터 나타나도록 하시오.

☞ **"제1작업"** 시트의 「B4:H12」 영역을 복사하여 **"제3작업"** 시트의 「B2」 셀부터 모두 붙여넣기를 한 후 다음의 조건과 같이 작업하시오.

《조건》

(1) 부분합 –《출력형태》처럼 정렬하고, 요양원의 개수와 본인부담금의 평균을 구하시오.
(2) 윤곽 – 지우시오.
(3) 나머지 사항은《출력형태》에 맞게 작성하시오.

《출력형태》

	A	B	C	D	E	F	G	H
1								
2		관리번호	지역	요양원	설립일	본인부담금	현재인원 (명)	요양보호사수 (명)
3		Y1-001	용인	민들레	2015-07-10	728,400원	130	62
4		Y3-002	용인	온누리	2019-02-10	783,900원	20	9
5			용인 평균			756,150원		
6			용인 개수	2				
7		S1-001	수원	행복나라	2013-01-02	731,400원	210	101
8		S3-002	수원	중앙실버케어	2014-02-20	678,300원	25	12
9		S2-003	수원	봄날실버	2016-12-20	737,400원	62	29
10			수원 평균			715,700원		
11			수원 개수	3				
12		N2-001	남양주	늘봄실버	2010-07-10	791,400원	70	37
13		N1-002	남양주	하나케어	2009-02-10	731,400원	200	103
14		N3-003	남양주	행복한집	2008-06-20	648,300원	27	15
15			남양주 평균			723,700원		
16			남양주 개수	3				
17			전체 평균			728,813원		
18			전체 개수	8				

MEMO

☞ 다음은 '경기지역 요양원 현황'에 대한 자료이다. 자료를 입력하고 조건에 맞도록 작업하시오.

《출력형태》

관리번호	지역	요양원	설립일	본인부담금	현재인원(명)	요양보호사수(명)	등급	시설구분
			경기지역 요양원 현황			결재	팀장	과장	대표
S1-001	수원	행복나라	2013-01-02	731,400	210	101	(1)	(2)
N2-001	남양주	늘봄실버	2010-07-10	791,400	70	37	(1)	(2)
S3-002	수원	중앙실버케어	2014-02-20	678,300	25	12	(1)	(2)
Y1-001	용인	민들레	2015-07-10	728,400	130	62	(1)	(2)
N1-002	남양주	하나케어	2009-02-10	731,400	200	103	(1)	(2)
N3-003	남양주	행복한집	2008-06-20	648,300	27	15	(1)	(2)
Y3-002	용인	온누리	2019-02-10	783,900	20	9	(1)	(2)
S2-003	수원	봄날실버	2016-12-20	737,400	62	29	(1)	(2)
수원 지역 본인부담금 평균			(3)			최저 본인부담금			(5)
현재인원(명) 100 미만인 요양원 수			(4)		요양원	행복나라	본인부담금	(6)

《조건》

○ 모든 데이터의 서식에는 글꼴(굴림, 11pt), 정렬은 숫자 및 회계 서식은 오른쪽 정렬, 나머지 서식은 가운데 정렬로 작성하며 예외적인 것은 《출력형태》를 참조하시오.

○ 제 목 ⇒ 도형(사다리꼴)과 그림자(오프셋 오른쪽)를 이용하여 작성하고 "경기지역 요양원 현황"을 입력한 후 다음 서식을 적용하시오
　　　　 (글꼴-굴림, 24pt, 검정, 굵게, 채우기-노랑).

○ 임의의 셀에 결재란을 작성하여 그림으로 복사 기능을 이용하여 붙이기 하시오(단, 원본 삭제).

○ 「B4:J4, G14, I14」 영역은 '주황'으로 채우기 하시오.

○ 유효성 검사를 이용하여 「H14」 셀에 요양원(「D5:D12」 영역)이 선택 표시되도록 하시오.

○ 셀 서식 ⇒ 「F5:F12」 영역에 셀 서식을 이용하여 숫자 뒤에 '원'을 표시하시오(예 : 731,400원).

○ 「F5:F12」 영역에 대해 '본인부담금'으로 이름정의를 하시오.

☞ (1)~(6) 셀은 반드시 **주어진 함수를 이용**하여 값을 구하시오(결과값을 직접 입력하면 해당 셀은 0점 처리됨).

(1) 등급 ⇒ 현재인원(명)을 2로 나눈 값이 요양보호사수(명) 보다 작으면 'A', 그 외에는 'B'로 구하시오(IF 함수).

(2) 시설구분 ⇒ 관리번호의 두 번째 글자가 1이면 '대형', 2이면 '중형', 3이면 '소형'으로 구하시오(CHOOSE, MID 함수).

(3) 수원 지역 본인부담금 평균 ⇒ 반올림하여 천원 단위까지 구하고, 조건은 입력데이터를 이용하시오
　　　　　　　　　　(ROUND, DAVERAGE 함수)(예 : 624,700 → 625,000).

(4) 현재인원(명) 100 미만인 요양원 수 ⇒ 결과값에 '개'를 붙이시오(COUNTIF 함수, & 연산자)(예 : 2개).

(5) 최저 본인부담금 ⇒ 정의된 이름(본인부담금)을 이용하여 구하시오(MIN 함수).

(6) 본인부담금 ⇒ 「H14」 셀에서 선택한 요양원에 대한 본인부담금을 구하시오(VLOOKUP 함수).

(7) 조건부 서식의 수식을 이용하여 요양보호사수(명)가 '100' 이상인 행 전체에 다음의 서식을 적용하시오
　　 (글꼴 : 파랑, 굵게).

2

출제유형 마스터하기

정보기술자격(ITQ) 최신기출문제

과 목	코 드	문제유형	시험시간	수험번호	성 명
한글엑셀	1122	A	60분		

수험자 유의사항

◎ 수험자는 문제지를 받는 즉시 문제지와 **수험표상의 시험과목(프로그램)이 동일한지 반드시 확인**하여야 합니다.

◎ 파일명은 본인의 "수험번호−성명"으로 입력하여 답안폴더(내 PC\문서\ITQ)에 하나의 파일로 저장해야 하며, 답안문서 파일명이 "수험번호−성명"과 일치하지 않거나, 답안파일을 전송하지 않아 미제출로 처리될 경우 실격 처리합니다 (예:12345678−홍길동.xlsx).

◎ 답안 작성을 마치면 파일을 저장하고, '답안 전송' 버튼을 선택하여 감독위원 PC로 답안을 전송하십시오. 수험생 정보와 저장한 파일명이 다를 경우 전송되지 않으므로 주의하시기 바랍니다.

◎ 답안 작성 중에도 **주기적으로 저장하고, '답안 전송'**하여야 문제 발생을 줄일 수 있습니다. 작업한 내용을 저장하지 않고 전송할 경우 이전에 저장된 내용이 전송되오니 이점 유의하시기 바랍니다.

◎ 답안문서는 지정된 경로 외의 다른 보조기억장치에 저장하는 경우, 지정된 시험 시간 외에 작성된 파일을 활용할 경우, 기타 통신수단(이메일, 메신저, 네트워크 등)을 이용하여 타인에게 전달 또는 외부 반출하는 경우는 부정 처리합니다.

◎ 시험 중 부주의 또는 고의로 시스템을 파손한 경우는 수험자가 변상해야 하며, <수험자 유의사항>에 기재된 방법대로 이행하지 않아 생기는 불이익은 수험생 당사자의 책임임을 알려 드립니다.

◎ 문제의 조건은 MS오피스 2016 버전으로 설정되어 있으니 유의하시기 바랍니다.

◎ 시험을 완료한 수험자는 답안파일이 전송되었는지 확인한 후 감독위원의 지시에 따라 문제지를 제출하고 퇴실합니다.

답안 작성요령

◎ 온라인 답안 작성 절차

수험자 등록 ⇒ 시험 시작 ⇒ 답안파일 저장 ⇒ 답안 전송 ⇒ 시험 종료

◎ 문제는 총 4단계, 즉 제1작업부터 제4작업까지 구성되어 있으며 반드시 제1작업부터 순서대로 작성하고 조건대로 작업 하시오.

◎ 모든 작업시트의 A열은 열 너비 '1'로, 나머지 열은 적당하게 조절하시오.

◎ 모든 작업시트의 테두리는 《출력형태》와 같이 작업하시오.

◎ 해당 작업란에서는 각각 제시된 조건에 따라 《출력형태》와 같이 작업하시오.

◎ 답안 시트 이름은 "제1작업", "제2작업", "제3작업", "제4작업"이어야 하며 답안 시트 이외의 것은 감점 처리됩니다.

◎ 각 시트를 파일로 나누어 작업해서 저장할 경우 실격 처리됩니다.

답안 파일 준비하기

- 시트를 추가한 후 이름을 변경합니다.
- 시트를 그룹화하여 A열의 너비를 조절합니다.
- 기본 설정이 끝나면 답안 파일을 저정합니다.

소스파일: 직접 입력   완성파일: 12345678-홍길동.xlsx

출제 유형 미리보기

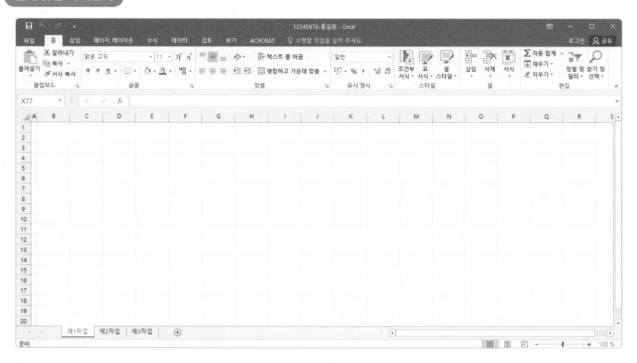

《답안 작성 요령》

- 문제는 총 4단계, 즉 제1작업부터 제4작업까지 구성되어 있으며 반드시 제1작업부터 순서대로 작성하고 조건대로 작업하시오.
- 모든 작업시트의 A열은 열 너비 '1'로, 나머지 열은 적당하게 조절하시오.
- 모든 작업시트의 테두리는《출력형태》와 같이 작업하시오.
- 해당 작업란에서는 각각 제시된 조건에 따라《출력형태》와 같이 작업하시오.
- 답안 시트 이름은 "제1작업", "제2작업", "제3작업", "제4작업"이어야 하며 답안 시트 이외의 것은 감점 처리됩니다.
- 각 시트를 파일로 나누어 작업해서 저장할 경우 실격 처리됩니다.

⭐ **과정 미리보기** 시트 추가 ➡ 시트 이름 변경 ➡ 시트 그룹화 ➡ A열 너비 조절 ➡ 답안 파일 저장

☞ **"제1작업"** 시트를 이용하여 조건에 따라《출력형태》와 같이 작업하시오.

《조건》

(1) 차트 종류 ⇒ <묶은 세로 막대형>으로 작업하시오.

(2) 데이터 범위 ⇒ "제1작업" 시트의 내용을 이용하여 작업하시오.

(3) 위치 ⇒ "새 시트"로 이동하고, "제4작업"으로 시트 이름을 바꾸시오.

(4) 차트 디자인 도구 ⇒ 레이아웃 3, 스타일 1을 선택하여《출력형태》에 맞게 작업하시오.

(5) 영역 서식 ⇒ 차트 : 글꼴(굴림, 11pt), 채우기 효과(질감-파랑 박엽지)

　　　　　　　 그림 : 채우기(흰색, 배경 1)

(6) 제목 서식 ⇒ 차트 제목 : 글꼴(굴림, 굵게, 20pt), 채우기(흰색, 배경 1), 테두리

(7) 서식 ⇒ 진료비(단위:원) 계열의 차트 종류를 <표식이 있는 꺾은선형>으로 변경한 후 보조 축으로 지정하시오.

　　　　　 계열 :《출력형태》를 참조하여 표식(세모, 크기 10)과 레이블 값을 표시하시오.

　　　　　 눈금선 : 선 스타일-파선

　　　　　 축 :《출력형태》를 참조하시오.

(8) 범례 ⇒ 범례명을 변경하고《출력형태》를 참조하시오.

(9) 도형 ⇒ '모서리가 둥근 사각형 설명선'을 삽입한 후《출력형태》와 같이 내용을 입력하시오.

(10) 나머지 사항은《출력형태》에 맞게 작성하시오.

《출력형태》

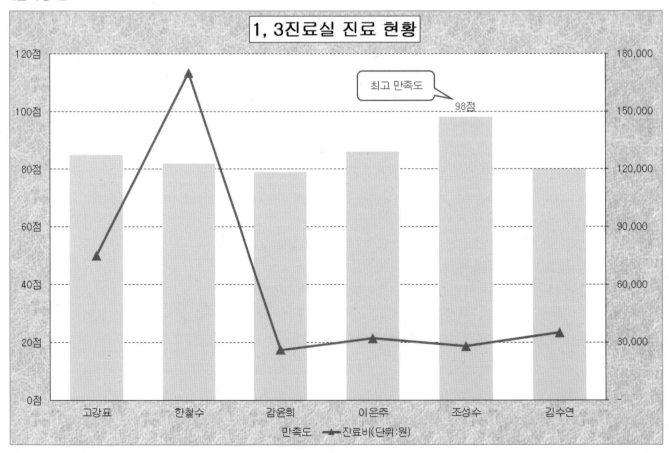

주의 ☞ 시트명 순서가 차례대로 "제1작업", "제2작업", "제3작업", "제4작업"이 되도록 할 것.

01 시트 추가 후 이름 변경하기

답안 시트 이름은 "제1작업", "제2작업", "제3작업", "제4작업"이어야 하며 답안 시트 이외의 것은 감점 처리됩니다.

❶ [시작(■)]-[Excel 2016(x▤)]을 클릭하여 **새 통합 문서**를 선택하거나 Esc 를 눌러 통합 문서를 활성화합니다.

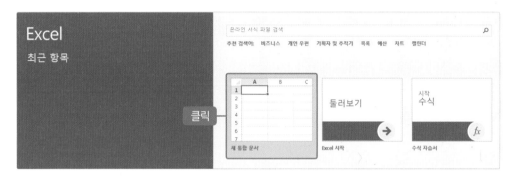

❷ 시트 2개를 추가하기 위해 아래쪽 시트 탭에서 **새 시트(⊕) 아이콘**을 두 번 클릭합니다.

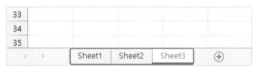

❸ 시트 이름을 변경하기 위해 [Sheet1]을 더블클릭하여 **제1작업**으로 입력한 후 Enter 를 누릅니다.

❹ 똑같은 방법으로 나머지 시트 2개의 이름을 **제2작업**과 **제3작업**으로 변경합니다.

➕ [제4작업] 시트는 [출제유형 07]에서 차트를 작성한 후 시트 이름과 위치를 변경합니다.

레벨업 📈 바로 가기 메뉴를 이용하여 시트 이름 변경하기

이름을 변경할 시트 위에서 마우스 오른쪽 버튼을 클릭하여 [이름 바꾸기]를 선택합니다.

☞ **"제1작업"** 시트의 「B4:H12」 영역을 복사하여 **"제2작업"** 시트의 「B2」 셀부터 모두 붙여넣기를 한 후 다음의 조건과 같이 작업하시오.

《조건》

(1) 고급 필터 - 진료코드가 'W'로 시작하거나, 진료비(단위:원)가 '100,000' 이상인 자료의 진료코드, 환자명, 치료부위, 진료비(단위:원) 데이터만 추출하시오.
      - 조건 범위 : 「B14」 셀부터 입력하시오.
      - 복사 위치 : 「B18」 셀부터 나타나도록 하시오.
(2) 표 서식 - 고급필터의 결과셀을 채우기 없음으로 설정한 후 '표 스타일 보통 6'의 서식을 적용하시오.
      - 머리글 행, 줄무늬 행을 적용하시오.

☞ **"제1작업"** 시트를 이용하여 **"제3작업"** 시트에 조건에 따라 《출력형태》와 같이 작업하시오.

《조건》

(1) 진료날짜 및 치료부위별 환자명의 개수와 진료비(단위:원)의 평균을 구하시오.
(2) 진료날짜를 그룹화하고, 치료부위를 《출력형태》와 같이 정렬하시오.
(3) 레이블이 있는 셀 병합 및 가운데 맞춤 적용 및 빈 셀은 '**'로 표시하시오.
(4) 행의 총합계는 지우고, 나머지 사항은 《출력형태》에 맞게 작성하시오.

《출력형태》

A	B	C	D	E	F	G	H
1							
2		치료부위					
3			허리			무릎		목
4	진료날짜	개수 : 환자명	평균 : 진료비(단위:원)	개수 : 환자명	평균 : 진료비(단위:원)	개수 : 환자명	평균 : 진료비(단위:원)
5	2022-05-02 - 2022-05-08	**	**	1	35,000	1	150,000
6	2022-05-09 - 2022-05-15	2	50,500	1	80,000	**	**
7	2022-05-16 - 2022-05-22	1	170,000	1	32,000	1	28,000
8	총합계	3	90,333	3	49,000	2	89,000

02 # 시트 그룹화 후 열 너비 조절하기

모든 작업시트의 A열은 열 너비 '1'로, 나머지 열은 적당하게 조절하시오.

❶ 시트를 그룹화하기 위해 **[제1작업]** 시트를 클릭한 후 Shift 를 누른 채 **[제3작업]** 시트를 선택합니다.

➕ 시트가 그룹화되면 제목 표시줄의 파일 이름 뒤에 그룹(통합 문서1 [그룹] - Excel)이 표시됩니다.

❷ 그룹화된 모든 시트의 A열 너비를 동시에 변경하기 위해 [A]열의 열 머리글 위에서 마우스 오른쪽 버튼을 클릭하여 **[열 너비]**를 선택하고, 열 너비를 1로 입력한 후 <확인>을 클릭합니다.

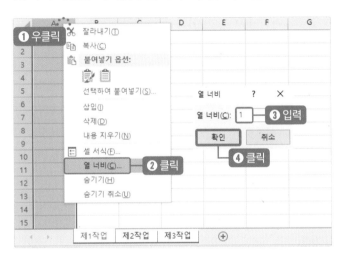
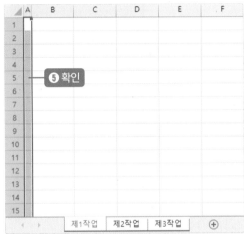

❸ **[제2작업]** 또는 **[제3작업]** 시트를 클릭하여 그룹을 해제시킨 후 각각의 시트를 선택해 **A열의 너비가 1로 변경되었는지 확인합니다.**

레벨업 📈 **바로 가기 메뉴를 이용하여 시트 그룹화 및 그룹화 해제하기**

시트 탭 위에서 마우스 오른쪽 버튼을 클릭하여 [모든 시트 선택] 또는 [시트 그룹 해제]를 선택하면 시트를 그룹화하거나 해제시킬 수 있습니다.

☞ 다음은 '튼튼정형외과 5월 진료 현황'에 대한 자료이다. 자료를 입력하고 조건에 맞도록 작업하시오.

《출력형태》

진료코드	환자명	진료날짜	진료실	치료부위	진료비 (단위:원)	만족도	만족도 순위	치료내용
W1161	고강표	2022-05-10	1진료실	허리	75,000	85	(1)	(2)
N2262	송현미	2022-05-02	2진료실	목	150,000	90	(1)	(2)
W1251	한철수	2022-05-21	1진료실	허리	170,000	82	(1)	(2)
W3342	김윤희	2022-05-09	3진료실	허리	26,000	79	(1)	(2)
K2171	박주승	2022-05-12	2진료실	무릎	80,000	92	(1)	(2)
A1312	이은주	2022-05-17	1진료실	무릎	32,000	86	(1)	(2)
N2331	조성수	2022-05-21	3진료실	목	28,000	98	(1)	(2)
K1362	김수연	2022-05-07	1진료실	무릎	35,000	80	(1)	(2)
허리치료 진료 건수			(3)		최대 진료비(단위:원)			(5)
1진료실 진료비(단위:원) 평균			(4)		진료코드	W1161	진료실	(6)

확인 / 담당 / 대리 / 과장

《조건》

○ 모든 데이터의 서식에는 글꼴(굴림, 11pt), 정렬은 숫자 및 회계 서식은 오른쪽 정렬, 나머지 서식은 가운데 정렬로 작성하며 예외적인 것은 《출력형태》를 참조하시오.

○ 제 목 ⇒ 도형(사다리꼴)과 그림자(오프셋 오른쪽)를 이용하여 작성하고 "튼튼정형외과 5월 진료 현황"을 입력한 후 다음 서식을 적용하시오
　　　　(글꼴-굴림, 24pt, 검정, 굵게, 채우기-노랑).

○ 임의의 셀에 결재란을 작성하여 그림으로 복사 기능을 이용하여 붙이기 하시오(단, 원본 삭제).

○ 「B4:J4, G14, I14」 영역은 '주황'으로 채우기 하시오.

○ 유효성 검사를 이용하여 「H14」 셀에 진료코드(「B5:B12」 영역)가 선택 표시되도록 하시오.

○ 셀 서식 ⇒ 「H5:H12」 영역에 셀 서식을 이용하여 숫자 뒤에 '점'을 표시하시오(예 : 85점).

○ 「F5:F12」 영역에 대해 '치료부위'로 이름정의를 하시오.

☞ (1)~(6) 셀은 반드시 **주어진 함수를 이용**하여 값을 구하시오(결과값을 직접 입력하면 해당 셀은 0점 처리됨).

(1) 만족도 순위 ⇒ 만족도의 내림차순 순위를 1~3까지 구하고, 그 외에는 공백으로 표시하시오(IF, RANK.EQ 함수).

(2) 치료내용 ⇒ 진료코드의 세 번째 값이 1이면 '충격파', 2이면 '도수치료', 3이면 '물리치료'로 표시하시오
　　　　　　(CHOOSE, MID 함수).

(3) 허리치료 진료 건수 ⇒ 결과값에 '건'을 붙이시오. 단, 정의된 이름(치료부위)을 이용하여 구하시오
　　　　　　(COUNTIF 함수, & 연산자)(예 : 1건).

(4) 1진료실 진료비(단위:원) 평균 ⇒ 단, 조건은 입력데이터를 이용하시오(DAVERAGE 함수).

(5) 최대 진료비(단위:원) ⇒ (MAX 함수)

(6) 진료실 ⇒ 「H14」 셀에서 선택한 진료코드에 대한 진료실을 구하시오(VLOOKUP 함수).

(7) 조건부 서식의 수식을 이용하여 진료비(단위:원)가 '80,000' 이상인 행 전체에 다음의 서식을 적용하시오
　　(글꼴 : 파랑, 굵게).

❹ 기본 작업이 끝나면 [파일] 탭-[저장]-**[찾아보기]**를 클릭합니다.

💬 왼쪽 상단의 [빠른 실행 도구 모음]에서 '저장' 아이콘(🖫)을 클릭하거나, Ctrl+S를 눌러 파일을 저장할 수도 있습니다.

❺ [다른 이름으로 저장] 대화상자에서 [내 PC]-[문서]-[ITQ] 폴더에 **12345678-홍길동**과 같이 본인의 '수험번호-성명' 형식으로 입력한 후 <저장>을 클릭합니다.

정보기술자격(ITQ) 최신기출문제

과 목	코 드	문제유형	시험시간	수험번호	성 명
한글엑셀	1122	A	60분		

수험자 유의사항

◎ 수험자는 문제지를 받는 즉시 문제지와 **수험표상의 시험과목(프로그램)이 동일한지 반드시 확인**하여야 합니다.

◎ 파일명은 본인의 "수험번호−성명"으로 입력하여 답안폴더(내 PC\문서\ITQ)에 하나의 파일로 저장해야 하며, 답안문서 파일명이 "수험번호−성명"과 일치하지 않거나, 답안파일을 전송하지 않아 미제출로 처리될 경우 실격 처리합니다 (예:12345678−홍길동.xlsx).

◎ 답안 작성을 마치면 파일을 저장하고, '답안 전송' 버튼을 선택하여 감독위원 PC로 답안을 전송하십시오. 수험생 정보와 저장한 파일명이 다를 경우 전송되지 않으므로 주의하시기 바랍니다.

◎ 답안 작성 중에도 **주기적으로 저장하고, '답안 전송'**하여야 문제 발생을 줄일 수 있습니다. 작업한 내용을 저장하지 않고 전송할 경우 이전에 저장된 내용이 전송되오니 이점 유의하시기 바랍니다.

◎ 답안문서는 지정된 경로 외의 다른 보조기억장치에 저장하는 경우, 지정된 시험 시간 외에 작성된 파일을 활용할 경우, 기타 통신수단(이메일, 메신저, 네트워크 등)을 이용하여 타인에게 전달 또는 외부 반출하는 경우는 부정 처리합니다.

◎ 시험 중 부주의 또는 고의로 시스템을 파손한 경우는 수험자가 변상해야 하며, <수험자 유의사항>에 기재된 방법대로 이행하지 않아 생기는 불이익은 수험생 당사자의 책임임을 알려 드립니다.

◎ 문제의 조건은 MS오피스 2016 버전으로 설정되어 있으니 유의하시기 바랍니다.

◎ 시험을 완료한 수험자는 답안파일이 전송되었는지 확인한 후 감독위원의 지시에 따라 문제지를 제출하고 퇴실합니다.

답안 작성요령

◎ 온라인 답안 작성 절차

　수험자 등록 ⇒ 시험 시작 ⇒ 답안파일 저장 ⇒ 답안 전송 ⇒ 시험 종료

◎ 문제는 총 4단계, 즉 제1작업부터 제4작업까지 구성되어 있으며 반드시 제1작업부터 순서대로 작성하고 조건대로 작업 하시오.

◎ 모든 작업시트의 A열은 열 너비 '1'로, 나머지 열은 적당하게 조절하시오.

◎ 모든 작업시트의 테두리는 《출력형태》와 같이 작업하시오.

◎ 해당 작업란에서는 각각 제시된 조건에 따라 《출력형태》와 같이 작업하시오.

◎ 답안 시트 이름은 "제1작업", "제2작업", "제3작업", "제4작업"이어야 하며 답안 시트 이외의 것은 감점 처리됩니다.

◎ 각 시트를 파일로 나누어 작업해서 저장할 경우 실격 처리됩니다.

[제1작업] 표 서식 작성 I (데이터 입력 및 제목 작성)

· 데이터 입력에 필요한 기본 서식(글꼴, 정렬)을 지정합니다.
· 셀에 데이터를 입력한 후 테두리를 지정합니다.
· 도형을 이용하여 제목을 작성한 후 그림자를 지정합니다.

소스파일: 02차시(문제).xlsx 완성파일: 02차시(완성).xlsx

출제 유형 미리보기 다음은 '게임 S/W 판매 현황'에 대한 자료이다. 자료를 입력하고 조건에 맞도록 작업하시오.

《출력형태》

제품코드	제품명	개발사	유형	가격	상반기 판매량	하반기 판매량	순위	출시연도
						결재	담당	과장	부장

게임 S/W 판매 현황

제품코드	제품명	개발사	유형	가격	상반기 판매량	하반기 판매량	순위	출시연도
PSE2019	잠수함	아람	액션	32,700	6,820	7,520	(1)	(2)
SCA2020	좀비5	지성소프트	액션	28,400	4,852	5,180	(1)	(2)
SAV2017	제로2	지성소프트	어드벤처	32,700	4,501	3,870	(1)	(2)
SCC2021	골프	아람	스포츠	30,500	4,782	4,820	(1)	(2)
KAV2018	풋볼	지성소프트	스포츠	34,900	4,890	7,510	(1)	(2)
SCE2018	릴리 스토리	소리아	액션	32,600	2,570	2,500	(1)	(2)
PSA2021	다나의 눈	소리아	어드벤처	28,400	3,570	3,790	(1)	(2)
SAB2019	아소의 나라	소리아	어드벤처	28,400	2,780	2,450	(1)	(2)
소리아 제품의 평균 가격			(3)		아람 제품의 총 상반기 판매량			(5)
최대 하반기 판매량			(4)		제품명	잠수함	가격	(6)

《조건》

○ 모든 데이터의 서식에는 글꼴(굴림, 11pt), 정렬은 숫자 및 회계 서식은 오른쪽 정렬, 나머지 서식은 가운데 정렬로 작성하며 예외적인 것은 《출력형태》를 참조하시오.

○ 제 목 ⇒ 도형(양쪽 모서리가 잘린 사각형)과 그림자(오프셋 오른쪽)를 이용하여 작성하고 "게임 S/W 판매 현황"을 입력한 후 다음 서식을 적용하시오(글꼴-굴림, 24pt, 검정, 굵게, 채우기-노랑).

○ 임의의 셀에 결재란을 작성하여 그림으로 복사 기능을 이용하여 붙이기 하시오(단, 원본 삭제).

○ 「B4:J4, G14, I14」 영역은 '주황'으로 채우기 하시오.

○ 유효성 검사를 이용하여 「H14」 셀에 제품명(「C5:C12」 영역)이 선택 표시되도록 하시오.

○ 셀 서식 ⇒ 「F5:F12」 영역에 셀 서식을 이용하여 숫자 뒤에 '원'을 표시하시오(예 : 32,700원).

○ 「H5:H12」 영역에 대해 '하반기판매량'으로 이름정의를 하시오.

⭐ **과정 미리보기** 기본 서식 지정 ➡ 데이터 입력 및 셀 병합 ➡ 테두리 지정 ➡ 도형 삽입 및 제목 입력 ➡ 그림자 지정

☞ **"제1작업"** 시트를 이용하여 조건에 따라 《출력형태》와 같이 작업하시오.

《조건》

(1) 차트 종류 ⇒ <묶은 세로 막대형>으로 작업하시오.

(2) 데이터 범위 ⇒ "제1작업" 시트의 내용을 이용하여 작업하시오.

(3) 위치 ⇒ "새 시트"로 이동하고, "제4작업"으로 시트 이름을 바꾸시오.

(4) 차트 디자인 도구 ⇒ 레이아웃 3, 스타일 1을 선택하여 《출력형태》에 맞게 작업하시오.

(5) 영역 서식 ⇒ 차트 : 글꼴(굴림, 11pt), 채우기 효과(질감-파랑 박엽지)
　　　　　　　 그림 : 채우기(흰색, 배경 1)

(6) 제목 서식 ⇒ 차트 제목 : 글꼴(굴림, 굵게, 20pt), 채우기(흰색, 배경 1), 테두리

(7) 서식 ⇒ 냉방능력 계열의 차트 종류를 <표식이 있는 꺾은선형>으로 변경한 후 보조 축으로 지정하시오.
　　　계열 : 《출력형태》를 참조하여 표식(마름모, 크기 10)과 레이블 값을 표시하시오.
　　　눈금선 : 선 스타일-파선
　　　축 : 《출력형태》를 참조하시오.

(8) 범례 ⇒ 범례명을 변경하고 《출력형태》를 참조하시오.

(9) 도형 ⇒ '모서리가 둥근 사각형 설명선'을 삽입한 후 《출력형태》와 같이 내용을 입력하시오.

(10) 나머지 사항은 《출력형태》에 맞게 작성하시오.

《출력형태》

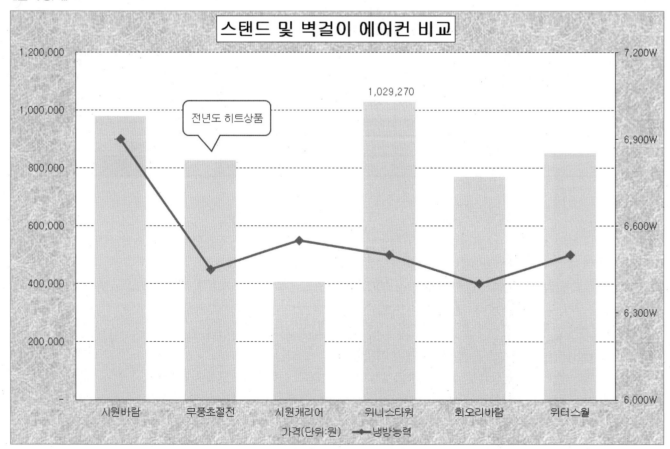

주의 ☞ 시트명 순서가 차례대로 "제1작업", "제2작업", "제3작업", "제4작업"이 되도록 할 것.

01 기본 서식 지정 및 데이터 입력하기

○ 모든 데이터의 서식에는 글꼴(굴림, 11pt), 정렬은 숫자 및 회계 서식은 오른쪽 정렬, 나머지 서식은 가운데 정렬로 작성하며 예외적인 것은 《출력형태》를 참조하시오.

☞ 다음은 '게임 S/W 판매 현황'에 대한 자료이다. 자료를 입력하고 조건에 맞도록 작업하시오.

1. 기본 서식 지정하기

❶ 02차시(문제).xlsx 파일을 실행한 후 [제1작업] 시트를 선택합니다. 데이터 입력에 필요한 기본 서식을 지정하기 위해 ◢(전체 선택)을 클릭합니다.

❷ [홈] 탭-[글꼴] 그룹에서 **글꼴(굴림)**과 **글꼴 크기(11)**를 지정한 후 [맞춤] 그룹에서 **가운데 맞춤(≡)**을 클릭합니다.

➕ 전체 선택 바로 가기 키 : Ctrl+A

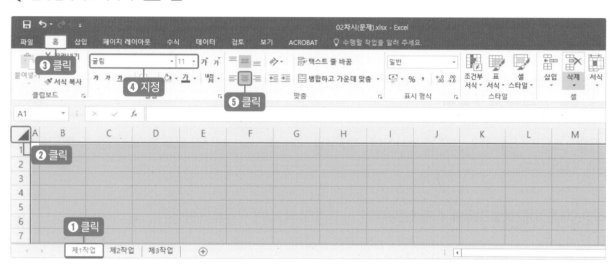

2. 셀 병합 및 데이터 입력하기

❶ 데이터를 입력하기 전 셀을 병합하기 위해 [B13:D13] 영역을 드래그한 후 Ctrl을 누른 상태에서 [B14:D14], [F13:F14], [G13:I13] 영역을 드래그합니다.

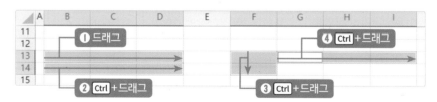

❷ [홈] 탭-[맞춤] 그룹에서 **병합하고 가운데 맞춤(≡)**을 클릭한 후 병합된 셀들을 확인합니다.

출제유형 02　**17**　[제1작업] 표 서식 작성 I (데이터 입력 및 제목 작성)

☞ "**제1작업**" 시트의 「B4:H12」 영역을 복사하여 "**제2작업**" 시트의 「B2」 셀부터 모두 붙여넣기를 한 후 다음의 조건과 같이 작업하시오.

《조건》

(1) 목표값 찾기 - 「B11:G11」 셀을 병합하여 "성공전자의 냉방능력 평균"을 입력한 후 「H11」 셀에 성공전자의 냉방능력 평균을 구하시오. 단, 조건은 입력데이터를 이용하시오(DAVERAGE 함수, 테두리, 가운데 맞춤).
　　　　- '성공전자의 냉방능력 평균'이 '6,634'가 되려면 시원바람의 냉방능력이 얼마가 되어야 하는지 목표값을 구하시오.

(2) 고급필터 - 분류가 '벽걸이'이거나 소비전력(kW)이 '2' 이하인 자료의 제품명, 분류, 브랜드, 가격(단위:원) 데이터만 추출하시오.
　　　　- 조건 범위 : 「B14」 셀부터 입력하시오.
　　　　- 복사 위치 : 「B18」 셀부터 나타나도록 하시오.

☞ "**제1작업**" 시트의 「B4:H12」 영역을 복사하여 "**제3작업**" 시트의 「B2」 셀부터 모두 붙여넣기를 한 후 다음의 조건과 같이 작업하시오.

《조건》

(1) 부분합 - 《출력형태》처럼 정렬하고, 제품명의 개수와 가격(단위:원)의 평균을 구하시오.
(2) 윤곽 - 지우시오.
(3) 나머지 사항은 《출력형태》에 맞게 작성하시오.

《출력형태》

	A	B	C	D	E	F	G	H
1								
2		제품코드	제품명	분류	브랜드	냉방능력	소비전력 (kW)	가격 (단위:원)
3		SMA-319	무빙에어컨	이동	신일사	6,162W	2.20	1,597,970
4		TPA-322	인디캠핑콘	이동	템피아	6,162W	2.40	1,480,000
5				이동 평균				1,538,985
6			2	이동 개수				
7		SPV-221	시원바람	스탠드	성공전자	6,900W	2.10	979,830
8		AFF-119	무풍초절전	스탠드	삼별사	6,450W	1.88	826,620
9		EPV-120	위니스타워	스탠드	성공전자	6,500W	2.10	1,029,270
10				스탠드 평균				945,240
11			3	스탠드 개수				
12		CSV-421	시원캐리어	벽걸이	세계전자	6,550W	2.25	407,570
13		SWE-120	회오리바람	벽걸이	엘프사	6,400W	2.01	769,350
14		WRV-220	위터스월	벽걸이	성공전자	6,500W	2.14	853,020
15				벽걸이 평균				676,647
16			3	벽걸이 개수				
17				전체 평균				992,954
18			8	전체 개수				

❸ 《출력형태》를 참고하여 각각의 셀에 데이터를 입력합니다.

➕ • 데이터 입력 후 키보드 방향키 또는 Tab을 누르면 다른 셀로 이동할 수 있습니다.
   • [G4], [H4] 셀은 윗줄 내용을 입력한 후 Alt+Enter를 눌러 아래줄 내용을 입력합니다.
   • [C10] 셀 내용 : 릴리 스토리, [C12] 셀 내용 : 아소의 나라

	A	B	C	D	E	F	G	H	I	J
1										
2										
3										
4		제품코드	제품명	개발사	유형	가격	상반기 판매량	하반기 판매량	순위	출시연도
5		PSE2019	잠수함	아람	액션	32700	6820	7520		
6		SCA2020	좀비5	지성소프트	액션	28400	4852	5180		
7		SAV2017	제로2	지성소프트	어드벤처	32700	4501	3870		
8		SCC2021	골프	아람	스포츠	30500	4782	4820		
9		KAV2018	풋볼	지성소프트	스포츠	34900	4890	7510		
10		SCE2018	릴리 스토리	소리아	액션	32600	2570	2500		
11		PSA2021	다나의 눈	소리아	어드벤처	28400	3570	3790		
12		SAB2019	아소의 나라	소리아	어드벤처	28400	2780	2450		
13		소리아 제품의 평균 가격					아람 제품의 총 상반기 판매량			
14		최대 하반기 판매량					제품명		가격	
15										

시험꿀팁

ITQ 시험은 작업에 필요한 데이터를 제공하지 않기 때문에 수험생이 문제지의 《출력형태》를 보면서 직접 입력해야 합니다.

 **데이터 입력 방법**   소스파일: 데이터 입력.xlsx   완성파일: 데이터 입력(완성).xlsx

❶ 날짜 입력 : 키보드의 하이픈(−)을 이용하여 입력합니다.(예 : 2023-12-25)
   − 날짜 또는 숫자를 입력할 때 셀의 너비가 좁으면 '#####'으로 표시되며, 열 너비를 넓히면 정상적으로 표시됩니다.

❷ 백분율 입력 : 키보드의 퍼센트(%)를 이용하여 입력합니다.(예 : 58%)

❸ 소숫점 입력 : 키보드의 마침표(.)를 이용하여 입력합니다.(예 : 0.1 / 0.01 / 0.15%)

❹ 소수 자릿수 지정 : 숫자를 입력한 후 [셀 서식] 대화상자에서 [표시 형식] 탭-[범주]의 '숫자', '회계', '백분율'에서 원하는
   소수 자릿수(D): 0 ⬚ 를 지정합니다.(예 : 1.0 / 1.00 / 10.0% / 10.00%)
   − 셀 서식 대화상자 바로 가기 키 : Ctrl+1

❺ 두 줄 데이터 입력 : 윗줄 내용을 입력한 후 Alt+Enter를 눌러 다음줄의 내용을 입력합니다.

❻ 셀 이동 : 데이터 입력 후 다음 셀로 이동할 때는 Tab 또는 방향키(↓, ↑, ←, →)를 누릅니다.

❼ 데이터 수정 : 해당 셀을 더블클릭하거나 F2를 눌러 수정합니다.

▶ 데이터 입력.xlsx 파일을 불러와 아래 그림을 참고하여 빈 셀에 데이터를 입력해 보세요.

	A	B	C	D	E	F	G	H
4		제품코드	제품명	개발사	유형	출시일	공급 비율	점유율 (단위:%)
5		PSE2019	잠수함	아람	액션	2020-01-03	80%	15.70
6		SCA2020	좀비5	지성소프트	엑션	2021-02-17	86.1%	93.0
7		SAV2017	제로2	지성소프트	어드벤처	2020-05-25	85%	55.00
8		SCC2021	골프	아람	스포츠	2023-08-08	87.50%	25.0
9		KAV2018	풋볼	지성소프트	스포츠	2022-11-07	77.8%	12.5
10		SCE2018	릴리 스토리	소리아	액션	2023-12-23	0.1%	10.0
11		PSA2021	다나의 눈	소리아	어드벤처	2021-10-19	0.45%	30.2
12		SAB2019	아소의 나라	소리아	어드벤처	2022-09-28	11.2%	23.7
13								

소수 자릿수 지정

☞ 다음은 '동일 냉방면적 에어컨 비교'에 대한 자료이다. 자료를 입력하고 조건에 맞도록 작업하시오.

《출력형태》

제품코드	제품명	분류	브랜드	냉방능력	소비전력 (kW)	가격 (단위:원)	순위	비고
SPV-221	시원바람	스탠드	성공전자	6,900	2.10	979,830	(1)	(2)
AFF-119	무풍초절전	스탠드	삼별사	6,450	1.88	826,620	(1)	(2)
SMA-319	무빙에어컨	이동	신일사	6,162	2.20	1,597,970	(1)	(2)
CSV-421	시원캐리어	벽걸이	세계전자	6,550	2.25	407,570	(1)	(2)
EPV-120	위니스타워	스탠드	성공전자	6,500	2.10	1,029,270	(1)	(2)
SWE-120	회오리바람	벽걸이	엘프사	6,400	2.01	769,350	(1)	(2)
WRV-220	위터스월	벽걸이	성공전자	6,500	2.14	853,020	(1)	(2)
TPA-322	인디캠핑콘	이동	템피아	6,162	2.40	1,480,000	(1)	(2)
이동형 제품의 소비전력(kW) 평균		(3)			두 번째로 높은 소비전력(kW)			(5)
스탠드형 최소 가격(단위:원)		(4)			제품코드	SPV-221	냉방능력	(6)

결재 담당 팀장 본부장

《조건》

○ 모든 데이터의 서식에는 글꼴(굴림, 11pt), 정렬은 숫자 및 회계 서식은 오른쪽 정렬, 나머지 서식은 가운데 정렬로 작성하며 예외적인 것은 《출력형태》를 참조하시오.

○ 제 목 ⇒ 도형(양쪽 모서리가 잘린 사각형)과 그림자(오프셋 오른쪽)를 이용하여 작성하고 "동일 냉방면적 에어컨 비교"를 입력한 후 다음 서식을 적용하시오 (글꼴-굴림, 24pt, 검정, 굵게, 채우기-노랑).

○ 임의의 셀에 결재란을 작성하여 그림으로 복사 기능을 이용하여 붙이기 하시오(단, 원본 삭제).

○ 「B4:J4, G14, I14」 영역은 '주황'으로 채우기 하시오.

○ 유효성 검사를 이용하여 「H14」 셀에 제품코드(「B5:B12」 영역)가 선택 표시되도록 하시오.

○ 셀 서식 ⇒ 「F5:F12」 영역에 셀 서식을 이용하여 숫자 뒤에 'W'를 표시하시오(예 : 6,900W).

○ 「G5:G12」 영역에 대해 '소비전력'으로 이름정의를 하시오.

☞ (1)~(6) 셀은 반드시 **주어진 함수를 이용**하여 값을 구하시오(결과값을 직접 입력하면 해당 셀은 0점 처리됨).

(1) 순위 ⇒ 냉방능력의 내림차순 순위를 구한 결과에 '위'를 붙이시오(RANK.EQ 함수, & 연산자)(예 : 1위).

(2) 비고 ⇒ 제품코드의 다섯 번째 글자가 1이면 '초절전', 2이면 '인버터', 그 외에는 '기타'로 구하시오(IF, MID 함수).

(3) 이동형 제품의 소비전력(kW) 평균 ⇒ 분류가 이동인 제품의 소비전력(kW) 평균을 구하시오(SUMIF, COUNTIF 함수).

(4) 스탠드형 최소 가격(단위:원) ⇒ 조건은 입력데이터를 이용하시오(DMIN 함수).

(5) 두 번째로 높은 소비전력(kW) ⇒ 정의된 이름(소비전력)을 이용하여 구하시오(LARGE 함수).

(6) 냉방능력 ⇒ 「H14」 셀에서 선택한 제품코드에 대한 냉방능력을 구하시오(VLOOKUP 함수).

(7) 조건부 서식의 수식을 이용하여 소비전력(kW)이 '2.10' 이하인 행 전체에 다음의 서식을 적용하시오(글꼴 : 파랑, 굵게).

3. 열 너비 및 행 높이 조절하기 모든 작업 시트의 A열은 열 너비 '1'로, 나머지 열은 적당하게 조절하시오.

❶ [C] 열과 [D] 열의 열 너비를 조절하기 위해 열 머리글 사이에 마우스 포인터(✛)를 위치시킨 후 더블클릭합니다.

> 열 머리글 경계선을 더블클릭하면 해당 열에서 가장 긴 글자에 맞추어 자동으로 열의 너비가 조절됩니다.

	A	B	C	D	E
1				❶ 더블 클릭	
2					
3					
4		제품코드	제품명	개발사	유형
5		PSE2019	잠수함	아람	액션
6		SCA2020	좀비5	지성소프트	액션
7		SAV2017	제로2	지성소프트	어드벤처
8		SCC2021	골프	아람	스포츠
9		KAV2018	풋볼	지성소프트	스포츠
10		SCE2018	릴리 스토리	소리아	액션
11		PSA2021	다나의 눈	소리아	어드벤처
12		SAB2019	아소의 나라	소리아	어드벤처
13		소리아 제품의 평균 가격			
14		최대 하반기 판매량			
15					

	A	B	C	D	E
1					❸ 더블 클릭
2				❷ 확인	
3					
4		제품코드	제품명	개발사	유형
5		PSE2019	잠수함	아람	액션
6		SCA2020	좀비5	지성소프트	액션
7		SAV2017	제로2	지성소프트	어드벤처
8		SCC2021	골프	아람	스포츠
9		KAV2018	풋볼	지성소프트	스포츠
10		SCE2018	릴리 스토리	소리아	액션
11		PSA2021	다나의 눈	소리아	어드벤처
12		SAB2019	아소의 나라	소리아	어드벤처
13		소리아 제품의 평균 가격			
14		최대 하반기 판매량			
15					

 마우스로 드래그하여 열 너비 조절하기

경계선을 더블클릭하여 열의 너비를 조절한 이후에도 《출력형태》와 비교하여 간격이 좁다고 판단되면 열 머리글 사이에 마우스 포인터(✛)를 위치시킨 후 드래그하여 열의 너비를 조절합니다.

	A	B	C	D	E	F	G
4		제품코드	제품명	개발사	유형	가격	상반기 판매량
5		PSE2019	잠수함	아람	액션	32700	6820
6		SCA2020	좀비5	지성소프트	액션	28400	4852
7		SAV2017	제로2	지성소프트	어드벤처	32700	4501

❷ 똑같은 방법으로 《출력형태》를 참고하여 열 너비를 조절합니다.

	A	B	C	D	E	F	G	H	I	J
1										
2										
3										
4		제품코드	제품명	개발사	유형	가격	상반기 판매량	하반기 판매량	순위	출시연도
5		PSE2019	잠수함	아람	액션	32700	6820	7520		
6		SCA2020	좀비5	지성소프트	액션	28400	4852	5180		
7		SAV2017	제로2	지성소프트	어드벤처	32700	4501	3870		
8		SCC2021	골프	아람	스포츠	30500	4782	4820		
9		KAV2018	풋볼	지성소프트	스포츠	34900	4890	7510		
10		SCE2018	릴리 스토리	소리아	액션	32600	2570	2500		
11		PSA2021	다나의 눈	소리아	어드벤처	28400	3570	3790		
12		SAB2019	아소의 나라	소리아	어드벤처	28400	2780	2450		
13		소리아 제품의 평균 가격					아람 제품의 총 상반기 판매량			
14		최대 하반기 판매량					제품명		가격	
15										

정보기술자격(ITQ) 최신기출문제

과　목	코　드	문제유형	시험시간	수험번호	성　명
한글엑셀	1122	A	60분		

수험자 유의사항

◎ 수험자는 문제지를 받는 즉시 문제지와 **수험표상의 시험과목(프로그램)이 동일한지 반드시 확인**하여야 합니다.

◎ 파일명은 본인의 "수험번호-성명"으로 입력하여 답안폴더(내 PC₩문서₩ITQ)에 하나의 파일로 저장해야 하며, 답안문서 파일명이 "수험번호-성명"과 일치하지 않거나, 답안파일을 전송하지 않아 미제출로 처리될 경우 실격 처리합니다 (예:12345678-홍길동.xlsx).

◎ 답안 작성을 마치면 파일을 저장하고, '답안 전송' 버튼을 선택하여 감독위원 PC로 답안을 전송하십시오. 수험생 정보와 저장한 파일명이 다를 경우 전송되지 않으므로 주의하시기 바랍니다.

◎ 답안 작성 중에도 **주기적으로 저장하고, '답안 전송'**하여야 문제 발생을 줄일 수 있습니다. 작업한 내용을 저장하지 않고 전송할 경우 이전에 저장된 내용이 전송되오니 이점 유의하시기 바랍니다.

◎ 답안문서는 지정된 경로 외의 다른 보조기억장치에 저장하는 경우, 지정된 시험 시간 외에 작성된 파일을 활용할 경우, 기타 통신수단(이메일, 메신저, 네트워크 등)을 이용하여 타인에게 전달 또는 외부 반출하는 경우는 부정 처리합니다.

◎ 시험 중 부주의 또는 고의로 시스템을 파손한 경우는 수험자가 변상해야 하며, <수험자 유의사항>에 기재된 방법대로 이행하지 않아 생기는 불이익은 수험생 당사자의 책임임을 알려 드립니다.

◎ 문제의 조건은 MS오피스 2016 버전으로 설정되어 있으니 유의하시기 바랍니다.

◎ 시험을 완료한 수험자는 답안파일이 전송되었는지 확인한 후 감독위원의 지시에 따라 문제지를 제출하고 퇴실합니다.

답안 작성요령

◎ 온라인 답안 작성 절차

　수험자 등록 ⇒ 시험 시작 ⇒ 답안파일 저장 ⇒ 답안 전송 ⇒ 시험 종료

◎ 문제는 총 4단계, 즉 제1작업부터 제4작업까지 구성되어 있으며 반드시 제1작업부터 순서대로 작성하고 조건대로 작업하시오.

◎ 모든 작업시트의 A열은 열 너비 '1'로, 나머지 열은 적당하게 조절하시오.

◎ 모든 작업시트의 테두리는 《출력형태》와 같이 작업하시오.

◎ 해당 작업란에서는 각각 제시된 조건에 따라 《출력형태》와 같이 작업하시오.

◎ 답안 시트 이름은 "제1작업", "제2작업", "제3작업", "제4작업"이어야 하며 답안 시트 이외의 것은 감점 처리됩니다.

◎ 각 시트를 파일로 나누어 작업해서 저장할 경우 실격 처리됩니다.

kpc 한국생산성본부

❸ 제목이 입력될 [1:3] 행의 높이를 조절하기 위해 [1:3] 행의 머리글을 드래그한 후 행 머리글 위에서 마우스 오른쪽 버튼을 클릭하여 [행 높이]를 선택합니다.

❹ [행 높이] 대화상자에서 25를 입력한 후 <확인>을 클릭합니다.

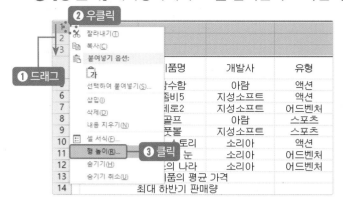

❺ 본문 제목과 내용이 입력될 [4:14] 행의 높이도 똑같은 방법으로 변경합니다.

➕ 제목 [4] 행은 32, 본문 [5:14] 행은 22로 행의 높이를 변경합니다.

	A	B	C	D	E	F	G	H	I	J
1										
2										
3										
4		제품코드	제품명	개발사	유형	가격	상반기 판매량	하반기 판매량	순위	출시연도
5		PSE2019	잠수함	아람	액션	32700	6820	7520		
6		SCA2020	좀비5	지성소프트	액션	28400	4852	5180		
7		SAV2017	제로2	지성소프트	어드벤처	32700	4501	3870		
8		SCC2021	골프	아람	스포츠	30500	4782	4820		
9		KAV2018	풋볼	지성소프트	스포츠	34900	4890	7510		
10		SCE2018	릴리 스토리	소리아	액션	32600	2570	2500		
11		PSA2021	다나의 눈	소리아	어드벤처	28400	3570	3790		
12		SAB2019	아소의 나라	소리아	어드벤처	28400	2780	2450		
13			소리아 제품의 평균 가격				아람 제품의 총 상반기 판매량			
14			최대 하반기 판매량				제품명		가격	
15										

행 높이 (32) → [4] 행
행 높이 (22) → [5:14] 행

시험꿀팁

행의 높이는 별도의 조건이 없으며, 채점 기준과도 무관하기 때문에 《출력형태》를 참고하여 적당한 높이로 조절합니다.

02 셀 테두리 지정하기

◎ 모든 작업시트의 테두리는 《출력형태》와 같이 작업하시오.

❶ 셀에 테두리를 지정하기 위해 [B4:J14] 영역을 드래그한 후 [홈] 탭-[글꼴] 그룹에서 테두리(▦)의 목록 단추(▾)를 눌러 **모든 테두리(⊞)**를 선택합니다.

☞ **"제1작업"** 시트를 이용하여 조건에 따라 《출력형태》와 같이 작업하시오.

《조건》

(1) 차트 종류 ⇒ <묶은 세로 막대형>으로 작업하시오.

(2) 데이터 범위 ⇒ "제1작업" 시트의 내용을 이용하여 작업하시오.

(3) 위치 ⇒ "새 시트"로 이동하고, "제4작업"으로 시트 이름을 바꾸시오.

(4) 차트 디자인 도구 ⇒ 레이아웃 3, 스타일 1을 선택하여 《출력형태》에 맞게 작업하시오.

(5) 영역 서식 ⇒ 차트 : 글꼴(굴림, 11pt), 채우기 효과(질감-분홍 박엽지)

　　　　　　　 그림 : 채우기(흰색, 배경 1)

(6) 제목 서식 ⇒ 차트 제목 : 글꼴(굴림, 굵게, 20pt), 채우기(흰색, 배경 1), 테두리

(7) 서식 ⇒ 판매 가격 계열의 차트 종류를 <표식이 있는 꺾은선형>으로 변경한 후 보조 축으로 지정하시오.

　　　　 계열 : 《출력형태》를 참조하여 표식(마름모, 크기 10)과 레이블 값을 표시하시오.

　　　　 눈금선 : 선 스타일-파선

　　　　 축 : 《출력형태》를 참조하시오.

(8) 범례 ⇒ 범례명을 변경하고 《출력형태》를 참조하시오.

(9) 도형 ⇒ '모서리가 둥근 사각형 설명선'을 삽입한 후 《출력형태》와 같이 내용을 입력하시오.

(10) 나머지 사항은 《출력형태》에 맞게 작성하시오.

《출력형태》

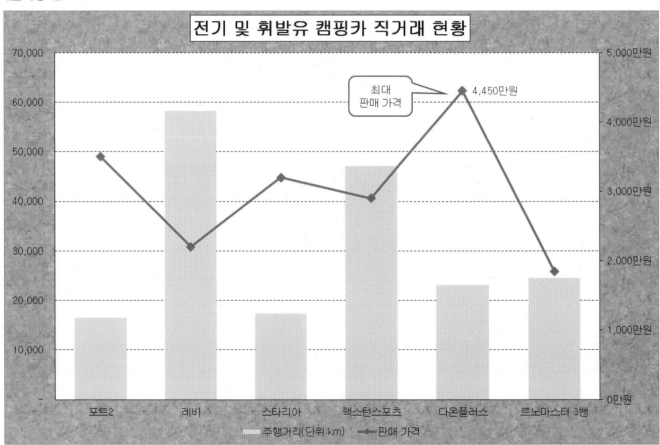

주의 ☞ 시트명 순서가 차례대로 "제1작업", "제2작업", "제3작업", "제4작업"이 되도록 할 것.

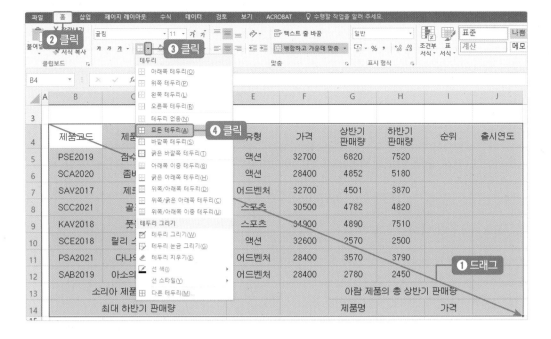

❷ 바깥쪽 테두리를 지정하기 위해 테두리(⊞)의 목록 단추(▾)를 눌러 **굵은 바깥쪽 테두리**(⊡)를 선택합니다.

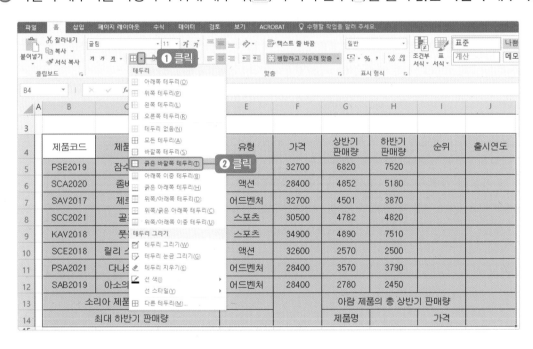

❸ 표 안쪽의 일부분을 굵은 테두리로 지정하기 위해 [B4:J4]를 영역으로 지정한 후 Ctrl 을 누른 상태에서 [B13:J14] 영역을 드래그합니다.

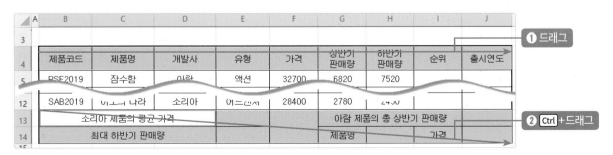

☞ "**제1작업**" 시트의 「B4:H12」 영역을 복사하여 "**제2작업**" 시트의 「B2」 셀부터 모두 붙여넣기를 한 후 다음의 조건과 같이 작업하시오.

《조건》

(1) 고급 필터 – 연료가 '전기'가 아니면서 주행거리(단위:km)가 '50,000' 이하인 자료의 모델명, 판매자, 출고일, 판매 가격 데이터만 추출하시오.
   - 조건 범위 : 「B14」 셀부터 입력하시오.
   - 복사 위치 : 「B18」 셀부터 나타나도록 하시오.

(2) 표 서식 – 고급필터의 결과셀을 채우기 없음으로 설정한 후 '표 스타일 보통 6'의 서식을 적용하시오.
   - 머리글 행, 줄무늬 행을 적용하시오.

제3작업 **피벗 테이블** (80점)

☞ "**제1작업**" 시트를 이용하여 "**제3작업**" 시트에 조건에 따라 《출력형태》와 같이 작업하시오.

《조건》

(1) 출고일 및 연료별 모델명의 개수와 주행거리(단위:km)의 평균을 구하시오.
(2) 출고일을 그룹화하고, 연료를 《출력형태》와 같이 정렬하시오.
(3) 레이블이 있는 셀 병합 및 가운데 맞춤 적용 및 빈 셀은 '***'로 표시하시오.
(4) 행의 총합계는 지우고, 나머지 사항은 《출력형태》에 맞게 작성하시오.

《출력형태》

	A	B	C	D	E	F	G	H
1								
2			연료 ↵					
3				휘발유		전기		경유
4		출고일 ▼	개수 : 모델명	평균 : 주행거리(단위:km)	개수 : 모델명	평균 : 주행거리(단위:km)	개수 : 모델명	평균 : 주행거리(단위:km)
5		2018년	1	58,290	1	24,548	1	54,091
6		2019년	1	47,169	1	16,537	1	89,500
7		2020년	1	23,000	1	17,280	***	***
8		총합계	3	42,820	3	19,455	2	71,796

❹ [홈] 탭-[글꼴] 그룹에서 테두리(⊞)의 목록 단추(▾)를 눌러 **굵은 바깥쪽 테두리(⊡)**를 선택합니다.

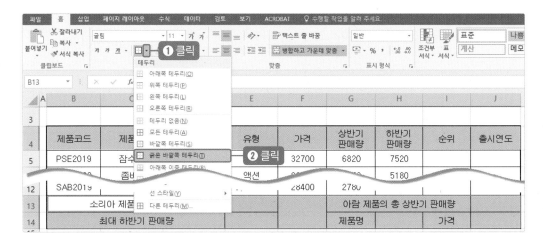

❺ 대각선을 추가하기 위해 [F13:F14] 셀 위에서 마우스 오른쪽 버튼을 클릭하여 [셀 서식]을 선택합니다.

➕ 셀 서식 바로 가기 키 : Ctrl + 1

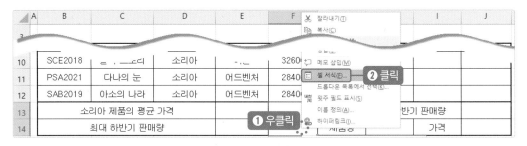

❻ [셀 서식] 대화상자-[테두리] 탭을 클릭하여 **대각선 테두리(◺, ◹)**를 지정한 후 <확인>을 클릭합니다.

➕ • 대각선 테두리 지정 시 선의 '스타일'을 확인합니다.
　• 테두리 작업이 끝나면 《출력형태》와 같은지 확인합니다.

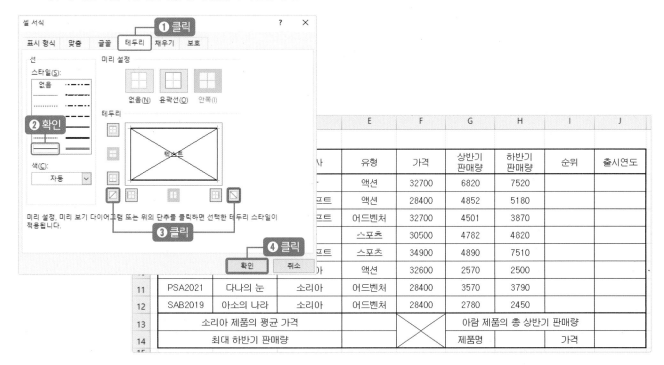

☞ 다음은 '**인증 중고 캠핑카 직거래 현황**'에 대한 자료이다. 자료를 입력하고 조건에 맞도록 작업하시오.

《출력형태》

매물번호	모델명	판매자	연료	출고일	주행거리 (단위:km)	판매 가격	출고일 순위	탑승인원
C-1240	포트2	손가은	전기	2019-10-07	16,537	3,500	(1)	(2)
S-1527	르벤투스	이지은	경유	2018-02-07	54,091	1,900	(1)	(2)
A-3841	레비	박정은	휘발유	2018-09-08	58,290	2,200	(1)	(2)
Q-3737	스타리아	서영희	전기	2020-02-12	17,280	3,200	(1)	(2)
K-2216	랙스턴스포츠	김철수	휘발유	2019-04-25	47,169	2,900	(1)	(2)
G-1109	카라반	김미정	경유	2019-12-11	89,500	1,950	(1)	(2)
B-1097	다온플러스	장정훈	휘발유	2020-06-14	23,000	4,450	(1)	(2)
A-2835	르노마스터 3밴	전철민	전기	2018-03-04	24,548	1,850	(1)	(2)
전기 캠핑카 판매 가격 평균			(3)			최소 주행거리(단위:km)		(5)
카라반 모델의 판매자			(4)			모델명	포트2	판매 가격	(6)

확인 / 담당 / 팀장 / 부장

《조건》

○ 모든 데이터의 서식에는 글꼴(굴림, 11pt), 정렬은 숫자 및 회계 서식은 오른쪽 정렬, 나머지 서식은 가운데 정렬로 작성하며 예외적인 것은 《출력형태》를 참조하시오.

○ 제 목 ⇒ 도형(십자형)과 그림자(오프셋 위쪽)를 이용하여 작성하고 "인증 중고 캠핑카 직거래 현황"을 입력한 후 다음 서식을 적용하시오
    (글꼴-굴림, 24pt, 검정, 굵게, 채우기-노랑).

○ 임의의 셀에 결재란을 작성하여 그림으로 복사 기능을 이용하여 붙이기 하시오(단, 원본 삭제).

○ 「B4:J4, G14, I14」 영역은 '주황'으로 채우기 하시오.

○ 유효성 검사를 이용하여 「H14」 셀에 모델명(「C5:C12」 영역)이 선택 표시되도록 하시오.

○ 셀 서식 ⇒ 「H5:H12」 영역에 셀 서식을 이용하여 숫자 뒤에 '만원'을 표시하시오(예 : 3,500만원).

○ 「G5:G12」 영역에 대해 '주행거리'로 이름정의를 하시오.

☞ (1)~(6) 셀은 반드시 **주어진 함수를 이용**하여 값을 구하시오(결과값을 직접 입력하면 해당 셀은 0점 처리됨).

(1) 출고일 순위 ⇒ 출고일의 내림차순 순위를 구한 결과값에 '위'를 붙이시오(RANK.EQ 함수, & 연산자)(예 : 1위).

(2) 탑승인원 ⇒ 매물번호의 세 번째 글자가 1이면 '5명', 2이면 '3명', 3이면 '2명'으로 구하시오(CHOOSE, MID 함수).

(3) 전기 캠핑카 판매 가격 평균 ⇒ 조건은 입력데이터를 이용하시오(DAVERAGE 함수).

(4) 카라반 모델의 판매자 ⇒ (INDEX, MATCH 함수)

(5) 최소 주행거리(단위:km) ⇒ 정의된 이름(주행거리)을 이용하여 구하시오(SMALL 함수).

(6) 판매 가격 ⇒ 「H14」 셀에서 선택한 모델명에 대한 판매 가격을 구하시오(VLOOKUP 함수).

(7) 조건부 서식의 수식을 이용하여 판매 가격이 '3,000' 이상인 행 전체에 다음의 서식을 적용하시오(글꼴 : 파랑, 굵게).

03 도형을 이용하여 제목 작성하기

○ 제 목 ⇒ 도형(양쪽 모서리가 잘린 사각형)과 그림자(오프셋 오른쪽)를 이용하여 작성하고 "게임 S/W 판매 현황"을 입력한 후 다음 서식을 적용하시오(글꼴-굴림, 24pt, 검정, 굵게, 채우기-노랑).

❶ 제목에 사용할 도형을 삽입하기 위해 [삽입] 탭-[일러스트레이션] 그룹에서 [도형(⬡)]-사각형-**양쪽 모서리가 잘린 사각형(⬡)**을 클릭합니다.

❷ 마우스 포인터가 '+' 모양으로 변경되면 [B1:G3] 영역에 적당한 크기로 드래그하여 도형을 삽입합니다.

➕ 도형의 크기 및 위치는 《출력형태》를 참고하여 조절합니다.

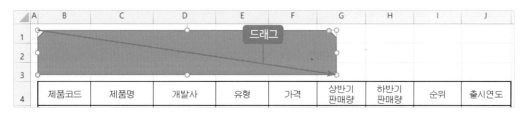

레벨업 📈 도형 편집 조절점

❶ 도형을 원하는 방향으로 회전시킬 수 있습니다.
❷ 도형의 모양을 변형시킬 수 있습니다.
❸ 도형의 크기를 조절할 수 있습니다.

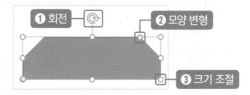

❸ 도형이 삽입되면 제목(게임 S/W 판매 현황)을 입력한 후 [Esc]를 누릅니다. [홈] 탭-[글꼴] 그룹에서 **글꼴(굴림), 글꼴 크기(24), 굵게(가), 글꼴 색(검정, 텍스트 1)**을 각각 지정합니다.

➕ 제목 입력 후 텍스트가 없는 도형의 빈 부분을 클릭해도 글꼴 서식을 지정할 수 있습니다.

정보기술자격(ITQ) 최신기출문제

과 목	코 드	문제유형	시험시간	수험번호	성 명
한글엑셀	1122	A	60분		

수험자 유의사항

◎ 수험자는 문제지를 받는 즉시 문제지와 **수험표상의 시험과목(프로그램)이 동일한지 반드시 확인**하여야 합니다.

◎ 파일명은 본인의 "수험번호-성명"으로 입력하여 답안폴더(내 PC₩문서₩ITQ)에 하나의 파일로 저장해야 하며, 답안문서 파일명이 "수험번호-성명"과 일치하지 않거나, 답안파일을 전송하지 않아 미제출로 처리될 경우 실격 처리합니다 (예:12345678-홍길동.xlsx).

◎ 답안 작성을 마치면 파일을 저장하고, '답안 전송' 버튼을 선택하여 감독위원 PC로 답안을 전송하십시오. 수험생 정보와 저장한 파일명이 다를 경우 전송되지 않으므로 주의하시기 바랍니다.

◎ 답안 작성 중에도 **주기적으로 저장하고, '답안 전송'**하여야 문제 발생을 줄일 수 있습니다. 작업한 내용을 저장하지 않고 전송할 경우 이전에 저장된 내용이 전송되오니 이점 유의하시기 바랍니다.

◎ 답안문서는 지정된 경로 외의 다른 보조기억장치에 저장하는 경우, 지정된 시험 시간 외에 작성된 파일을 활용할 경우, 기타 통신수단(이메일, 메신저, 네트워크 등)을 이용하여 타인에게 전달 또는 외부 반출하는 경우는 부정 처리합니다.

◎ 시험 중 부주의 또는 고의로 시스템을 파손한 경우는 수험자가 변상해야 하며, <수험자 유의사항>에 기재된 방법대로 이행하지 않아 생기는 불이익은 수험생 당사자의 책임임을 알려 드립니다.

◎ 문제의 조건은 MS오피스 2016 버전으로 설정되어 있으니 유의하시기 바랍니다.

◎ 시험을 완료한 수험자는 답안파일이 전송되었는지 확인한 후 감독위원의 지시에 따라 문제지를 제출하고 퇴실합니다.

답안 작성요령

◎ 온라인 답안 작성 절차

수험자 등록 ⇒ 시험 시작 ⇒ 답안파일 저장 ⇒ 답안 전송 ⇒ 시험 종료

◎ 문제는 총 4단계, 즉 제1작업부터 제4작업까지 구성되어 있으며 반드시 제1작업부터 순서대로 작성하고 조건대로 작업 하시오.

◎ 모든 작업시트의 A열은 열 너비 '1'로, 나머지 열은 적당하게 조절하시오.

◎ 모든 작업시트의 테두리는 《출력형태》와 같이 작업하시오.

◎ 해당 작업란에서는 각각 제시된 조건에 따라 《출력형태》와 같이 작업하시오.

◎ 답안 시트 이름은 "제1작업", "제2작업", "제3작업", "제4작업"이어야 하며 답안 시트 이외의 것은 감점 처리됩니다.

◎ 각 시트를 파일로 나누어 작업해서 저장할 경우 실격 처리됩니다.

kpc 한국생산성본부

❹ 도형에 색을 채우기 위해 채우기 색(🪣)의 목록 단추(▾)를 눌러 **노랑**을 지정한 후 [홈] 탭-[맞춤] 그룹에서 세로 **가운데 맞춤**(≣)과 가로 **가운데 맞춤**(≣)을 각각 클릭합니다.

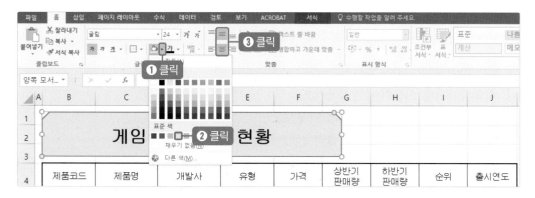

시험꿀팁

도형을 채우는 색상은 '노랑'이 고정적으로 출제되고 있습니다.

❺ 도형에 그림자를 지정하기 위해 [그리기 도구-서식] 탭-[도형 스타일] 그룹에서 [도형 효과(◉)]-[그림자]-**바깥쪽-오프셋 오른쪽**(□)을 클릭합니다.

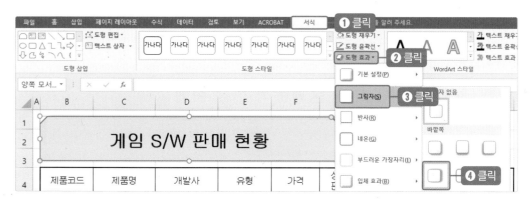

❻ 모든 작업이 완료되면 Ctrl + S 를 눌러 파일을 저장합니다.

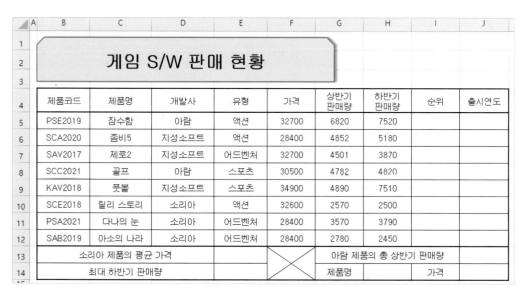

제품코드	제품명	개발사	유형	가격	상반기 판매량	하반기 판매량	순위	출시연도
PSE2019	잠수함	아람	액션	32700	6820	7520		
SCA2020	좀비5	지성소프트	액션	28400	4852	5180		
SAV2017	제로2	지성소프트	어드벤처	32700	4501	3870		
SCC2021	골프	아람	스포츠	30500	4782	4820		
KAV2018	풋볼	지성소프트	스포츠	34900	4890	7510		
SCE2018	릴리 스토리	소리아	액션	32600	2570	2500		
PSA2021	다나의 눈	소리아	어드벤처	28400	3570	3790		
SAB2019	아소의 나라	소리아	어드벤처	28400	2780	2450		
소리아 제품의 평균 가격					아람 제품의 총 상반기 판매량			
최대 하반기 판매량					제품명		가격	

☞ **"제1작업"** 시트를 이용하여 조건에 따라《출력형태》와 같이 작업하시오.

《조건》

(1) 차트 종류 ⇒ <묶은 세로 막대형>으로 작업하시오.

(2) 데이터 범위 ⇒ "제1작업" 시트의 내용을 이용하여 작업하시오.

(3) 위치 ⇒ "새 시트"로 이동하고, "제4작업"으로 시트 이름을 바꾸시오.

(4) 차트 디자인 도구 ⇒ 레이아웃 3, 스타일 1을 선택하여《출력형태》에 맞게 작업하시오.

(5) 영역 서식 ⇒ 차트 : 글꼴(굴림, 11pt), 채우기 효과(질감-분홍 박엽지)

                 그림 : 채우기(흰색, 배경 1)

(6) 제목 서식 ⇒ 차트 제목 : 글꼴(굴림, 굵게, 20pt), 채우기(흰색, 배경 1), 테두리

(7) 서식 ⇒ 신청인원 계열의 차트 종류를 <표식이 있는 꺾은선형>으로 변경한 후 보조 축으로 지정하시오.

        계열 :《출력형태》를 참조하여 표식(세모, 크기 10)과 레이블 값을 표시하시오.

        눈금선 : 선 스타일-파선

        축 :《출력형태》를 참조하시오.

(8) 범례 ⇒ 범례명을 변경하고《출력형태》를 참조하시오.

(9) 도형 ⇒ '모서리가 둥근 사각형 설명선'을 삽입한 후《출력형태》와 같이 내용을 입력하시오.

(10) 나머지 사항은《출력형태》에 맞게 작성하시오.

《출력형태》

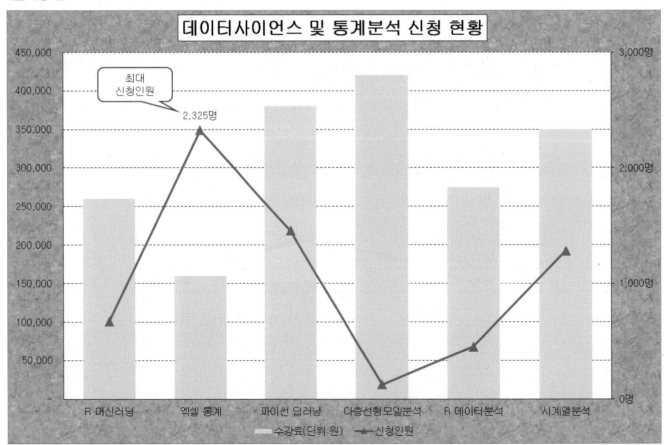

주의 ☞ 시트명 순서가 차례대로 "제1작업", "제2작업", "제3작업", "제4작업"이 되도록 할 것.

다음은 '관심 상품 TOP8 현황'에 대한 자료이다. 자료를 입력하고 조건에 맞도록 작업하시오.

소스파일: 직접입력
완성파일: 02차시-1(완성).xlsx

《출력형태》

상품코드	상품명	제조사	분류	가격	점수(5점 만점)	조회수	순위	상품평차트
EA4-475	베이킹소다	JWP	생활용품	4640	4.6	23869	(1)	(2)
SF4-143	모이스쳐페이셜크림	ANS	뷰티	19900	4.5	10967	(1)	(2)
QA4-548	샘물 12개	MB	식품	6390	4.5	174320	(1)	(2)
PF4-525	멸균흰우유 10개	MB	식품	17800	4.2	18222	(1)	(2)
KE4-124	퍼펙트클렌징폼	ANS	뷰티	7150	4.5	14825	(1)	(2)
DA7-125	섬유유연제	JWP	생활용품	14490	4.2	52800	(1)	(2)
PF4-122	즉석밥 세트	ANS	식품	17650	5	30763	(1)	(2)
WF1-241	롤화장지	JWP	생활용품	8560	4	12870	(1)	(2)
최저 가격			(3)		생활용품 조회수 합계			(5)
뷰티 상품 개수			(4)		상품코드		점수(5점 만점)	(6)

《조건》

○ 모든 데이터의 서식에는 글꼴(굴림, 11pt), 정렬은 숫자 및 회계 서식은 오른쪽 정렬, 나머지 서식은 가운데 정렬로 작성하며 예외적인 것은 《출력형태》를 참조하시오.

○ 제 목 ⇒ 도형(평행 사변형)과 그림자(오프셋 오른쪽)를 이용하여 작성하고 "관심 상품 TOP8 현황"을 입력한 후 다음 서식을 적용하시오(글꼴-굴림, 24pt, 검정, 굵게, 채우기-노랑).

○ 임의의 셀에 결재란을 작성하여 그림으로 복사 기능을 이용하여 붙이기 하시오(단, 원본 삭제).

○ 「B4:J4, G14, I14」 영역은 '주황'으로 채우기 하시오.

○ 유효성 검사를 이용하여 「H14」 셀에 상품코드(「B5:B12」 영역)가 선택 표시되도록 하시오.

○ 셀 서식 ⇒ 「F5:F12」 영역에 셀 서식을 이용하여 숫자 뒤에 '원'을 표시하시오(예 : 4,640원).

○ 「E5:E12」 영역에 대해 '분류'로 이름정의를 하시오.

☞ "**제1작업**" 시트의 「B4:H12」 영역을 복사하여 "**제2작업**" 시트의 「B2」 셀부터 모두 붙여넣기를 한 후 다음의 조건과 같이 작업하시오.

《조건》

(1) 목표값 찾기 - 「B11:G11」 셀을 병합하여 "데이터사이언스의 수강료(단위:원) 평균"을 입력한 후 「H11」 셀에 데이터사이언스의 수강료(단위:원) 평균을 구하시오. 단, 조건은 입력데이터를 이용하시오(DAVERAGE 함수, 테두리, 가운데 맞춤).
　　　　　　 - '데이터사이언스의 수강료(단위:원) 평균'이 '310,000'이 되려면 R 머신러닝의 수강료(단위:원)가 얼마가 되어야 하는지 목표값을 구하시오.

(2) 고급필터 - 분류가 '통계분석'이거나 수강료(단위:원)가 '350,000' 이상인 자료의 데이터만 추출하시오.
　　　　　 - 조건 범위 : 「B14」 셀부터 입력하시오.
　　　　　 - 복사 위치 : 「B18」 셀부터 나타나도록 하시오.

☞ "**제1작업**" 시트의 「B4:H12」 영역을 복사하여 "**제3작업**" 시트의 「B2」 셀부터 모두 붙여넣기를 한 후 다음의 조건과 같이 작업하시오.

《조건》

(1) 부분합 - 《출력형태》처럼 정렬하고, 강좌명의 개수와 신청인원의 평균을 구하시오.
(2) 윤곽 - 지우시오.
(3) 나머지 사항은 《출력형태》에 맞게 작성하시오.

《출력형태》

A	B	C	D	E	F	G	H
1							
2	과목코드	강좌명	강사명	분류	개강일	신청인원	수강료(단위:원)
3	C-3315	엑셀 통계	박정우	통계분석	2022-02-01	2,325명	160,000
4	M-3145	다층선형모델분석	이덕수	통계분석	2022-05-02	125명	420,000
5	G-3234	시계열분석	정유진	통계분석	2022-05-02	1,280명	350,000
6				통계분석 평균		1,243명	
7		3		통계분석 개수			
8	P-2421	빅데이터기사 필기	강석원	자격증	2022-04-01	550명	280,000
9	S-2432	빅데이터기사 실기	이경호	자격증	2022-03-02	458명	300,000
10				자격증 평균		504명	
11		2		자격증 개수			
12	A-1431	R 머신러닝	김혜지	데이터사이언스	2022-06-01	670명	260,000
13	T-1341	파이썬 딥러닝	홍길순	데이터사이언스	2022-03-02	1,455명	380,000
14	D-2514	R 데이터분석	임홍우	데이터사이언스	2022-07-01	450명	275,000
15				데이터사이언스 평균		858명	
16		3		데이터사이언스 개수			
17				전체 평균		914명	
18		8		전체 개수			

다음은 'ICT 기반 스마트 팜 현황'에 대한 자료이다. 자료를 입력하고 조건에 맞도록 작업하시오.

소스파일: 직접입력
완성파일: 02차시-2(완성).xlsx

《출력형태》

관리코드	품목명	ICT 제어수준	시공업체	운영기간 (년)	시공비 (단위:천원)	농가면적	순위	도입연도
SW4-118	수박	관수제어	JUM	4.1	1580	6800	(1)	(2)
PZ3-124	감귤	관수제어	GRN	1.7	3250	12500	(1)	(2)
HG7-521	포도	관수/병해충제어	GRN	1.5	3150	11500	(1)	(2)
LM6-119	망고	병해충제어	JUM	3.1	1600	7550	(1)	(2)
KB8-518	딸기	관수/병해충제어	SEON	4.2	1850	8250	(1)	(2)
PA5-918	사과	관수제어	GRN	4.2	1550	5250	(1)	(2)
PE2-422	복숭아	병해충제어	JUM	2.5	1200	3200	(1)	(2)
LS6-719	배	관수/병해충제어	SEON	3.2	2000	8500	(1)	(2)
관수제어 시공비(단위:천원)의 합계			(3)		최대 농가면적			(5)
병해충제어 농가면적 평균			(4)		관리코드		시공비 (단위:천원)	(6)

ICT 기반 스마트 팜 현황

《조건》

○ 모든 데이터의 서식에는 글꼴(굴림, 11pt), **정렬은 숫자 및 회계 서식은 오른쪽 정렬**, 나머지 서식은 가운데 정렬로 작성하며 예외적인 것은 《출력형태》를 참조하시오.

○ 제 목 ⇒ 도형(가로로 말린 두루마리 모양)과 그림자(오프셋 대각선 오른쪽 아래)를 이용하여 작성하고 "ICT 기반 스마트 팜 현황"을 입력한 후 다음 서식을 적용하시오(글꼴-굴림, 24pt, 검정, 굵게, 채우기-노랑).

○ 임의의 셀에 결재란을 작성하여 그림으로 복사 기능을 이용하여 붙이기 하시오(단, 원본 삭제).

○ 「B4:J4, G14, I14」 영역은 '주황'으로 채우기 하시오.

○ 유효성 검사를 이용하여 「H14」 셀에 관리코드(「B5:B12」 영역)가 선택 표시되도록 하시오.

○ 셀 서식 ⇒ 「H5:H12」 영역에 셀 서식을 이용하여 숫자 뒤에 '평'을 표시하시오(예 : 6,800평).

○ 「H5:H12」 영역에 대해 '농가면적'으로 이름정의를 하시오.

☞ 다음은 '데이터분석 교육 온라인 신청 현황'에 대한 자료이다. 자료를 입력하고 조건에 맞도록 작업하시오.

《출력형태》

과목코드	강좌명	강사명	분류	개강일	신청인원	수강료 (단위:원)	수강기간	신청인원 순위
							담당	팀장	부장
A-1431	R 머신러닝	김혜지	데이터사이언스	2022-06-01	670	260,000	(1)	(2)
C-3315	엑셀 통계	박정우	통계분석	2022-02-01	2,325	160,000	(1)	(2)
P-2421	빅데이터기사 필기	강석원	자격증	2022-04-01	550	280,000	(1)	(2)
T-1341	파이썬 딥러닝	홍길순	데이터사이언스	2022-03-02	1,455	380,000	(1)	(2)
S-2432	빅데이터기사 실기	이경호	자격증	2022-03-02	458	300,000	(1)	(2)
M-3145	다층선형모델분석	이덕수	통계분석	2022-05-02	125	420,000	(1)	(2)
D-2514	R 데이터분석	임홍우	데이터사이언스	2022-07-01	450	275,000	(1)	(2)
G-3234	시계열분석	정유진	통계분석	2022-05-02	1,280	350,000	(1)	(2)
자격증 강좌 개수			(3)		최대 수강료(단위:원)			(5)
데이터사이언스 강좌의 신청인원 합계			(4)		강좌명	R 머신러닝	신청인원	(6)

《조건》

○ 모든 데이터의 서식에는 글꼴(굴림, 11pt), 정렬은 숫자 및 회계 서식은 오른쪽 정렬, 나머지 서식은 가운데 정렬로 작성하며 예외적인 것은 《출력형태》를 참조하시오.

○ 제 목 ⇒ 도형(십자형)과 그림자(오프셋 위쪽)를 이용하여 작성하고 "데이터분석 교육 온라인 신청 현황"을 입력한 후 다음 서식을 적용하시오
　　　　　(글꼴-굴림, 24pt, 검정, 굵게, 채우기-노랑).

○ 임의의 셀에 결재란을 작성하여 그림으로 복사 기능을 이용하여 붙이기 하시오(단, 원본 삭제).

○ 「B4:J4, G14, I14」 영역은 '주황'으로 채우기 하시오.

○ 유효성 검사를 이용하여 「H14」 셀에 강좌명(「C5:C12」 영역)이 선택 표시되도록 하시오.

○ 셀 서식 ⇒ 「G5:G12」 영역에 셀 서식을 이용하여 숫자 뒤에 '명'을 표시하시오(예 : 670명).

○ 「H5:H12」 영역에 대해 '수강료'로 이름정의를 하시오.

☞ (1)~(6) 셀은 반드시 **주어진 함수를 이용**하여 값을 구하시오(결과값을 직접 입력하면 해당 셀은 0점 처리됨).

(1) 수강기간 ⇒ 과목코드 세 번째 글자가 1이면 '240일', 2이면 '120일', 3이면 '90일'로 구하시오(CHOOSE, MID 함수).

(2) 신청인원 순위 ⇒ 신청인원의 내림차순 순위를 구한 결과에 '위'를 붙이시오(RANK.EQ 함수, & 연산자)(예 : 1위).

(3) 자격증 강좌 개수 ⇒ (COUNTIF 함수)

(4) 데이터사이언스 강좌의 신청인원 합계 ⇒ 반올림하여 십명 단위까지 구하시오. 단, 조건은 입력데이터를 이용하시오 (ROUND, DSUM 함수)(예 : 5,327 → 5,330).

(5) 최대 수강료(단위:원) ⇒ 정의된 이름(수강료)을 이용하여 구하시오(LARGE 함수).

(6) 신청인원 ⇒ 「H14」 셀에서 선택한 강좌명에 대한 신청인원을 구하시오(VLOOKUP 함수).

(7) 조건부 서식의 수식을 이용하여 신청인원이 '1,000' 이상인 행 전체에 다음의 서식을 적용하시오(글꼴 : 파랑, 굵게).

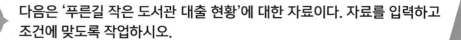

3 다음은 '푸른길 작은 도서관 대출 현황'에 대한 자료이다. 자료를 입력하고 조건에 맞도록 작업하시오.

소스파일: 직접입력
완성파일: 02차시-3(완성).xlsx

《출력형태》

푸른길 작은 도서관 대출 현황

관리코드	대출도서	대출자	학교명	대출일	누적 대출권수	도서 포인트	출판사	포인트 순위
3127-P	바다 목욕탕	전수민	월계초등학교	2022-05-03	1024	224	(1)	(2)
3861-K	땅콩 동그라미	박지현	산월초등학교	2022-05-08	954	194	(1)	(2)
3738-G	모치모치 나무	김종환	수문초등학교	2022-05-02	205	121	(1)	(2)
3928-G	해리포터	이지은	산월초등학교	2022-05-07	1238	250	(1)	(2)
3131-P	책 읽는 도깨비	정찬호	월계초등학교	2022-05-09	367	122	(1)	(2)
3955-P	꼬마 지빠귀	권제인	수문초등학교	2022-05-11	107	160	(1)	(2)
3219-K	퀴즈 과학상식	김승희	월계초등학교	2022-05-02	1501	315	(1)	(2)
3713-P	아기 고둥 두마리	유인혜	산월초등학교	2022-05-07	886	154	(1)	(2)
최대 도서 포인트			(3)		월계초등학교 학생의 도서 포인트 합계			(5)
수문초등학교 학생의 누적 대출권수 평균			(4)		대출도서		대출자	(6)

《조건》

○ 모든 데이터의 서식에는 글꼴(굴림, 11pt), **정렬은 숫자 및 회계 서식은 오른쪽 정렬, 나머지 서식은 가운데 정렬**로 작성하며 예외적인 것은 《출력형태》를 참조하시오.

○ 제 목 ⇒ 도형(십자형)과 그림자(오프셋 오른쪽)를 이용하여 작성하고 "푸른길 작은 도서관 대출 현황"을 입력한 후 다음 서식을 적용하시오(글꼴-굴림, 24pt, 검정, 굵게, 채우기-노랑).

○ 임의의 셀에 결재란을 작성하여 그림으로 복사 기능을 이용하여 붙이기 하시오(단, 원본 삭제).

○「B4:J4, G14, I14」영역은 '주황'으로 채우기 하시오.

○ 유효성 검사를 이용하여「H14」셀에 대출도서(「C5:C12」영역)가 선택 표시되도록 하시오.

○ 셀 서식 ⇒「G5:G12」영역에 셀 서식을 이용하여 숫자 뒤에 '권'을 표시하시오(예 : 1,024권).

○「E5:E12」영역에 대해 '학교명'으로 이름정의를 하시오.

정보기술자격(ITQ) 최신기출문제

과 목	코 드	문제유형	시험시간	수험번호	성 명
한글엑셀	1122	A	60분		

수험자 유의사항

◎ 수험자는 문제지를 받는 즉시 문제지와 <u>수험표상의 시험과목(프로그램)이 동일한지 반드시 확인</u>하여야 합니다.

◎ 파일명은 본인의 "수험번호-성명"으로 입력하여 답안폴더(내 PC₩문서₩ITQ)에 하나의 파일로 저장해야 하며, 답안문서 파일명이 "수험번호-성명"과 일치하지 않거나, 답안파일을 전송하지 않아 미제출로 처리될 경우 실격 처리합니다 (예:12345678-홍길동.xlsx).

◎ 답안 작성을 마치면 파일을 저장하고, '답안 전송' 버튼을 선택하여 감독위원 PC로 답안을 전송하십시오. 수험생 정보와 저장한 파일명이 다를 경우 전송되지 않으므로 주의하시기 바랍니다.

◎ 답안 작성 중에도 **주기적으로 저장하고, '답안 전송'**하여야 문제 발생을 줄일 수 있습니다. 작업한 내용을 저장하지 않고 전송할 경우 이전에 저장된 내용이 전송되오니 이점 유의하시기 바랍니다.

◎ 답안문서는 지정된 경로 외의 다른 보조기억장치에 저장하는 경우, 지정된 시험 시간 외에 작성된 파일을 활용할 경우, 기타 통신수단(이메일, 메신저, 네트워크 등)을 이용하여 타인에게 전달 또는 외부 반출하는 경우는 부정 처리합니다.

◎ 시험 중 부주의 또는 고의로 시스템을 파손한 경우는 수험자가 변상해야 하며, <수험자 유의사항>에 기재된 방법대로 이행하지 않아 생기는 불이익은 수험생 당사자의 책임임을 알려 드립니다.

◎ 문제의 조건은 MS오피스 2016 버전으로 설정되어 있으니 유의하시기 바랍니다.

◎ 시험을 완료한 수험자는 답안파일이 전송되었는지 확인한 후 감독위원의 지시에 따라 문제지를 제출하고 퇴실합니다.

답안 작성요령

◎ 온라인 답안 작성 절차

  수험자 등록 ⇒ 시험 시작 ⇒ 답안파일 저장 ⇒ 답안 전송 ⇒ 시험 종료

◎ 문제는 총 4단계, 즉 제1작업부터 제4작업까지 구성되어 있으며 반드시 제1작업부터 순서대로 작성하고 조건대로 작업 하시오.

◎ 모든 작업시트의 A열은 열 너비 '1'로, 나머지 열은 적당하게 조절하시오.

◎ 모든 작업시트의 테두리는 《출력형태》와 같이 작업하시오.

◎ 해당 작업란에서는 각각 제시된 조건에 따라 《출력형태》와 같이 작업하시오.

◎ 답안 시트 이름은 "제1작업", "제2작업", "제3작업", "제4작업"이어야 하며 답안 시트 이외의 것은 감점 처리됩니다.

◎ 각 시트를 파일로 나누어 작업해서 저장할 경우 실격 처리됩니다.

다음은 '첨단문화센터 강좌 현황'에 대한 자료이다. 자료를 입력하고 조건에 맞도록 작업하시오.

소스파일: 직접입력
완성파일: 02차시-4(완성).xlsx

《출력형태》

관리코드	강좌명	지점	강사명	수강인원	강의 시작일	수강료 (단위:원)	수강인원 순위	분류
CH005	캘리그라피	송파	김은경	38	2022-05-11	98000	(1)	(2)
CA002	미술 아트팡팡	송파	임송이	18	2022-05-05	55000	(1)	(2)
BH009	동화 속 쿠키나라	은평	양영아	55	2022-05-02	35000	(1)	(2)
AH001	피트니스 요가	구로	진현숙	68	2022-05-07	120000	(1)	(2)
CH007	서예교실	구로	권재웅	41	2022-05-02	30000	(1)	(2)
BC005	스위트 홈베이킹	송파	윤송이	58	2022-05-13	60000	(1)	(2)
AC003	필라테스	구로	박장원	21	2022-05-21	70000	(1)	(2)
CA006	성인 팝아트	은평	임진우	25	2022-05-24	110000	(1)	(2)
송파지점 수강인원 합계			(3)			최대 수강료(단위:원)		(5)
은평지점 수강인원 평균			(4)			강좌명	강사명	(6)

《조건》

○ 모든 데이터의 서식에는 글꼴(굴림, 11pt), 정렬은 숫자 및 회계 서식은 오른쪽 정렬, 나머지 서식은 가운데 정렬로 작성하며 예외적인 것은 《출력형태》를 참조하시오.

○ 제 목 ⇒ 도형(평행 사변형)과 그림자(오프셋 가운데)를 이용하여 작성하고 "첨단문화센터 강좌 현황"을 입력한 후 다음 서식을 적용하시오(글꼴-굴림, 24pt, 검정, 굵게, 채우기-노랑).

○ 임의의 셀에 결재란을 작성하여 그림으로 복사 기능을 이용하여 붙이기 하시오(단, 원본 삭제).

○ 「B4:J4, G14, I14」 영역은 '주황'으로 채우기 하시오.

○ 유효성 검사를 이용하여 「H14」 셀에 강좌명(「C5:C12」 영역)이 선택 표시되도록 하시오.

○ 셀 서식 ⇒ 「F5:F12」 영역에 셀 서식을 이용하여 숫자 뒤에 '명'을 표시하시오(예 : 38명).

○ 「H5:H12」 영역에 대해 '수강료'로 이름정의를 하시오.

☞ **"제1작업"** 시트를 이용하여 조건에 따라《출력형태》와 같이 작업하시오.

《조건》

(1) 차트 종류 ⇒ <묶은 세로 막대형>으로 작업하시오.

(2) 데이터 범위 ⇒ "제1작업" 시트의 내용을 이용하여 작업하시오.

(3) 위치 ⇒ "새 시트"로 이동하고, "제4작업"으로 시트 이름을 바꾸시오.

(4) 차트 디자인 도구 ⇒ 레이아웃 3, 스타일 1을 선택하여《출력형태》에 맞게 작업하시오.

(5) 영역 서식 ⇒ 차트 : 글꼴(굴림, 11pt), 채우기 효과(질감-파랑 박엽지)

　　　　　　 그림 : 채우기(흰색, 배경 1)

(6) 제목 서식 ⇒ 차트 제목 : 글꼴(굴림, 굵게, 20pt), 채우기(흰색, 배경 1), 테두리

(7) 서식 ⇒ 파견인원 계열의 차트 종류를 <표식이 있는 꺾은선형>으로 변경한 후 보조 축으로 지정하시오.

　　　 계열 :《출력형태》를 참조하여 표식(마름모, 크기 10)과 레이블 값을 표시하시오.

　　　 눈금선 : 선 스타일-파선

　　　 축 :《출력형태》를 참조하시오.

(8) 범례 ⇒ 범례명을 변경하고《출력형태》를 참조하시오.

(9) 도형 ⇒ '모서리가 둥근 사각형 설명선'을 삽입한 후《출력형태》와 같이 내용을 입력하시오.

(10) 나머지 사항은《출력형태》에 맞게 작성하시오.

《출력형태》

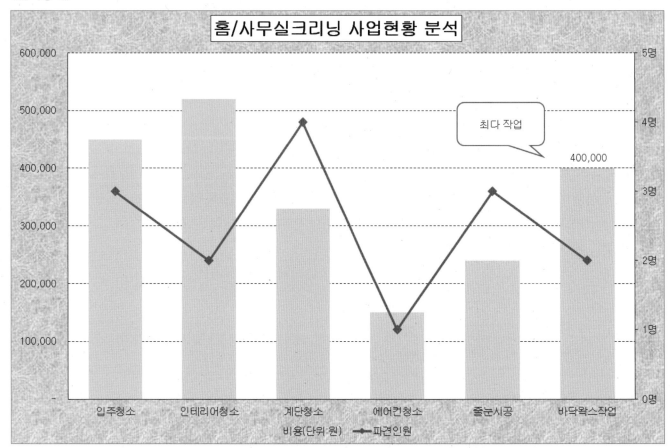

주의 ☞ 시트명 순서가 차례대로 "제1작업", "제2작업", "제3작업", "제4작업"이 되도록 할 것.

[제1작업] 표 서식 작성 II (결재란 및 셀 서식 작업)

- 셀에 색을 채우고 조건에 맞게 셀 서식을 지정합니다.
- 지정된 위치에 유효성 검사를 적용하고 특정 셀 범위를 이름으로 정의합니다.
- 결재란을 작성한 후 그림으로 복사하여 지정된 위치에 붙여넣습니다.

소스파일: 03차시(문제).xlsx   완성파일: 03차시(완성).xlsx

출제 유형 미리보기 다음은 '게임 S/W 판매 현황'에 대한 자료이다. 자료를 입력하고 조건에 맞도록 작업하시오.

《출력형태》

	B	C	D	E	F	G	H	I	J
			게임 S/W 판매 현황				결재	담당	과장	부장
4	제품코드	제품명	개발사	유형	가격	상반기 판매량	하반기 판매량	순위	출시연도
5	PSE2019	잠수함	아람	액션	32,700	6,820	7,520	(1)	(2)
6	SCA2020	좀비5	지성소프트	액션	28,400	4,852	5,180	(1)	(2)
7	SAV2017	제로2	지성소프트	어드벤처	32,700	4,501	3,870	(1)	(2)
8	SCC2021	골프	아람	스포츠	30,500	4,782	4,820	(1)	(2)
9	KAV2018	풋볼	지성소프트	스포츠	34,900	4,890	7,510	(1)	(2)
10	SCE2018	릴리 스토리	소리아	액션	32,600	2,570	2,500	(1)	(2)
11	PSA2021	다나의 눈	소리아	어드벤처	28,400	3,570	3,790	(1)	(2)
12	SAB2019	아소의 나라	소리아	어드벤처	28,400	2,780	2,450	(1)	(2)
13	소리아 제품의 평균 가격			(3)		아람 제품의 총 상반기 판매량			(5)
14	최대 하반기 판매량			(4)		제품명	잠수함	가격	(6)

《조건》

○ 모든 데이터의 서식에는 글꼴(굴림, 11pt), 정렬은 숫자 및 회계 서식은 오른쪽 정렬, 나머지 서식은 가운데 정렬로 작성하며 예외적인 것은 《출력형태》를 참조하시오.

○ 제 목 ⇒ 도형(양쪽 모서리가 잘린 사각형)과 그림자(오프셋 오른쪽)를 이용하여 작성하고 "게임 S/W 판매 현황"을 입력한 후 다음 서식을 적용하시오(글꼴-굴림, 24pt, 검정, 굵게, 채우기-노랑).

○ 임의의 셀에 결재란을 작성하여 그림으로 복사 기능을 이용하여 붙이기 하시오(단, 원본 삭제).

○ 「B4:J4, G14, I14」 영역은 '주황'으로 채우기 하시오.

○ 유효성 검사를 이용하여 「H14」 셀에 제품명(「C5:C12」 영역)이 선택 표시되도록 하시오.

○ 셀 서식 ⇒ 「F5:F12」 영역에 셀 서식을 이용하여 숫자 뒤에 '원'을 표시하시오(예 : 32,700원).

○ 「H5:H12」 영역에 대해 '하반기판매량'으로 이름정의를 하시오.

⭐ **과정 미리보기** 색 채우기 ➡ 데이터 유효성 검사 ➡ 셀 서식 지정 ➡ 이름 정의 ➡ 결재란 작성

☞ **"제1작업"** 시트의 「B4:H12」 영역을 복사하여 **"제2작업"** 시트의 「B2」 셀부터 모두 붙여넣기를 한 후 다음의 조건과 같이 작업하시오.

《조건》

(1) 고급 필터 – 구분이 '특수크리닝'이 아니면서 비용(단위:원)이 '400,000' 이상인 자료의 관리번호, 고객명, 작업, 작업일 데이터만 추출하시오.
     – 조건 범위 : 「B14」 셀부터 입력하시오.
     – 복사 위치 : 「B18」 셀부터 나타나도록 하시오.

(2) 표 서식 – 고급필터의 결과셀을 채우기 없음으로 설정한 후 '표 스타일 보통 7'의 서식을 적용하시오.
     – 머리글 행, 줄무늬 행을 적용하시오.

☞ **"제1작업"** 시트를 이용하여 **"제3작업"** 시트에 조건에 따라 《출력형태》와 같이 작업하시오.

《조건》

(1) 작업일 및 구분별 고객명의 개수와 비용(단위:원)의 평균을 구하시오.
(2) 작업일을 그룹화하고, 구분을 《출력형태》와 같이 정렬하시오.
(3) 레이블이 있는 셀 병합 및 가운데 맞춤 적용 및 빈 셀은 '***'로 표시하시오.
(4) 행의 총합계는 지우고, 나머지 사항은 《출력형태》에 맞게 작성하시오.

《출력형태》

	구분 ↵							
		홈크리닝		특수크리닝		사무실크리닝		
작업일 ▼	개수 : 고객명	평균 : 비용(단위:원)	개수 : 고객명	평균 : 비용(단위:원)	개수 : 고객명	평균 : 비용(단위:원)		
2022-04-01 - 2022-04-10	1	240,000	***	***	***	***		
2022-04-11 - 2022-04-20	2	300,000	***	***	1	330,000		
2022-04-21 - 2022-04-30	***	***	2	1,140,000	2	460,000		
총합계	3	280,000	2	1,140,000	3	416,667		

○ 「B4:J4, G14, I14」 영역은 '주황'으로 채우기 하시오.
○ 유효성 검사를 이용하여 「H14」 셀에 제품명(「C5:C12」 영역)이 선택 표시되도록 하시오.

1. 셀에 색 채우기

❶ 03차시(문제).xlsx 파일을 실행한 후 [제1작업] 시트를 선택합니다. 셀에 색을 채우기 위해 [B4:J4] 영역을 드래그한 후 Ctrl 을 누른 상태에서 [G14], [I14] 셀을 각각 클릭합니다.

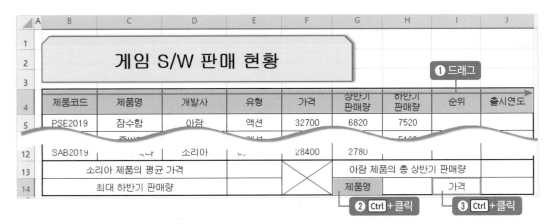

❷ [홈] 탭-[글꼴] 그룹에서 채우기 색(🎨)의 목록 단추(▾)를 눌러 **주황**을 선택합니다.

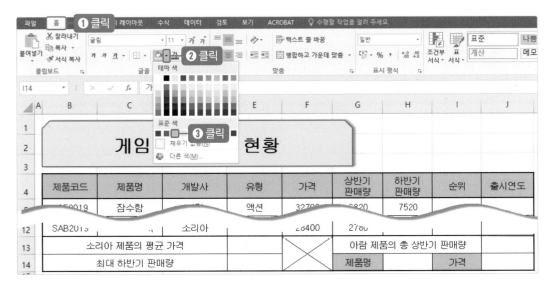

시험꿀팁

❶ 셀 채우기 색은 '주황'이 고정적으로 출제되고 있습니다.
❷ [제1작업]은 문제지의 《조건》에 맞추어 순서대로 작업하는 것이 좋습니다. 단, '결재란 작성'은 셀 서식 작업 등으로 인하여 셀의 너비가 변경될 수 있기 때문에 맨 마지막에 작업하는 것이 효과적입니다.

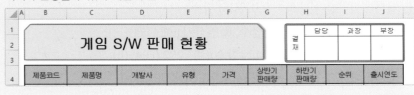

☞ 다음은 '**우드크리닝 4월 작업 현황**'에 대한 자료이다. 자료를 입력하고 조건에 맞도록 작업하시오.

《출력형태》

관리번호	고객명	구분	작업	작업일	파견인원	비용 (단위:원)	지역	작업 요일
H01-1	임동진	홈크리닝	입주청소	2022-04-11	3	450,000	(1)	(2)
F01-2	고인돌	사무실크리닝	인테리어청소	2022-04-27	2	520,000	(1)	(2)
S01-1	김나래	특수크리닝	전산실청소	2022-04-23	5	1,030,000	(1)	(2)
F02-1	이철수	사무실크리닝	계단청소	2022-04-14	4	330,000	(1)	(2)
H02-2	나영희	홈크리닝	에어컨청소	2022-04-19	1	150,000	(1)	(2)
H03-1	박달재	홈크리닝	줄눈시공	2022-04-09	3	240,000	(1)	(2)
S02-2	한우주	특수크리닝	건물외벽청소	2022-04-23	4	1,250,000	(1)	(2)
F03-1	최고봉	사무실크리닝	바닥왁스작업	2022-04-29	2	400,000	(1)	(2)
홈크리닝 비용(단위:원) 합계			(3)		가장 빠른 작업일			(5)
사무실크리닝 작업 개수			(4)		관리번호	H01-1	파견인원	(6)

(결재란: 담당 / 팀장 / 부장)

《조건》

○ 모든 데이터의 서식에는 글꼴(굴림, 11pt), 정렬은 숫자 및 회계 서식은 오른쪽 정렬, 나머지 서식은 가운데 정렬로 작성하며 예외적인 것은 《출력형태》를 참조하시오.

○ 제 목 ⇒ 도형(십자형)과 그림자(오프셋 오른쪽)를 이용하여 작성하고 "우드크리닝 4월 작업 현황"을 입력한 후 다음 서식을 적용하시오

　　　　(글꼴-굴림, 24pt, 검정, 굵게, 채우기-노랑).

○ 임의의 셀에 결재란을 작성하여 그림으로 복사 기능을 이용하여 붙이기 하시오(단, 원본 삭제).

○ 「B4:J4, G14, I14」 영역은 '주황'으로 채우기 하시오.

○ 유효성 검사를 이용하여 「H14」 셀에 관리번호(「B5:B12」 영역)가 선택 표시되도록 하시오.

○ 셀 서식 ⇒ 「G5:G12」 영역에 셀 서식을 이용하여 숫자 뒤에 '명'을 표시하시오(예 : 3명).

○ 「F5:F12」 영역에 대해 '작업일'로 이름정의를 하시오.

☞ (1)~(6) 셀은 반드시 **주어진 함수를 이용**하여 값을 구하시오(결과값을 직접 입력하면 해당 셀은 0점 처리됨).

(1) 지역 ⇒ 관리번호의 마지막 글자가 1이면 '서울', 그 외에는 '경기/인천'으로 표시하시오(IF, RIGHT 함수).

(2) 작업 요일 ⇒ 작업일의 요일을 구하시오(CHOOSE, WEEKDAY 함수)(예 : 월요일).

(3) 홈크리닝 비용(단위:원) 합계 ⇒ 조건은 입력데이터를 이용하시오(DSUM 함수).

(4) 사무실크리닝 작업 개수 ⇒ 결과값에 '개'를 붙이시오(COUNTIF 함수, & 연산자)(예 : 1개).

(5) 가장 빠른 작업일 ⇒ 정의된 이름(작업일)을 이용하여 구하시오(MIN 함수)(예 : 2022-04-01).

(6) 파견인원 ⇒ 「H14」 셀에서 선택한 관리번호에 대한 파견인원을 구하시오(VLOOKUP 함수).

(7) 조건부 서식의 수식을 이용하여 비용(단위:원)이 '1,000,000' 이상인 행 전체에 다음의 서식을 적용하시오

　　(글꼴 : 파랑, 굵게).

2. 유효성 검사하기
유효성 검사를 이용하여 「H14」 셀에 제품명(「C5:C12」 영역)이 선택 표시되도록 하시오.

❶ 유효성 검사를 적용할 [H14] 셀을 선택한 후 [데이터] 탭-[데이터 도구] 그룹에서 **데이터 유효성 검사(☒)**를 클릭합니다.

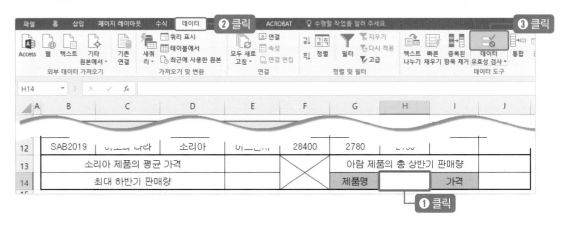

❷ [데이터 유효성] 대화상자-[설정] 탭에서 **제한 대상(목록)**을 선택하고, 원본을 [C5:C12] 영역으로 지정한 후 <확인>을 클릭합니다.

➕ 원본 입력 칸을 클릭한 후 [C5:C12] 영역을 드래그하여 범위를 지정할 수 있습니다.

❸ [H14] 셀의 목록 단추(▾)를 눌러 《출력형태》와 동일하게 **잠수함**을 선택합니다.

 **유효성 검사 삭제**

❶ 유효성 검사가 적용된 [H14] 셀을 클릭한 후 [데이터] 탭-[데이터 도구] 그룹에서 **데이터 유효성 검사(☒)**를 클릭합니다.

❷ [데이터 유효성] 대화상자에서 <모두 지우기>를 클릭합니다.

정보기술자격(ITQ) 최신기출문제

과 목	코 드	문제유형	시험시간	수험번호	성 명
한글엑셀	1122	A	60분		

수험자 유의사항

◎ 수험자는 문제지를 받는 즉시 문제지와 <u>수험표상의 시험과목(프로그램)이 동일한지 반드시 확인</u>하여야 합니다.

◎ 파일명은 본인의 "수험번호-성명"으로 입력하여 답안폴더(내 PC\문서\ITQ)에 하나의 파일로 저장해야 하며, 답안문서 파일명이 "수험번호-성명"과 일치하지 않거나, 답안파일을 전송하지 않아 미제출로 처리될 경우 실격 처리합니다 (예:12345678-홍길동.xlsx).

◎ 답안 작성을 마치면 파일을 저장하고, '답안 전송' 버튼을 선택하여 감독위원 PC로 답안을 전송하십시오. 수험생 정보와 저장한 파일명이 다를 경우 전송되지 않으므로 주의하시기 바랍니다.

◎ 답안 작성 중에도 **주기적으로 저장하고, '답안 전송'**하여야 문제 발생을 줄일 수 있습니다. 작업한 내용을 저장하지 않고 전송할 경우 이전에 저장된 내용이 전송되오니 이점 유의하시기 바랍니다.

◎ 답안문서는 지정된 경로 외의 다른 보조기억장치에 저장하는 경우, 지정된 시험 시간 외에 작성된 파일을 활용할 경우, 기타 통신수단(이메일, 메신저, 네트워크 등)을 이용하여 타인에게 전달 또는 외부 반출하는 경우는 부정 처리합니다.

◎ 시험 중 부주의 또는 고의로 시스템을 파손한 경우는 수험자가 변상해야 하며, <수험자 유의사항>에 기재된 방법대로 이행하지 않아 생기는 불이익은 수험생 당사자의 책임임을 알려 드립니다.

◎ 문제의 조건은 MS오피스 2016 버전으로 설정되어 있으니 유의하시기 바랍니다.

◎ 시험을 완료한 수험자는 답안파일이 전송되었는지 확인한 후 감독위원의 지시에 따라 문제지를 제출하고 퇴실합니다.

답안 작성요령

◎ 온라인 답안 작성 절차

  수험자 등록 ⇒ 시험 시작 ⇒ 답안파일 저장 ⇒ 답안 전송 ⇒ 시험 종료

◎ 문제는 총 4단계, 즉 제1작업부터 제4작업까지 구성되어 있으며 반드시 제1작업부터 순서대로 작성하고 조건대로 작업 하시오.

◎ 모든 작업시트의 A열은 열 너비 '1'로, 나머지 열은 적당하게 조절하시오.

◎ 모든 작업시트의 테두리는 《출력형태》와 같이 작업하시오.

◎ 해당 작업란에서는 각각 제시된 조건에 따라 《출력형태》와 같이 작업하시오.

◎ 답안 시트 이름은 "제1작업", "제2작업", "제3작업", "제4작업"이어야 하며 답안 시트 이외의 것은 감점 처리됩니다.

◎ 각 시트를 파일로 나누어 작업해서 저장할 경우 실격 처리됩니다.

02 셀 서식 지정 및 이름 정의하기

○ 모든 데이터의 서식에는 글꼴(굴림, 11pt), 정렬은 숫자 및 회계 서식은 오른쪽 정렬, 나머지 서식은 가운데 정렬로 작성하며 예외적인 것은 《출력형태》를 참조하시오.
○ 셀 서식 ⇒ 「F5:F12」 영역에 셀 서식을 이용하여 숫자 뒤에 '원'을 표시하시오(예 : 32,700원).
○ 「H5:H12」 영역에 대해 '하반기판매량'으로 이름정의를 하시오.

1. 셀 서식 지정하기

❶ 숫자에 천단위 구분 기호를 넣기 위해 **[G5:H12]** 영역을 드래그한 후 [홈] 탭-[표시 형식] 그룹에서 **쉼표 스타일(,)**을 클릭합니다.

➕ 숫자에 쉼표 스타일(,)을 적용하면 [셀 서식] 대화상자의 [표시 형식]-범주가 '회계'로 지정됩니다.

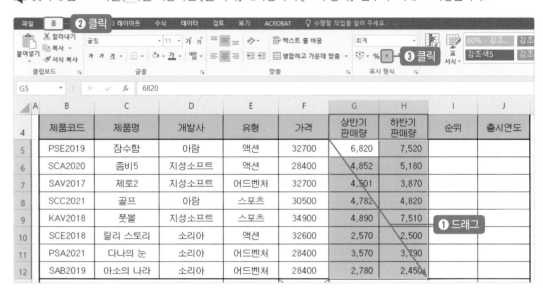

❷ 사용자 지정 표시 형식을 적용하기 위해 **[F5:F12]** 영역을 드래그한 후 마우스 오른쪽 버튼을 클릭하여 **[셀 서식]**을 선택합니다.

➕ 셀 서식 바로 가기 키 : Ctrl + 1

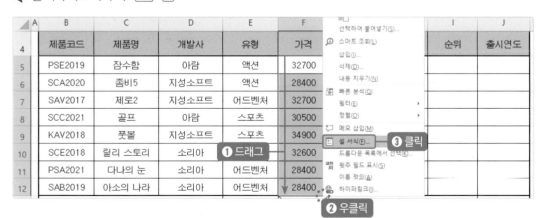

출제유형 03　**32**　[제1작업] 표 서식 작성 II (결재란 및 셀 서식 작업)

☞ **"제1작업"** 시트를 이용하여 조건에 따라 《출력형태》와 같이 작업하시오.

《조건》

(1) 차트 종류 ⇒ <묶은 세로 막대형>으로 작업하시오.

(2) 데이터 범위 ⇒ "제1작업" 시트의 내용을 이용하여 작업하시오.

(3) 위치 ⇒ "새 시트"로 이동하고, "제4작업"으로 시트 이름을 바꾸시오.

(4) 차트 디자인 도구 ⇒ 레이아웃 3, 스타일 1을 선택하여 《출력형태》에 맞게 작업하시오.

(5) 영역 서식 ⇒ 차트 : 글꼴(굴림, 11pt), 채우기 효과(질감-파랑 박엽지)

                 그림 : 채우기(흰색, 배경 1)

(6) 제목 서식 ⇒ 차트 제목 : 글꼴(굴림, 굵게, 20pt), 채우기(흰색, 배경 1), 테두리

(7) 서식 ⇒ 무게 계열의 차트 종류를 <표식이 있는 꺾은선형>으로 변경한 후 보조 축으로 지정하시오.

         계열 : 《출력형태》를 참조하여 표식(세모, 크기 10)과 레이블 값을 표시하시오.

         눈금선 : 선 스타일-파선

         축 : 《출력형태》를 참조하시오.

(8) 범례 ⇒ 범례명을 변경하고 《출력형태》를 참조하시오.

(9) 도형 ⇒ '모서리가 둥근 사각형 설명선'을 삽입한 후 《출력형태》와 같이 내용을 입력하시오.

(10) 나머지 사항은 《출력형태》에 맞게 작성하시오.

《출력형태》

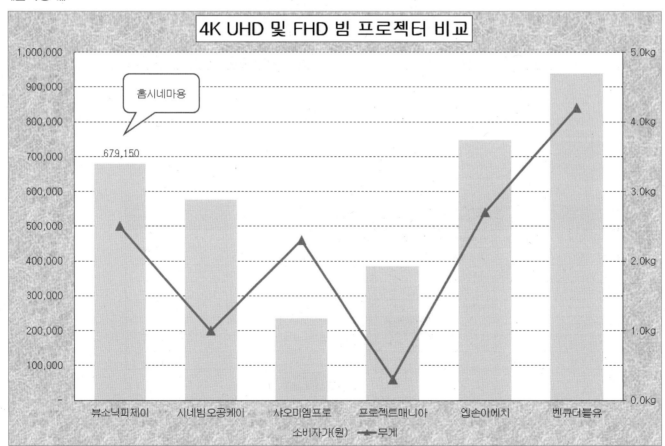

주의 ☞ 시트명 순서가 차례대로 "제1작업", "제2작업", "제3작업", "제4작업"이 되도록 할 것.

❸ [셀 서식] 대화상자-[표시 형식] 탭의 범주에서 **사용자 지정**을 선택하고, 형식 입력 칸에 **#,##0"원"**을 입력한 후 <확인>을 클릭합니다.

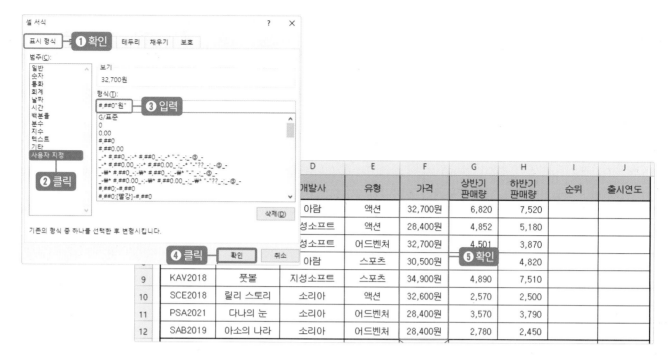

시험꿀팁
사용자 지정 표시 형식을 이용하여 셀 서식을 변경하는 문제가 고정적으로 출제되고 있습니다.

❹ 숫자 데이터를 오른쪽으로 정렬시키기 위해 **[F5:H12]** 영역을 드래그한 후 [홈] 탭-[맞춤] 그룹에서 **오른쪽 맞춤**(≡)을 클릭합니다.

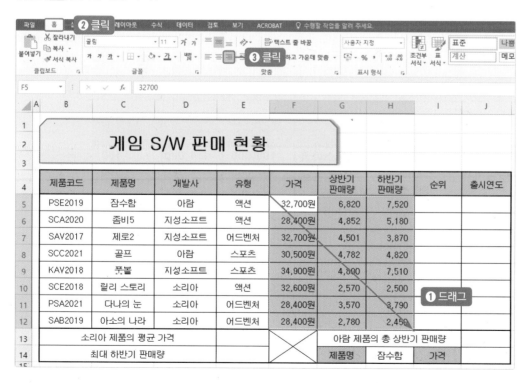

☞ **"제1작업"** 시트의 「B4:H12」 영역을 복사하여 **"제2작업"** 시트의 「B2」 셀부터 모두 붙여넣기를 한 후 다음의 조건과 같이 작업하시오.

《조건》

(1) 목표값 찾기 - 「B11:G11」 셀을 병합하여 "해상도 FHD 제품의 무게 평균"을 입력한 후 「H11」 셀에 해상도 FHD 제품의 무게 평균을 구하시오. 단, 조건은 입력데이터를 이용하시오(DAVERAGE 함수, 테두리, 가운데 맞춤).
    - '해상도 FHD 제품의 무게 평균'이 '1.6'이 되려면 뷰소닉피제이의 무게가 얼마가 되어야 하는지 목표값을 구하시오.

(2) 고급필터 - 제품코드가 'L'로 시작하거나 소비자가(원)가 '300,000' 이하인 자료의 제품명, 해상도, 소비자가(원), 밝기(안시루멘) 데이터만 추출하시오.
    - 조건 범위 : 「B14」 셀부터 입력하시오.
    - 복사 위치 : 「B18」 셀부터 나타나도록 하시오.

☞ **"제1작업"** 시트의 「B4:H12」 영역을 복사하여 **"제3작업"** 시트의 「B2」 셀부터 모두 붙여넣기를 한 후 다음의 조건과 같이 작업하시오.

《조건》

(1) 부분합 - 《출력형태》처럼 정렬하고, 제품명의 개수와 소비자가(원)의 평균을 구하시오.
(2) 윤곽 - 지우시오.
(3) 나머지 사항은 《출력형태》에 맞게 작성하시오.

《출력형태》

A	B	C	D	E	F	G	H
1							
2	제품코드	제품명	해상도	부가기능	소비자가 (원)	무게	밝기 (안시루멘)
3	LV1-054	레베타이포	HD	내장스피커	199,000	1.0kg	180
4	LG3-003	시네빔피에치	HD	키스톤보정	392,800	0.7kg	550
5			HD 평균		295,900		
6		2	HD 개수				
7	VS4-101	뷰소닉피제이	FHD	게임모드	679,150	2.5kg	3,800
8	LG2-002	시네빔오공케이	FHD	HDTV수신	575,990	1.0kg	600
9	PJ2-002	프로젝트매니아	FHD	내장스피커	385,900	0.3kg	700
10	EP2-006	엡손이에치	FHD	게임모드	747,990	2.7kg	3,300
11			FHD 평균		597,258		
12		4	FHD 개수				
13	SH1-102	샤오미엠프로	4K UHD	키스톤보정	234,970	2.3kg	220
14	VQ4-001	벤큐더블유	4K UHD	게임모드	938,870	4.2kg	3,000
15			4K UHD 평균		586,920		
16		2	4K UHD 개수				
17			전체 평균		519,334		
18		8	전체 개수				

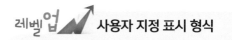

소스파일: 셀 서식(문제).xlsx   완성파일: 셀 서식(완성).xlsx

❶ # : 숫자를 표시하는 기호이며, 유효하지 않은 숫자 0은 표시하지 않습니다.

데이터 입력 : 1.0	형식 지정 : #.#	결과 : 1

❷ 0 : 숫자를 표시하는 기호이며, 유효하지 않은 숫자 0을 표시합니다.

데이터 입력 : 1.0	형식 지정 : #.0	결과 : 1.0

❸ ,(쉼표) : 천 단위 구분 기호를 표시합니다.

데이터 입력 : 123456	형식 지정 : #,##0	결과 : 123,456

❹ .(마침표) : 소수점을 표시합니다.

데이터 입력 : 123	형식 지정 : 0.00	결과 : 123.00

❺ " " : 큰 따옴표("") 안쪽의 텍스트를 표시합니다.

데이터 입력 : 50000	형식 지정 : #,##0"원"	결과 : 50,000원

❻ @ : 특정 문자를 연결하여 표시합니다.

데이터 입력 : ITQ	형식 지정 : @"엑셀"	결과 : ITQ엑셀

❼ G/표준 : 특별한 서식 없이 입력상태 그대로 숫자를 표시합니다.

데이터 입력 : 100	형식 지정 : G/표준"m"	결과 : 100m

▶ 셀 서식(문제).xlsx 파일을 불러와 아래 그림처럼 결과가 나오도록 사용자 지정 표시 형식을 적용해 보세요.

사용자 지정 표시 형식

등록횟수	인원	전월매출	판매금액	키	무게	만족도	판매수량	소비전력
3회	20명	8,230천원	6,800원	178.5미터	2.5kg	85점	250개	500 W/h
2회	121명	7,557천원	22,000원	170.0미터	1.0kg	90점	116개	92 W/h
5회	134명	11,350천원	1,200원	169.3미터	2.3kg	82점	320개	130 W/h
4회	139명	7,237천원	4,800원	180.0미터	0.3kg	79점	162개	48 W/h
3회	98명	9,336천원	2,500원	178.3미터	1.0kg	92점	190개	700 W/h
0회	134명	8,755천원	12,800원	179.3미터	0.7kg	86점	225개	92 W/h
7회	17명	10,205천원	3,500원	165.5미터	2.7kg	98점	167개	48 W/h
4회	20명	9,450천원	15,500원	180.3미터	4.2kg	80점	147개	600 W/h
힌트 : #, 0, " " 사용		힌트 : #, 0, 콤마(,), " " 사용		힌트 : #, 0, 점(.), " " 사용			힌트 : G/표준, 공백, " " 사용	

시험꿀팁

시험에 자주 사용하는 사용자 지정 표시 형식

#,##0"명", 0.0"kg", G/표준"명"

☞ 다음은 '인기 빔 프로젝터 판매 정보'에 대한 자료이다. 자료를 입력하고 조건에 맞도록 작업하시오.

《출력형태》

	담당	책임	팀장
결재			

인기 빔 프로젝터 판매 정보

제품코드	제품명	해상도	부가기능	소비자가 (원)	무게	밝기 (안시루멘)	밝기 순위	배송방법
VS4-101	뷰소닉피제이	FHD	게임모드	679,150	2.5	3,800	(1)	(2)
LG2-002	시네빔오공케이	FHD	HDTV수신	575,990	1.0	600	(1)	(2)
SH1-102	샤오미엠프로	4K UHD	키스톤보정	234,970	2.3	220	(1)	(2)
PJ2-002	프로젝트매니아	FHD	내장스피커	385,900	0.3	700	(1)	(2)
LV1-054	레베타이포	HD	내장스피커	199,000	1.0	180	(1)	(2)
LG3-003	시네빔피에치	HD	키스톤보정	392,800	0.7	550	(1)	(2)
EP2-006	엡손이에치	FHD	게임모드	747,990	2.7	3,300	(1)	(2)
VQ4-001	벤큐더블유	4K UHD	게임모드	938,870	4.2	3,000	(1)	(2)
해상도 HD 제품의 소비자가(원) 평균			(3)			두 번째로 높은 소비자가(원)		(5)
게임모드 제품 중 최소 무게			(4)			제품코드	VS4-101	밝기 (안시루멘)	(6)

《조건》

○ 모든 데이터의 서식에는 글꼴(굴림, 11pt), 정렬은 숫자 및 회계 서식은 오른쪽 정렬, 나머지 서식은 가운데 정렬로 작성하며 예외적인 것은 《출력형태》를 참조하시오.

○ 제 목 ⇒ 도형(양쪽 모서리가 잘린 사각형)과 그림자(오프셋 오른쪽)를 이용하여 작성하고 "인기 빔 프로젝터 판매 정보"를 입력한 후 다음 서식을 적용하시오
　　　　　(글꼴-굴림, 24pt, 검정, 굵게, 채우기-노랑).

○ 임의의 셀에 결재란을 작성하여 그림으로 복사 기능을 이용하여 붙이기 하시오(단, 원본 삭제).

○ 「B4:J4, G14, I14」 영역은 '주황'으로 채우기 하시오.

○ 유효성 검사를 이용하여 「H14」 셀에 제품코드(「B5:B12」 영역)가 선택 표시되도록 하시오.

○ 셀 서식 ⇒ 「G5:G12」 영역에 셀 서식을 이용하여 숫자 뒤에 'kg'을 표시하시오(예 : 2.5kg).

○ 「D5:D12」 영역에 대해 '해상도'로 이름정의를 하시오.

☞ (1)~(6) 셀은 반드시 **주어진 함수를 이용**하여 값을 구하시오(결과값을 직접 입력하면 해당 셀은 0점 처리됨).

(1) 밝기 순위 ⇒ 밝기(안시루멘)의 내림차순 순위를 구한 결과에 '위'를 붙이시오(RANK.EQ 함수, & 연산자)(예 : 1위).

(2) 배송방법 ⇒ 제품코드의 세 번째 글자가 1이면 '해외배송', 2이면 '직배송', 그 외에는 '기타'로 구하시오(IF, MID 함수).

(3) 해상도 HD 제품의 소비자가(원) 평균 ⇒ 정의된 이름(해상도)를 이용하여 구하시오(SUMIF, COUNTIF 함수).

(4) 게임모드 제품 중 최소 무게 ⇒ 부가기능이 게임모드인 제품 중 최소 무게를 구하시오. 단, 조건은 입력 데이터를 이용하시오(DMIN 함수).

(5) 두 번째로 높은 소비자가(원) ⇒ (LARGE 함수)

(6) 밝기(안시루멘) ⇒ 「H14」 셀에서 선택한 제품코드에 대한 밝기(안시루멘)를 구하시오(VLOOKUP 함수).

(7) 조건부 서식의 수식을 이용하여 무게가 '1.0' 이하인 행 전체에 다음의 서식을 적용하시오(글꼴 : 파랑, 굵게).

2. 이름 정의하기   「H5:H12」 영역에 대해 '하반기판매량'으로 이름정의를 하시오.

❶ 특정 영역을 이름으로 정의하기 위해 **[H5:H12]** 영역을 드래그한 후 이름 상자에 **하반기판매량**을 입력하고 Enter 를 누릅니다.

	A	B	C	D	E	F	G	H	I	J
4		제품코드	제품명	개발사	유형	가격	상반기판매량	하반기판매량	순위	출시연도
5		PSE2019	잠수함	아람	액션	32,700원	6,820	7,520		
6		SCA2020	좀비5	지성소프트	액션	28,400원	4,852	5,180		
7		SAV2017	제로2	지성소프트	어드벤처	32,700원	4,501	3,870		
8		SCC2021	골프	아람	스포츠	30,500원	4,782	4,820		
9		KAV2018	풋볼	지성소프트	스포츠	34,900원	4,890	7,510		
10		SCE2018	릴리 스토리	소리아	액션	32,600원	3,570	2,500		
11		PSA2021	다나의 눈	소리아	어드벤처	28,400원	3,570	3,790		
12		SAB2019	아소의 나라	소리아	어드벤처	28,400원	2,780	2,450		

레벨업 📈 이름 정의 삭제

❶ 이름 정의를 삭제하기 위해서는 [수식] 탭-[정의된 이름] 그룹에서 **이름 관리자**(🖼)를 클릭합니다.

❷ [이름 관리자] 대화상자에서 삭제할 이름을 선택한 후 <삭제>를 클릭합니다.

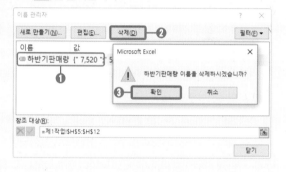

---

03 결재란 작성하기

○ 임의의 셀에 결재란을 작성하여 그림으로 복사 기능을 이용하여 붙이기 하시오(단, 원본 삭제).

1. 임의의 셀에 결재란 작성하기

❶ 결재란을 작성하기 위해 데이터가 없는 **임의의 셀([M16:O16])**에 결재 라인(**담당, 과장, 부장**)을 차례대로 입력합니다.

➕ 결재란 작성은 기존의 데이터에 영향을 주지 않는 곳에서 작업을 해야 하기 때문에 [제2작업] 시트에서 작업하는 것도 하나의 방법입니다.

정보기술자격(ITQ) 최신기출문제

과 목	코 드	문제유형	시험시간	수험번호	성 명
한글엑셀	1122	A	60분		

수험자 유의사항

◎ 수험자는 문제지를 받는 즉시 문제지와 **수험표상의 시험과목(프로그램)이 동일한지 반드시 확인**하여야 합니다.

◎ 파일명은 본인의 "수험번호-성명"으로 입력하여 답안폴더(내 PC\문서\ITQ)에 하나의 파일로 저장해야 하며, 답안문서 파일명이 "수험번호-성명"과 일치하지 않거나, 답안파일을 전송하지 않아 미제출로 처리될 경우 실격 처리합니다 (예:12345678-홍길동.xlsx).

◎ 답안 작성을 마치면 파일을 저장하고, '답안 전송' 버튼을 선택하여 감독위원 PC로 답안을 전송하십시오. 수험생 정보와 저장한 파일명이 다를 경우 전송되지 않으므로 주의하시기 바랍니다.

◎ 답안 작성 중에도 **주기적으로 저장하고, '답안 전송'**하여야 문제 발생을 줄일 수 있습니다. 작업한 내용을 저장하지 않고 전송할 경우 이전에 저장된 내용이 전송되오니 이점 유의하시기 바랍니다.

◎ 답안문서는 지정된 경로 외의 다른 보조기억장치에 저장하는 경우, 지정된 시험 시간 외에 작성된 파일을 활용할 경우, 기타 통신수단(이메일, 메신저, 네트워크 등)을 이용하여 타인에게 전달 또는 외부 반출하는 경우는 부정 처리합니다.

◎ 시험 중 부주의 또는 고의로 시스템을 파손한 경우는 수험자가 변상해야 하며, <수험자 유의사항>에 기재된 방법대로 이행하지 않아 생기는 불이익은 수험생 당사자의 책임임을 알려 드립니다.

◎ 문제의 조건은 MS오피스 2016 버전으로 설정되어 있으니 유의하시기 바랍니다.

◎ 시험을 완료한 수험자는 답안파일이 전송되었는지 확인한 후 감독위원의 지시에 따라 문제지를 제출하고 퇴실합니다.

답안 작성요령

◎ 온라인 답안 작성 절차

수험자 등록 ⇒ 시험 시작 ⇒ 답안파일 저장 ⇒ 답안 전송 ⇒ 시험 종료

◎ 문제는 총 4단계, 즉 제1작업부터 제4작업까지 구성되어 있으며 반드시 제1작업부터 순서대로 작성하고 조건대로 작업하시오.

◎ 모든 작업시트의 A열은 열 너비 '1'로, 나머지 열은 적당하게 조절하시오.

◎ 모든 작업시트의 테두리는 《출력형태》와 같이 작업하시오.

◎ 해당 작업란에서는 각각 제시된 조건에 따라 《출력형태》와 같이 작업하시오.

◎ 답안 시트 이름은 "제1작업", "제2작업", "제3작업", "제4작업"이어야 하며 답안 시트 이외의 것은 감점 처리됩니다.

◎ 각 시트를 파일로 나누어 작업해서 저장할 경우 실격 처리됩니다.

❷ [L16:L17] 영역을 드래그한 후 [홈] 탭-[맞춤] 그룹에서 **병합하고 가운데 맞춤**(🔲)을 클릭하고 **결재**를 입력합니다.

➕ '결'을 입력한 후 Alt + Enter 를 눌러 '재'를 입력하면 두 줄로 입력이 가능합니다.

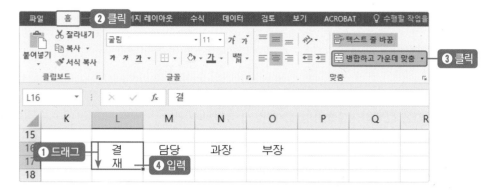

❸ 테두리를 지정하기 위해 [L16:O17] 영역을 드래그한 후 [홈] 탭-[글꼴] 그룹에서 테두리(🔳)의 목록 단추 (▾)를 눌러 **모든 테두리**(⊞)를 선택합니다.

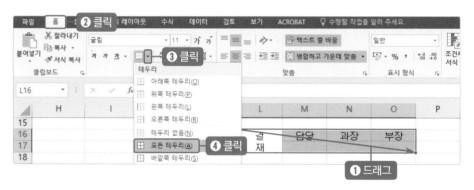

❹ 결재란의 크기를 변경하기 위해 《출력형태》를 참고하여 **행**([16], [17])의 높이와 **열**([L], [M:O])의 너비를 각각 조절합니다.

레벨업 📈 **결재란 크기 조절하기**

❶ 결재란의 행 높이와 열 너비는 《출력형태》를 참고하여 작업합니다.

❷ 정답 파일과 동일하게 행 높이와 열 너비를 맞추기 위해서는 아래 그림을 참고하여 작업합니다.

☞ **"제1작업"** 시트를 이용하여 조건에 따라《출력형태》와 같이 작업하시오.

《조건》

(1) 차트 종류 ⇒ <묶은 세로 막대형>으로 작업하시오.

(2) 데이터 범위 ⇒ "제1작업" 시트의 내용을 이용하여 작업하시오.

(3) 위치 ⇒ "새 시트"로 이동하고, "제4작업"으로 시트 이름을 바꾸시오.

(4) 차트 디자인 도구 ⇒ 레이아웃 3, 스타일 1을 선택하여《출력형태》에 맞게 작업하시오.

(5) 영역 서식 ⇒ 차트 : 글꼴(굴림, 11pt), 채우기 효과(질감-분홍 박엽지)
　　　　　　　　그림 : 채우기(흰색, 배경 1)

(6) 제목 서식 ⇒ 차트 제목 : 글꼴(굴림, 굵게, 20pt), 채우기(흰색, 배경 1), 테두리

(7) 서식 ⇒ 판매수량 계열의 차트 종류를 <표식이 있는 꺾은선형>으로 변경한 후 보조 축으로 지정하시오.
　　　　계열 :《출력형태》를 참조하여 표식(세모, 크기 10)과 레이블 값을 표시하시오.
　　　　눈금선 : 선 스타일-파선
　　　　축 :《출력형태》를 참조하시오.

(8) 범례 ⇒ 범례명을 변경하고《출력형태》를 참조하시오.

(9) 도형 ⇒ '모서리가 둥근 사각형 설명선'을 삽입한 후《출력형태》와 같이 내용을 입력하시오.

(10) 나머지 사항은《출력형태》에 맞게 작성하시오.

《출력형태》

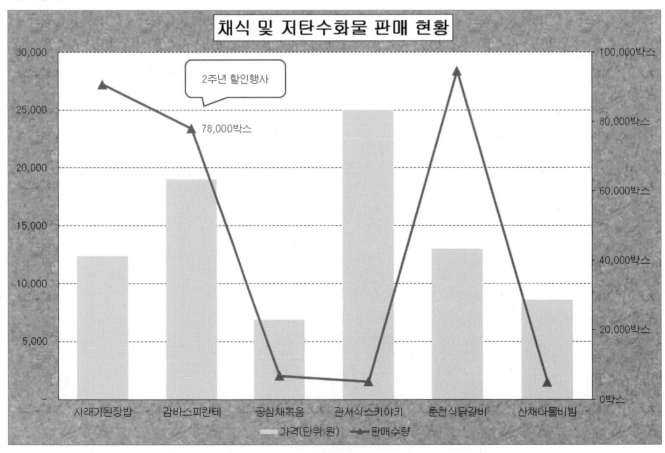

주의 ☞ 시트명 순서가 차례대로 "제1작업", "제2작업", "제3작업", "제4작업"이 되도록 할 것.

2. 그림으로 복사하여 붙여넣기   그림으로 복사 기능을 이용하여 붙이기 하시오(단, 원본 삭제).

❶ 완성된 결재란을 그림으로 복사하기 위해 [L16:O17] 영역을 드래그한 후 [홈] 탭-[클립보드] 그룹에서 복사(🖺)의 목록 단추(▾)를 눌러 **그림으로 복사**를 선택합니다.

❷ [그림 복사] 대화상자에서 **모양**과 **형식**을 확인한 후 <확인>을 클릭합니다.

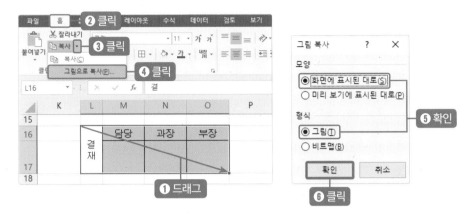

❸ 그림으로 복사된 결재란을 붙여넣기 위해 [H1] 셀을 클릭한 후 [홈] 탭의 [클립보드] 그룹에서 **붙여넣기(📋)**를 클릭합니다.

➕ 붙여 넣기 바로 가기 키 : Ctrl + V

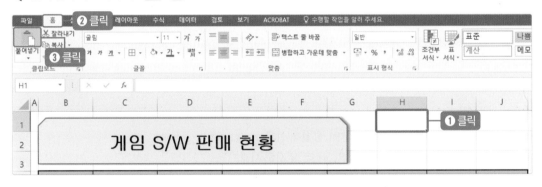

❹ 결재란이 삽입되면 《출력형태》를 참고하여 **조절점(○)**으로 크기를 조절한 후 **방향키(↓, ↑, →, ←)**로 위치를 변경합니다.

❺ 결재란 원본을 삭제하기 위해 [L:O] 열 머리글을 드래그한 후 선택된 열 머리글 위에서 마우스 오른쪽 버튼을 클릭하여 [**삭제**]를 선택합니다.

제2작업　필터 및 서식　(80점)

☞ **"제1작업"** 시트의 「B4:H12」 영역을 복사하여 **"제2작업"** 시트의 「B2」 셀부터 모두 붙여넣기를 한 후 다음의 조건과 같이 작업하시오.

《조건》

(1) 고급 필터 - 코드가 'K'로 시작하거나, 판매수량이 '10,000' 이상인 자료의 코드, 제품명, 가격(단위:원), 전월대비 성장률(%) 데이터만 추출하시오.
    - 조건 범위 : 「B14」 셀부터 입력하시오.
    - 복사 위치 : 「B18」 셀부터 나타나도록 하시오.

(2) 표 서식 - 고급필터의 결과셀을 채우기 없음으로 설정한 후 '표 스타일 보통 6'의 서식을 적용하시오.
    - 머리글 행, 줄무늬 행을 적용하시오.

제3작업　피벗 테이블　(80점)

☞ **"제1작업"** 시트를 이용하여 **"제3작업"** 시트에 조건에 따라 《출력형태》와 같이 작업하시오.

《조건》

(1) 가격(단위:원) 및 분류별 제품명의 개수와 전월대비 성장률(%)의 평균을 구하시오.
(2) 가격(단위:원)을 그룹화하고, 분류를 《출력형태》와 같이 정렬하시오.
(3) 레이블이 있는 셀 병합 및 가운데 맞춤 적용 및 빈 셀은 '**'로 표시하시오.
(4) 행의 총합계는 지우고, 나머지 사항은 《출력형태》에 맞게 작성하시오.

《출력형태》

가격(단위:원)	채식		저탄수화물		글루텐프리	
	개수 : 제품명	평균 : 전월대비 성장률(%)	개수 : 제품명	평균 : 전월대비 성장률(%)	개수 : 제품명	평균 : 전월대비 성장률(%)
1-10000	2	28	**	**	**	**
10001-20000	1	16	2	33	2	127
20001-30000	**	**	1	25	**	**
총합계	3	24	3	30	2	127

1 다음은 '관심 상품 TOP8 현황'에 대한 자료이다. 자료를 입력하고 조건에 맞도록 작업하시오.

소스파일: 03차시-1(문제).xlsx
완성파일: 03차시-1(완성).xlsx

《출력형태》

상품코드	상품명	제조사	분류	가격	점수 (5점 만점)	조회수	순위	상품평 차트
EA4-475	베이킹소다	JWP	생활용품	4,640원	4.6	23,869	(1)	(2)
SF4-143	모이스쳐페이셜크림	ANS	뷰티	19,900원	4.5	10,967	(1)	(2)
QA4-548	샘물 12개	MB	식품	6,390원	4.5	174,320	(1)	(2)
PF4-525	멸균흰우유 10개	MB	식품	17,800원	4.2	18,222	(1)	(2)
KE4-124	퍼펙트클렌징폼	ANS	뷰티	7,150원	4.5	14,825	(1)	(2)
DA7-125	섬유유연제	JWP	생활용품	14,490원	4.2	52,800	(1)	(2)
PF4-122	즉석밥 세트	ANS	식품	17,650원	5.0	30,763	(1)	(2)
WF1-241	롤화장지	JWP	생활용품	8,560원	4.0	12,870	(1)	(2)
최저 가격			(3)			생활용품 조회수 합계		(5)
뷰티 상품 개수			(4)		상품코드	EA4-475	점수 (5점 만점)	(6)

제목: 관심 상품 TOP8 현황

결재 / 담당 / 대리 / 팀장

《조건》

○ 모든 데이터의 서식에는 글꼴(굴림, 11pt), 정렬은 숫자 및 회계 서식은 오른쪽 정렬, 나머지 서식은 가운데 정렬로 작성하며 예외적인 것은 《출력형태》를 참조하시오.

○ 제 목 ⇒ 도형(평행 사변형)과 그림자(오프셋 오른쪽)를 이용하여 작성하고 "관심 상품 TOP8 현황"을 입력한 후 다음 서식을 적용하시오(글꼴-굴림, 24pt, 검정, 굵게, 채우기-노랑).

○ 임의의 셀에 결재란을 작성하여 그림으로 복사 기능을 이용하여 붙이기 하시오(단, 원본 삭제).

○ 「B4:J4, G14, I14」 영역은 '주황'으로 채우기 하시오.

○ 유효성 검사를 이용하여 「H14」 셀에 상품코드(「B5:B12」 영역)가 선택 표시되도록 하시오.

○ 셀 서식 ⇒ 「F5:F12」 영역에 셀 서식을 이용하여 숫자 뒤에 '원'을 표시하시오(예 : 4,640원).

○ 「E5:E12」 영역에 대해 '분류'로 이름정의를 하시오.

☞ 다음은 '밀키트 베스트 판매 현황'에 대한 자료이다. 자료를 입력하고 조건에 맞도록 작업하시오.

《출력형태》

	확인	MD	팀장	본부장

밀키트 베스트 판매 현황

코드	제품명	분류	판매수량	출시일	가격 (단위:원)	전월대비 성장률(%)	제조공장	순위
K3237	시래기된장밥	채식	90,680	2020-10-25	12,400	15.7	(1)	(2)
E2891	구운폴렌타	글루텐프리	7,366	2021-10-31	12,000	152.0	(1)	(2)
E1237	감바스피칸테	저탄수화물	78,000	2020-12-01	19,000	55.0	(1)	(2)
C2912	공심채볶음	채식	6,749	2021-07-08	6,900	25.0	(1)	(2)
J1028	관서식스키야키	저탄수화물	5,086	2021-05-10	25,000	25.0	(1)	(2)
E3019	비건버섯라자냐	글루텐프리	5,009	2021-10-05	15,000	102.5	(1)	(2)
K1456	춘천식닭갈비	저탄수화물	94,650	2020-07-08	13,000	10.0	(1)	(2)
K2234	산채나물비빔	채식	5,010	2021-01-05	8,600	30.5	(1)	(2)
채식 제품 수			(3)		최대 판매수량			(5)
저탄수화물 전월대비 성장률(%) 평균			(4)		코드	K3237	판매수량	(6)

《조건》

○ 모든 데이터의 서식에는 글꼴(굴림, 11pt), 정렬은 숫자 및 회계 서식은 오른쪽 정렬, 나머지 서식은 가운데 정렬로 작성하며 예외적인 것은 《출력형태》를 참조하시오.

○ 제 목 ⇒ 도형(순서도: 화면 표시)과 그림자(오프셋 오른쪽)를 이용하여 작성하고 "밀키트 베스트 판매 현황"을 입력한 후 다음 서식을 적용하시오
　　　　(글꼴-굴림, 24pt, 검정, 굵게, 채우기-노랑).

○ 임의의 셀에 결재란을 작성하여 그림으로 복사 기능을 이용하여 붙이기 하시오(단, 원본 삭제).

○ 「B4:J4, G14, I14」 영역은 '주황'으로 채우기 하시오.

○ 유효성 검사를 이용하여 「H14」 셀에 코드(「B5:B12」 영역)가 선택 표시되도록 하시오.

○ 셀 서식 ⇒ 「E5:E12」 영역에 셀 서식을 이용하여 숫자 뒤에 '박스'를 표시하시오(예 : 90,680박스).

○ 「D5:D12」 영역에 대해 '분류'로 이름정의를 하시오.

☞ (1)~(6) 셀은 반드시 **주어진 함수를 이용**하여 값을 구하시오(결과값을 직접 입력하면 해당 셀은 0점 처리됨).

(1) 제조공장 ⇒ 코드의 두 번째 글자가 1이면 '평택', 2이면 '정읍', 3이면 '진천'으로 표시하시오(CHOOSE, MID 함수).

(2) 순위 ⇒ 전월대비 성장률(%)의 내림차순 순위를 구하시오(RANK.EQ 함수).

(3) 채식 제품 수 ⇒ 결과값에 '개'를 붙이시오. 단, 조건은 입력데이터를 이용하시오(DCOUNTA 함수, & 연산자)(예 : 1개).

(4) 저탄수화물 전월대비 성장률(%) 평균 ⇒ 정의된 이름(분류)을 이용하여 구하시오(SUMIF, COUNTIF 함수).

(5) 최대 판매수량 ⇒ (MAX 함수)

(6) 판매수량 ⇒ 「H14」 셀에서 선택한 코드에 대한 판매수량을 구하시오(VLOOKUP 함수).

(7) 조건부 서식의 수식을 이용하여 판매수량이 '90,000' 이상인 행 전체에 다음의 서식을 적용하시오(글꼴 : 파랑, 굵게).

2 다음은 'ICT 기반 스마트 팜 현황'에 대한 자료이다. 자료를 입력하고 조건에 맞도록 작업하시오.

소스파일: 03차시-2(문제).xlsx
완성파일: 03차시-2(완성).xlsx

《출력형태》

관리코드	품목명	ICT 제어수준	시공업체	운영기간 (년)	시공비 (단위:천원)	농가면적	순위	도입연도
SW4-118	수박	관수제어	JUM	4.1	1,580	6,800평	(1)	(2)
PZ3-124	감귤	관수제어	GRN	1.7	3,250	12,500평	(1)	(2)
HG7-521	포도	관수/병해충제어	GRN	1.5	3,150	11,500평	(1)	(2)
LM6-119	망고	병해충제어	JUM	3.1	1,600	7,550평	(1)	(2)
KB8-518	딸기	관수/병해충제어	SEON	4.2	1,850	8,250평	(1)	(2)
PA5-918	사과	관수제어	GRN	4.2	1,550	5,250평	(1)	(2)
PE2-422	복숭아	병해충제어	JUM	2.5	1,200	3,200평	(1)	(2)
LS6-719	배	관수/병해충제어	SEON	3.2	2,000	8,500평	(1)	(2)

결재란: 담당 / 팀장 / 센터장

제목: ICT 기반 스마트 팜 현황

관수제어 시공비(단위:천원)의 합계 (3) / 최대 농가면적 (5)
병해충제어 농가면적 평균 (4) / 관리코드 SW4-118 시공비(단위:천원) (6)

《조건》

○ 모든 데이터의 서식에는 글꼴(굴림, 11pt), 정렬은 숫자 및 회계 서식은 오른쪽 정렬, 나머지 서식은 가운데 정렬로 작성하며 예외적인 것은 《출력형태》를 참조하시오.

○ 제 목 ⇒ 도형(가로로 말린 두루마리 모양)과 그림자(오프셋 대각선 오른쪽 아래)를 이용하여 작성하고 "ICT 기반 스마트 팜 현황"을 입력한 후 다음 서식을 적용하시오(글꼴-굴림, 24pt, 검정, 굵게, 채우기-노랑).

○ 임의의 셀에 결재란을 작성하여 그림으로 복사 기능을 이용하여 붙이기 하시오(단, 원본 삭제).

○ 「B4:J4, G14, I14」 영역은 '주황'으로 채우기 하시오.

○ 유효성 검사를 이용하여 「H14」 셀에 관리코드(「B5:B12」 영역)가 선택 표시되도록 하시오.

○ 셀 서식 ⇒ 「H5:H12」 영역에 셀 서식을 이용하여 숫자 뒤에 '평'을 표시하시오(예 : 6,800평).

○ 「H5:H12」 영역에 대해 '농가면적'으로 이름정의를 하시오.

정보기술자격(ITQ) 최신기출문제

과 목	코 드	문제유형	시험시간	수험번호	성 명
한글엑셀	1122	A	60분		

수험자 유의사항

◎ 수험자는 문제지를 받는 즉시 문제지와 **수험표상의 시험과목(프로그램)이 동일한지 반드시 확인**하여야 합니다.

◎ 파일명은 본인의 "수험번호-성명"으로 입력하여 답안폴더(내 PC\문서\ITQ)에 하나의 파일로 저장해야 하며, 답안문서 파일명이 "수험번호-성명"과 일치하지 않거나, 답안파일을 전송하지 않아 미제출로 처리될 경우 실격 처리합니다 (예:12345678-홍길동.xlsx).

◎ 답안 작성을 마치면 파일을 저장하고, '답안 전송' 버튼을 선택하여 감독위원 PC로 답안을 전송하십시오. 수험생 정보와 저장한 파일명이 다를 경우 전송되지 않으므로 주의하시기 바랍니다.

◎ 답안 작성 중에도 **주기적으로 저장하고, '답안 전송'**하여야 문제 발생을 줄일 수 있습니다. 작업한 내용을 저장하지 않고 전송할 경우 이전에 저장된 내용이 전송되오니 이점 유의하시기 바랍니다.

◎ 답안문서는 지정된 경로 외의 다른 보조기억장치에 저장하는 경우, 지정된 시험 시간 외에 작성된 파일을 활용할 경우, 기타 통신수단(이메일, 메신저, 네트워크 등)을 이용하여 타인에게 전달 또는 외부 반출하는 경우는 부정 처리합니다.

◎ 시험 중 부주의 또는 고의로 시스템을 파손한 경우는 수험자가 변상해야 하며, <수험자 유의사항>에 기재된 방법대로 이행하지 않아 생기는 불이익은 수험생 당사자의 책임임을 알려 드립니다.

◎ 문제의 조건은 MS오피스 2016 버전으로 설정되어 있으니 유의하시기 바랍니다.

◎ 시험을 완료한 수험자는 답안파일이 전송되었는지 확인한 후 감독위원의 지시에 따라 문제지를 제출하고 퇴실합니다.

답안 작성요령

◎ 온라인 답안 작성 절차

　 수험자 등록 ⇒ 시험 시작 ⇒ 답안파일 저장 ⇒ 답안 전송 ⇒ 시험 종료

◎ 문제는 총 4단계, 즉 제1작업부터 제4작업까지 구성되어 있으며 반드시 제1작업부터 순서대로 작성하고 조건대로 작업 하시오.

◎ 모든 작업시트의 A열은 열 너비 '1'로, 나머지 열은 적당하게 조절하시오.

◎ 모든 작업시트의 테두리는 《출력형태》와 같이 작업하시오.

◎ 해당 작업란에서는 각각 제시된 조건에 따라 《출력형태》와 같이 작업하시오.

◎ 답안 시트 이름은 "제1작업", "제2작업", "제3작업", "제4작업"이어야 하며 답안 시트 이외의 것은 감점 처리됩니다.

◎ 각 시트를 파일로 나누어 작업해서 저장할 경우 실격 처리됩니다.

3 다음은 '푸른길 작은 도서관 대출 현황'에 대한 자료이다. 자료를 입력하고 조건에 맞도록 작업하시오.

소스파일: 03차시-3(문제).xlsx
완성파일: 03차시-3(완성).xlsx

《출력형태》

관리코드	대출도서	대출자	학교명	대출일	누적 대출권수	도서 포인트	출판사	포인트 순위
			결재	담당	대리	부장		
				푸른길 작은 도서관 대출 현황				
3127-P	바다 목욕탕	전수민	월계초등학교	2022-05-03	1,024권	224	(1)	(2)
3861-K	땅콩 동그라미	박지현	산월초등학교	2022-05-08	954권	194	(1)	(2)
3738-G	모치모치 나무	김종환	수문초등학교	2022-05-02	205권	121	(1)	(2)
3928-G	해리포터	이지은	산월초등학교	2022-05-07	1,238권	250	(1)	(2)
3131-P	책 읽는 도깨비	정찬호	월계초등학교	2022-05-09	367권	122	(1)	(2)
3955-P	꼬마 지빠귀	권제인	수문초등학교	2022-05-11	107권	160	(1)	(2)
3219-K	퀴즈 과학상식	김승희	월계초등학교	2022-05-02	1,501권	315	(1)	(2)
3713-P	아기 고둥 두마리	유인혜	산월초등학교	2022-05-07	886권	154	(1)	(2)
최대 도서 포인트			(3)		월계초등학교 학생의 도서 포인트 합계			(5)
수문초등학교 학생의 누적 대출권수 평균			(4)		대출도서	바다 목욕탕	대출자	(6)

《조건》

○ 모든 데이터의 서식에는 글꼴(굴림, 11pt), 정렬은 숫자 및 회계 서식은 오른쪽 정렬, 나머지 서식은 가운데 정렬로 작성하며 예외적인 것은 《출력형태》를 참조하시오.

○ 제 목 ⇒ 도형(십자형)과 그림자(오프셋 오른쪽)를 이용하여 작성하고 "푸른길 작은 도서관 대출 현황"을 입력한 후 다음 서식을 적용하시오(글꼴-굴림, 24pt, 검정, 굵게, 채우기-노랑).

○ 임의의 셀에 결재란을 작성하여 그림으로 복사 기능을 이용하여 붙이기 하시오(단, 원본 삭제).

○ 「B4:J4, G14, I14」 영역은 '주황'으로 채우기 하시오.

○ 유효성 검사를 이용하여 「H14」 셀에 대출도서(「C5:C12」 영역)가 선택 표시되도록 하시오.

○ 셀 서식 ⇒ 「G5:G12」 영역에 셀 서식을 이용하여 숫자 뒤에 '권'을 표시하시오(예 : 1,024권).

○ 「E5:E12」 영역에 대해 '학교명'으로 이름정의를 하시오.

☞ **"제1작업"** 시트를 이용하여 조건에 따라《출력형태》와 같이 작업하시오.

《조건》

(1) 차트 종류 ⇒ <묶은 세로 막대형>으로 작업하시오.

(2) 데이터 범위 ⇒ "제1작업" 시트의 내용을 이용하여 작업하시오.

(3) 위치 ⇒ "새 시트"로 이동하고, "제4작업"으로 시트 이름을 바꾸시오.

(4) 차트 디자인 도구 ⇒ 레이아웃 3, 스타일 1을 선택하여《출력형태》에 맞게 작업하시오.

(5) 영역 서식 ⇒ 차트 : 글꼴(굴림, 11pt), 채우기 효과(질감-분홍 박엽지)

                 그림 : 채우기(흰색, 배경 1)

(6) 제목 서식 ⇒ 차트 제목 : 글꼴(굴림, 굵게, 20pt), 채우기(흰색, 배경 1), 테두리

(7) 서식 ⇒ 판매가 계열의 차트 종류를 <표식이 있는 꺾은선형>으로 변경한 후 보조 축으로 지정하시오.

         계열 :《출력형태》를 참조하여 표식(마름모, 크기 10)과 레이블 값을 표시하시오.

         눈금선 : 선 스타일-파선

         축 :《출력형태》를 참조하시오.

(8) 범례 ⇒ 범례명을 변경하고《출력형태》를 참조하시오.

(9) 도형 ⇒ '모서리가 둥근 사각형 설명선'을 삽입한 후《출력형태》와 같이 내용을 입력하시오.

(10) 나머지 사항은《출력형태》에 맞게 작성하시오.

《출력형태》

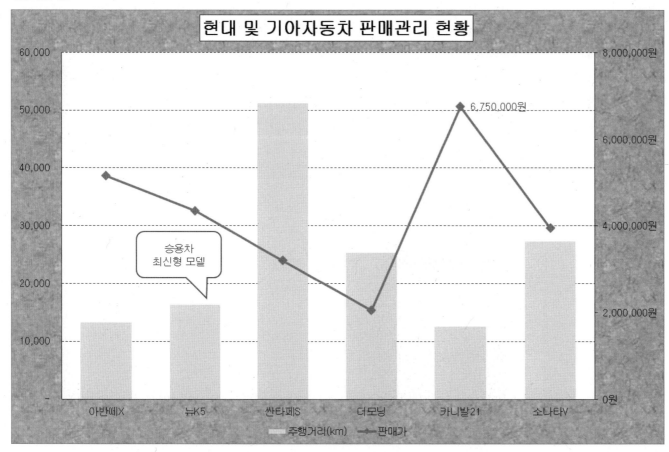

주의 ☞ 시트명 순서가 차례대로 "제1작업", "제2작업", "제3작업", "제4작업"이 되도록 할 것.

4 다음은 '첨단문화센터 강좌 현황'에 대한 자료이다. 자료를 입력하고 조건에 맞도록 작업하시오.

소스파일: 03차시-4(문제).xlsx
완성파일: 03차시-4(완성).xlsx

《출력형태》

관리코드	강좌명	지점	강사명	수강인원	강의 시작일	수강료 (단위:원)	수강인원 순위	분류
					결재	담당	과장	부장
CH005	캘리그라피	송파	김은경	38명	2022-05-11	98,000	(1)	(2)
CA002	미술 아트팡팡	송파	임송이	18명	2022-05-05	55,000	(1)	(2)
BH009	동화 속 쿠키나라	은평	양영아	55명	2022-05-02	35,000	(1)	(2)
AH001	피트니스 요가	구로	진현숙	68명	2022-05-07	120,000	(1)	(2)
CH007	서예교실	구로	권재웅	41명	2022-05-02	30,000	(1)	(2)
BC005	스위트 홈베이킹	송파	윤송이	58명	2022-05-13	60,000	(1)	(2)
AC003	필라테스	구로	박장원	21명	2022-05-21	70,000	(1)	(2)
CA006	성인 팝아트	은평	임진우	25명	2022-05-24	110,000	(1)	(2)
송파지점 수강인원 합계		(3)			최대 수강료(단위:원)			(5)
은평지점 수강인원 평균		(4)			강좌명	캘리그라피	강사명	(6)

제목: **첨단문화센터 강좌 현황**

《조건》

○ 모든 데이터의 서식에는 글꼴(굴림, 11pt), 정렬은 숫자 및 회계 서식은 오른쪽 정렬, 나머지 서식은 가운데 정렬로 작성하며 예외적인 것은 《출력형태》를 참조하시오.

○ 제 목 ⇒ 도형(평행 사변형)과 그림자(오프셋 가운데)를 이용하여 작성하고 "첨단문화센터 강좌 현황"을 입력한 후 다음 서식을 적용하시오(글꼴-굴림, 24pt, 검정, 굵게, 채우기-노랑).

○ 임의의 셀에 결재란을 작성하여 그림으로 복사 기능을 이용하여 붙이기 하시오(단, 원본 삭제).

○ 「B4:J4, G14, I14」 영역은 '주황'으로 채우기 하시오.

○ 유효성 검사를 이용하여 「H14」 셀에 강좌명(「C5:C12」 영역)이 선택 표시되도록 하시오.

○ 셀 서식 ⇒ 「F5:F12」 영역에 셀 서식을 이용하여 숫자 뒤에 '명'을 표시하시오(예 : 38명).

○ 「H5:H12」 영역에 대해 '수강료'로 이름정의를 하시오.

☞ "**제1작업**" 시트의 「B4:H12」 영역을 복사하여 "**제2작업**" 시트의 「B2」 셀부터 모두 붙여넣기를 한 후 다음의 조건과 같이 작업하시오.

《조건》

(1) 목표값 찾기 – 「B11:G11」 셀을 병합하여 "판매가 전체 평균"을 입력한 후 「H11」 셀에 판매가 전체 평균을 구하시오 (AVERAGE 함수, 테두리, 가운데 맞춤).
   – '판매가 전체 평균'이 '4,600,000'이 되려면 아반떼X의 판매가가 얼마가 되어야 하는지 목표값을 구하시오.

(2) 고급필터 – 제조사가 '쌍용'이거나, 주행거리(km)가 '50,000' 이상인 자료의 관리코드, 차종, 주행거리(km), 판매가 데이터만 추출하시오.
   – 조건 범위 : 「B14」 셀부터 입력하시오.
   – 복사 위치 : 「B18」 셀부터 나타나도록 하시오.

제3작업   정렬 및 부분합   (80점)

☞ "**제1작업**" 시트의 「B4:H12」 영역을 복사하여 "**제3작업**" 시트의 「B2」 셀부터 모두 붙여넣기를 한 후 다음의 조건과 같이 작업하시오.

《조건》

(1) 부분합 – 《출력형태》처럼 정렬하고, 차종의 개수와 판매가의 평균을 구하시오.
(2) 윤곽 – 지우시오.
(3) 나머지 사항은 《출력형태》에 맞게 작성하시오.

《출력형태》

A	B	C	D	E	주행거리(km)	연식	판매가
	관리코드	제조사	구분	차종	주행거리(km)	연식	판매가
	S1-001	현대	승용차	아반떼X	13,226	2020년	5,150,000원
	R1-002	현대	레저	싼타페S	51,232	2018년	3,200,000원
	S3-005	현대	승용차	소나타V	27,352	2019년	3,950,000원
		현대 평균					4,100,000원
		현대 개수		3			
	R2-001	쌍용	레저	렉스턴20	32,545	2019년	4,500,000원
	S1-003	쌍용	승용차	체어맨W	33,579	2020년	6,150,000원
		쌍용 평균					5,325,000원
		쌍용 개수		2			
	S3-002	기아	승용차	뉴K5	16,298	2021년	4,350,000원
	S2-004	기아	승용차	더모닝	25,337	2020년	2,050,000원
	R2-003	기아	레저	카니발21	12,593	2021년	6,750,000원
		기아 평균					4,383,333원
		기아 개수		3			
		전체 평균					4,512,500원
		전체 개수		8			

[제1작업] 값 계산 및 조건부 서식

- 조건에 주어진 함수를 이용하여 값을 계산합니다.
- 조건부 서식을 이용하여 특정 셀에 서식을 지정합니다.

소스파일: 04차시(문제).xlsx   완성파일: 04차시(완성).xlsx

출제 유형 미리보기   다음은 '게임 S/W 판매 현황'에 대한 자료이다. 자료를 입력하고 조건에 맞도록 작업하시오.

《출력형태》

제품코드	제품명	개발사	유형	가격	상반기 판매량	하반기 판매량	순위	출시연도
PSE2019	잠수함	아람	액션	32,700	6,820	7,520	(1)	(2)
SCA2020	좀비5	지성소프트	액션	28,400	4,852	5,180	(1)	(2)
SAV2017	제로2	지성소프트	어드벤처	32,700	4,501	3,870	(1)	(2)
SCC2021	골프	아람	스포츠	30,500	4,782	4,820	(1)	(2)
KAV2018	풋볼	지성소프트	스포츠	34,900	4,890	7,510	(1)	(2)
SCE2018	릴리 스토리	소리아	액션	32,600	2,570	2,500	(1)	(2)
PSA2021	다나의 눈	소리아	어드벤처	28,400	3,570	3,790	(1)	(2)
SAB2019	아소의 나라	소리아	어드벤처	28,400	2,780	2,450	(1)	(2)
소리아 제품의 평균 가격			(3)		아람 제품의 총 상반기 판매량			(5)
최대 하반기 판매량			(4)		제품명	잠수함	가격	(6)

결재: 담당 / 과장 / 부장

《조건》

☞ (1)~(6) 셀은 반드시 주어진 함수를 이용하여 값을 구하시오(결과값을 직접 입력하면 해당 셀은 0점 처리됨).

(1) 순위 ⇒ 상반기 판매량의 내림차순 순위를 1~3까지 구하고, 그 외에는 공백으로 표시하시오(IF, RANK.EQ 함수).

(2) 출시연도 ⇒ 제품코드의 마지막 네 글자를 추출하여 '년'을 붙이시오(RIGHT 함수, & 연산자)(예 : 2019년).

(3) 소리아 제품의 평균 가격 ⇒ (SUMIF, COUNTIF 함수)

(4) 최대 하반기 판매량 ⇒ 정의된 이름(하반기판매량)을 이용하여 구하시오(MAX 함수).

(5) 아람 제품의 총 상반기 판매량 → 조건은 입력데이디를 이용하시오(DSUM 함수).

(6) 가격 ⇒ 「H14」 셀에서 선택한 제품명에 대한 가격을 표시하시오(VLOOKUP 함수).

(7) 조건부 서식의 수식을 이용하여 가격이 '30,000' 이하인 행 전체에 다음의 서식을 적용하시오(글꼴 : 파랑, 굵게).

★ 과정 미리보기   (1)~(6)까지 함수 계산 ➡ 조건부 서식 지정

☞ 다음은 '**푸른중고나라 자동차 판매관리**'에 대한 자료이다. 자료를 입력하고 조건에 맞도록 작업하시오.

《출력형태》

관리코드	제조사	구분	차종	주행거리(km)	연식	판매가	연료	판매가순위
S1-001	현대	승용차	아반떼X	13,226	2020년	5,150,000	(1)	(2)
R2-001	쌍용	레저	렉스턴20	32,545	2019년	4,500,000	(1)	(2)
S3-002	기아	승용차	뉴K5	16,298	2021년	4,350,000	(1)	(2)
S1-003	쌍용	승용차	체어맨W	33,579	2020년	6,150,000	(1)	(2)
R1-002	현대	레저	싼타페S	51,232	2018년	3,200,000	(1)	(2)
S2-004	기아	승용차	더모닝	25,337	2020년	2,050,000	(1)	(2)
R2-003	기아	레저	카니발21	12,593	2021년	6,750,000	(1)	(2)
S3-005	현대	승용차	소나타V	27,352	2019년	3,950,000	(1)	(2)
승용차 평균 주행거리(km)			(3)			최저 주행거리(km)		(5)
연식이 2020년인 차종수			(4)			관리코드	S1-001	판매가 (6)

제목: 푸른중고나라 자동차 판매관리

결재 / 담당 / 대리 / 팀장

《조건》

○ 모든 데이터의 서식에는 글꼴(굴림, 11pt), 정렬은 숫자 및 회계 서식은 오른쪽 정렬, 나머지 서식은 가운데 정렬로 작성하며 예외적인 것은 《출력형태》를 참조하시오.

○ 제 목 ⇒ 도형(배지)과 그림자(오프셋 오른쪽)를 이용하여 작성하고 "푸른중고나라 자동차 판매관리"를 입력한 후 다음 서식을 적용하시오
(글꼴-굴림, 24pt, 검정, 굵게, 채우기-노랑).

○ 임의의 셀에 결재란을 작성하여 그림으로 복사 기능을 이용하여 붙이기 하시오(단, 원본 삭제).

○ 「B4:J4, G14, I14」 영역은 '주황'으로 채우기 하시오.

○ 유효성 검사를 이용하여 「H14」 셀에 관리코드(「B5:B12」 영역)가 선택 표시되도록 하시오.

○ 셀 서식 ⇒ 「H5:H12」 영역에 셀 서식을 이용하여 숫자 뒤에 '원'을 표시하시오(예 : 5,150,000원).

○ 「G5:G12」 영역에 대해 '연식'으로 이름정의를 하시오.

☞ (1)~(6) 셀은 반드시 **주어진 함수를 이용**하여 값을 구하시오(결과값을 직접 입력하면 해당 셀은 0점 처리됨).

(1) 연료 ⇒ 관리코드의 두 번째 글자가 1이면 '가솔린', 2이면 '디젤', 3이면 '하이브리드'로 구하시오(CHOOSE, MID 함수).

(2) 판매가 순위 ⇒ 판매가의 내림차순 순위를 구한 결과값에 '위'를 붙이시오(RANK.EQ 함수, & 연산자)(예 : 1위).

(3) 승용차 평균 주행거리(km) ⇒ 조건은 입력 데이터를 이용하고, 반올림하여 십 단위까지 구하시오
(ROUND, DAVERAGE 함수)(예 : 35,168 → 35,170).

(4) 연식이 2020년인 차종수 ⇒ 정의된 이름(연식)을 이용하여 구하시오(COUNTIF 함수).

(5) 최저 주행거리(km) ⇒ (MIN 함수)

(6) 판매가 ⇒ 「H14」 셀에서 선택한 관리코드에 대한 판매가를 구하시오(VLOOKUP 함수).

(7) 조건부 서식의 수식을 이용하여 판매가가 '5,000,000' 이상인 행 전체에 다음의 서식을 적용하시오(글꼴 : 파랑, 굵게).

01 함수 작성 방법

함수는 복잡한 수식 및 계산 등을 쉽고 간편하게 처리할 수 있도록 만들어 놓은 것으로 '수학 함수, 통계 함수, 논리 함수, 데이터베이스 함수' 등 다양한 함수를 제공합니다.

1. 함수 구성

함수는 '**등호, 함수 이름, 괄호, 인수**'로 구성되어 있으며, 왼쪽부터 순서대로 작성합니다.

– **등호(=)** : 수식 계산은 반드시 등호(=)를 먼저 입력한 후 작성합니다.

– **함수 이름** : 계산에 필요한 함수 이름을 입력합니다.

– **괄호( )** : 함수의 인수를 표시하는 영역입니다.

– **인수** : 계산에 필요한 인수(범위, 배열, 수식, 상수, 함수 등)는 쉼표(,)로 구분하며, 최대 255개까지 사용할 수 있습니다. 단, 함수에 따라 인수가 생략될 수는 있지만 괄호는 생략할 수 없습니다.

– **큰 따옴표("")** : 텍스트를 인수로 사용할 경우 큰 따옴표로 묶어줍니다.

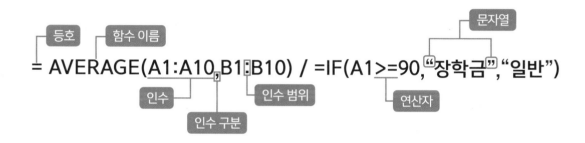

2. 함수 마법사

❶ 간단한 함수 계산은 셀에 직접 입력하여 결과를 추출하면 되지만, 함수식을 모르는 경우에는 [수식] 탭–[함수 라이브러리] 그룹에서 **함수 삽입** 또는 수식 입력줄의 **함수 삽입(fx)**을 이용합니다.

➕ 함수 마법사 바로 가기 키 : Shift + F3

❷ [함수 마법사] 대화상자에서 원하는 함수(예 : SUMIF)를 선택하면 해당 함수에서 사용하는 인수 대한 자세한 설명을 확인할 수 있기 때문에 오류없이 결과값을 추출할 수 있습니다.

– **SUMIF(함수명)** : 주어진 조건에 의해 지정된 셀들의 합을 구합니다.

– **Range(조건 범위)** : 조건에 맞는지를 검사할 셀들입니다.

– **Criteria(조건)** : 더할 셀의 조건을 지정하는 수, 식 또는 텍스트입니다.

– **Sum_range(합계 범위)** : 합을 구할 실제 셀들입니다.

정보기술자격(ITQ) 최신기출문제

과 목	코 드	문제유형	시험시간	수험번호	성 명
한글엑셀	1122	A	60분		

수험자 유의사항

◎ 수험자는 문제지를 받는 즉시 문제지와 **수험표상의 시험과목(프로그램)이 동일한지 반드시 확인**하여야 합니다.

◎ 파일명은 본인의 "수험번호-성명"으로 입력하여 답안폴더(내 PC\문서\ITQ)에 하나의 파일로 저장해야 하며, 답안문서 파일명이 "수험번호-성명"과 일치하지 않거나, 답안파일을 전송하지 않아 미제출로 처리될 경우 실격 처리합니다 (예:12345678-홍길동.xlsx).

◎ 답안 작성을 마치면 파일을 저장하고, '답안 전송' 버튼을 선택하여 감독위원 PC로 답안을 전송하십시오. 수험생 정보와 저장한 파일명이 다를 경우 전송되지 않으므로 주의하시기 바랍니다.

◎ 답안 작성 중에도 **주기적으로 저장하고, '답안 전송'**하여야 문제 발생을 줄일 수 있습니다. 작업한 내용을 저장하지 않고 전송할 경우 이전에 저장된 내용이 전송되오니 이점 유의하시기 바랍니다.

◎ 답안문서는 지정된 경로 외의 다른 보조기억장치에 저장하는 경우, 지정된 시험 시간 외에 작성된 파일을 활용할 경우, 기타 통신수단(이메일, 메신저, 네트워크 등)을 이용하여 타인에게 전달 또는 외부 반출하는 경우는 부정 처리합니다.

◎ 시험 중 부주의 또는 고의로 시스템을 파손한 경우는 수험자가 변상해야 하며, <수험자 유의사항>에 기재된 방법대로 이행하지 않아 생기는 불이익은 수험생 당사자의 책임임을 알려 드립니다.

◎ 문제의 조건은 MS오피스 2016 버전으로 설정되어 있으니 유의하시기 바랍니다.

◎ 시험을 완료한 수험자는 답안파일이 전송되었는지 확인한 후 감독위원의 지시에 따라 문제지를 제출하고 퇴실합니다.

답안 작성요령

◎ 온라인 답안 작성 절차

  수험자 등록 ⇒ 시험 시작 ⇒ 답안파일 저장 ⇒ 답안 전송 ⇒ 시험 종료

◎ 문제는 총 4단계, 즉 제1작업부터 제4작업까지 구성되어 있으며 반드시 제1작업부터 순서대로 작성하고 조건대로 작업하시오.

◎ 모든 작업시트의 A열은 열 너비 '1'로, 나머지 열은 적당하게 조절하시오.

◎ 모든 작업시트의 테두리는 《출력형태》와 같이 작업하시오.

◎ 해당 작업란에서는 각각 제시된 조건에 따라 《출력형태》와 같이 작업하시오.

◎ 답안 시트 이름은 "제1작업", "제2작업", "제3작업", "제4작업"이어야 하며 답안 시트 이외의 것은 감점 처리됩니다.

◎ 각 시트를 파일로 나누어 작업해서 저장할 경우 실격 처리됩니다.

kpc 한국생산성본부

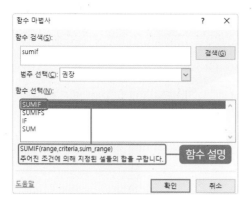
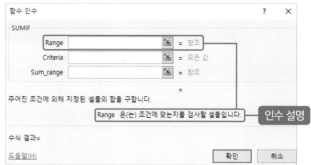

02 연산자

엑셀에서 주로 사용하는 연산자는 '산술 연산자, 비교 연산자, 참조 연산자, 텍스트 연결 연산자' 등이 있습니다.

1. 산술 연산자

연산자	의미	사용 예	연산자	의미	사용 예
+	덧셈	=A1+C1	/	나눗셈	=C5/2
–	뺄셈	=D5-A1	%	백분율	=A1*5%
*	곱셈	=B1*D1	^	거듭제곱(지수)	=B1^2

2. 비교 연산자

연산자	의미	사용 예	연산자	의미	사용 예
>	크다(초과)	=A1>C1	>=	크거나 같다(이상)	=C5>=50
<	작다(미만)	=D5<A1	<=	작거나 같다(이하)	=A1<=30
=	같다	=B1=D1	<>	같지 않다	=B1<>C1

3. 참조 연산자

연산자	사용 예	의미
콜론(:)	=A1:D5	[A1] 셀부터 [D5] 셀까지 참조
콤마(,)	=A1,B1,C1	[A1], [B1], [C1] 셀만 참조
공백	=A1:C5 C1:D5	두 개의 셀 범위 중 중복되는 셀을 참조([C1:C5])

4. 텍스트 연결 연산자

연산자	사용 예	의미
&	="ITQ"&"엑셀"	앞뒤 텍스트를 연결(ITQ엑셀)

☆

4

최신
기출문제

—

03 **셀 참조**

셀 참조는 수식 계산 시 특정 셀의 주소를 참조하여 계산하는 것으로 크게 **상대 참조**와 **절대 참조**로 구분됩니다.

소스파일: 셀 참조(문제).xlsx   완성파일: 셀 참조(완성).xlsx

❶ 셀을 참조할 때 **상대참조, 절대참조, 혼합참조** 등으로 변환시키기 위해서는 F4를 누릅니다. 참조 변환 순서는 F4를 누를 때마다 아래 그림처럼 순서에 맞추어 자동으로 변환됩니다.

❷ 상대 참조(C3:E3)는 수식이 복사될 때 참조할 셀의 위치가 계산식의 위치에 따라 자동으로 변경됩니다.

➕ 함수식에서 특정 범위를 참조할 때는 해당 범위를 키보드로 입력하거나 마우스로 드래그하여 범위를 지정합니다.

이름	한글	엑셀	파포	총점	상대 참조
김한국	80	75	100	255	▶ =SUM(C3:E3)
너미국	90	65	80	235	▶ =SUM(C4:E4)
그중국	70	60	80	210	▶ =SUM(C5:E5)

(발표 / ITQ 성적 발표)

❸ 절대 참조($C$7)는 수식이 복사될 때 참조할 셀의 위치가 변경되지 않고 고정됩니다.

이름	한글	엑셀	파포	총점	절대 참조
김한국	80	75	100	265	▶ =SUM(C3:E3)+$C$7
너미국	90	65	80	245	▶ =SUM(C4:E4)+$C$7
그중국	70	60	80	220	▶ =SUM(C5:E5)+$C$7
가산점	10				

(발표 / ITQ 성적 발표)

❹ 혼합 참조($B3,F$2)는 행과 열 중 하나는 상대 참조, 다른 하나는 절대 참조로 지정되어 셀을 참조합니다.

이름	미나	수로	말똥	철수	혼합 참조
김	김미나	김수로	김말똥	김철수	▶ =$B3&F$2
이	이미나	이수로	이말똥	이철수	▶ =$B4&F$2
박	박미나	박수로	박말똥	박철수	▶ =$B5&F$2

이름 짓기

MEMO

시험에 자주 출제되는
함수 및 중첩함수

함수명 옆에 시험 출제 빈도수에 맞추어 최대 5개까지 별 모양(★)을 표시했습니다. 별 모양이 많은 것은 매우 중요한 함수이기 때문에 반드시 숙지해 하며, 별 모양이 없는 함수는 시험에 거의 출제되지는 않지만 기본적인 사용 방법은 알아두는 것이 좋습니다.

☞ **"제1작업"** 시트를 이용하여 조건에 따라 《출력형태》와 같이 작업하시오.

《조건》

(1) 차트 종류 ⇒ <묶은 세로 막대형>으로 작업하시오.

(2) 데이터 범위 ⇒ "제1작업" 시트의 내용을 이용하여 작업하시오.

(3) 위치 ⇒ "새 시트"로 이동하고, "제4작업"으로 시트 이름을 바꾸시오.

(4) 차트 디자인 도구 ⇒ 레이아웃 3, 스타일 1을 선택하여 《출력형태》에 맞게 작업하시오.

(5) 영역 서식 ⇒ 차트 : 글꼴(굴림, 11pt), 채우기 효과(질감-파피루스)

　　　　　　　그림 : 채우기(흰색, 배경 1)

(6) 제목 서식 ⇒ 차트 제목 : 글꼴(궁서, 굵게, 20pt), 채우기(흰색, 배경 1), 테두리

(7) 서식 ⇒ 연봉(단위:원) 계열의 차트 종류를 <표식이 있는 꺾은선형>으로 변경한 후 보조 축으로 지정하시오.

　　　　계열 : 《출력형태》를 참조하여 표식(네모, 크기 10)과 레이블 값을 표시하시오.

　　　　눈금선 : 선 스타일-파선

　　　　축 : 《출력형태》를 참조하시오.

(8) 범례 ⇒ 범례명을 변경하고 《출력형태》를 참조하시오.

(9) 도형 ⇒ '사각형 설명선'을 삽입한 후 《출력형태》와 같이 내용을 입력하시오.

(10) 나머지 사항은 《출력형태》에 맞게 작성하시오.

《출력형태》

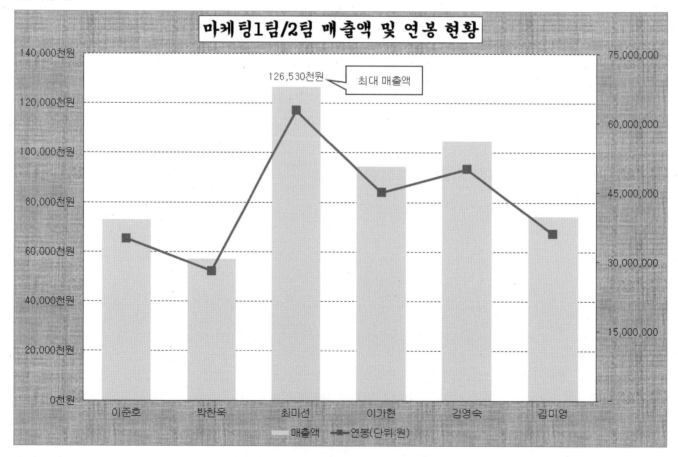

주의 ☞ 시트명 순서가 차례대로 "제1작업", "제2작업", "제3작업", "제4작업"이 되도록 할 것.

1. SUM(★)

설명	인수로 지정된 모든 숫자들의 합계를 구합니다.
함수식 및 정답	· =SUM(인수1,인수2...) · =SUM(C2:E2)
예제	[문제] 학생별 ITQ 시험에 대한 총점을 구하시오. 풀이 : ITQ한글, ITQ엑셀, ITQ파포의 점수를 더하여 [F2] 셀에 총점을 구합니다.

A	B	C	D	E	F	G
1	이름	ITQ한글	ITQ엑셀	ITQ파포	총점	함수식
2	손민정	85	75	80	240	=SUM(C2:E2)
3	이정혁	70	75	60	205	=SUM(C3:E3)
4	박나래	80	90	100	270	=SUM(C4:E4)

2. SUMIF(★★★)

설명	주어진 조건에 만족하는 셀들의 합계를 구합니다.
함수식 및 정답	· =SUMIF(조건 범위,조건,합계를 구할 범위) · =SUMIF(G2:G6,"합격",F2:F6)
예제	[문제] 결과가 '합격'인 사람들의 총점 합계를 구하시오. 풀이 : 결과가 합격인 사람들의 총점을 모두 더하여 병합된 [B9] 셀에 합계를 구합니다.

A	B	C	D	E	F	G
1	이름	ITQ한글	ITQ엑셀	ITQ파포	총점	결과
2	손민정	85	75	80	240	합격
3	이정혁	70	75	60	205	불합격
4	박나래	80	90	100	270	합격
5	오필승	70	80	90	240	합격
6	유승현	60	70	70	200	불합격
7						
8	결과가 합격인 사람들의 총점 합계				함수식	
9	750				=SUMIF(G2:G6,"합격",F2:F6)	

 함수 마법사 (f_x)

함수 사용이 익숙하지 않아 셀에 직접 함수식을 입력하기가 어려운 수험생은 **함수 마법사**([Shift]+[F3])를 이용합니다.

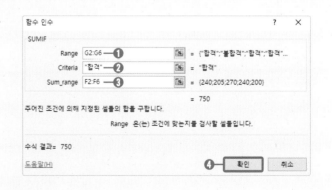

☞ "**제1작업**" 시트의 「B4:H12」 영역을 복사하여 "**제2작업**" 시트의 「B2」 셀부터 모두 붙여넣기를 한 후 다음의 조건과 같이 작업하시오.

《조건》

(1) 고급 필터 – 부서가 '마케팅2팀'이거나, 담당업체수가 '20' 이상인 자료의 데이터만 추출하시오.
 – 조건 범위 : 「B14」 셀부터 입력하시오.
 – 복사 위치 : 「B18」 셀부터 나타나도록 하시오.

(2) 표 서식 – 고급필터의 결과셀을 채우기 없음으로 설정한 후 '표 스타일 보통 4'의 서식을 적용하시오.
 – 머리글 행, 줄무늬 행을 적용하시오.

제3작업 **피벗 테이블** (80점)

☞ "**제1작업**" 시트를 이용하여 "**제3작업**" 시트에 조건에 따라 《출력형태》와 같이 작업하시오.

《조건》

(1) 담당업체수 및 부서별 이름의 개수와 연봉(단위:원)의 평균을 구하시오.
(2) 담당업체수를 그룹화하고, 부서를 《출력형태》와 같이 정렬하시오.
(3) 레이블이 있는 셀 병합 및 가운데 맞춤 적용 및 빈 셀은 '**'로 표시하시오.
(4) 행의 총합계는 지우고, 나머지 사항은 《출력형태》에 맞게 작성하시오.

《출력형태》

	부서 ↴						
	마케팅3팀		마케팅2팀		마케팅1팀		
담당업체수 ▾	개수 : 이름	평균 : 연봉(단위:원)	개수 : 이름	평균 : 연봉(단위:원)	개수 : 이름	평균 : 연봉(단위:원)	
7-13	2	29,200,000	1	35,000,000	1	28,000,000	
14-20	**	**	2	47,500,000	1	36,000,000	
21-27	**	**	**	**	1	62,700,000	
총합계	2	29,200,000	3	43,333,333	3	42,233,333	

3. ROUND, ROUNDUP, ROUNDDOWN 함수(★★★)

설명	인수를 지정한 자릿수에 맞추어 반올림/올림/내림하여 값을 구합니다.
함수식 및 정답	· =ROUND(인수,반올림 자릿수), =ROUNDDOWN(인수,내림 자릿수), =ROUNDUP(인수,올림 자릿수) · =ROUND(B2,0), =ROUNDDOWN(B2,1), =ROUNDUP(B2,2) · =ROUND(B2,-1), =ROUNDDOWN(B2,-2), =ROUNDUP(B2,-3)
예제1	[문제] 데이터를 이용하여 정수부터 소수 둘째자리까지 차례대로 구하시오. 풀이 : 데이터 값([B2])을 기준으로 '정수(0), 소수 첫째 자리(1), 소수 둘째 자리(2)'까지 데이터가 표시되도록 [C2:E2] 셀에 값을 구합니다.

◢A	B	C	D	E
1	데이터	반올림하여 정수로 표시	내림하여 소수 첫째자리까지 표시	올림하여 소수 둘째자리까지 표시
2	1234.178	1234	1234.1	1234.18
3	함수식	=ROUND(B2,0)	=ROUNDDOWN(B2,1)	=ROUNDUP(B2,2)

예제2	[문제] 데이터를 이용하여 십, 백, 천의 단위까지 차례대로 구하시오. 풀이 : 데이터 값([B2])을 기준으로 '십의 자리(-1), 백의 자리(-2), 천의 자리(-3)'까지 데이터가 표시되도록 반올림, 내림, 올림하여 [C2:E2] 셀에 값을 구합니다.

◢A	B	C	D	E
1	데이터	반올림하여 십의 자리까지 표시	내림하여 백의 자리까지 표시	올림하여 천의 자리까지 표시
2	123,456	123,460	123,400	124,000
3	함수식	=ROUND(B2,-1)	=ROUNDDOWN(B2,-2)	=ROUNDUP(B2,-3)

 자릿수 지정(ROUND, ROUNDDOWN, ROUNDUP 공통)

아래 표는 반올림(ROUND)을 기준으로 작성한 내용이기 때문에 **내림**과 **올림**을 사용한 경우에는 결과값이 다르게 나옵니다. 아래 표를 기준으로 ROUNDDOWN과 ROUNDUP 함수를 사용하였을 때 결과값이 어떻게 다른지 확인합니다.

자릿수	설명	함수식
3	소수 넷째 자리에서 반올림하여 소수 셋째 자리까지 표시	=ROUND(1.5454,3) → 1.545
2	소수 셋째 자리에서 반올림하여 소수 둘째 자리까지 표시	=ROUND(1.5454,2) → 1.55
1	소수 둘째 자리에서 반올림하여 소수 첫째 자리까지 표시	=ROUND(1.5454,1) → 1.5
0	소수 첫째 자리에서 반올림하여 일의 자리(정수)를 표시	=ROUND(1.5454,0) → 2
-1	정수 첫째 자리에서 반올림하여 십의 자리를 표시	=ROUND(1545,-1) → 1550
-2	정수 둘째 자리에서 반올림하여 백의 자리를 표시	=ROUND(1545,-2) → 1500
-3	정수 셋째 자리에서 반올림하여 천의 자리를 표시	=ROUND(1545,-3) → 2000

☞ 다음은 '**마케팅팀 부서원 관리**'에 대한 자료이다. 자료를 입력하고 조건에 맞도록 작업하시오.

《출력형태》

	A	B	C	D	E	F	G	H	I	J
1								확인	담당	팀장	부장
2		마케팅팀 부서원 관리								
3										
4		사번	이름	직급	부서	연봉(단위:원)	매출액	담당업체수	입사년도	담당지역
5		D2131	이정혁	사원	마케팅3팀	28,400,000	58,480	8	(1)	(2)
6		B1425	이준호	대리	마케팅2팀	35,000,000	73,000	12	(1)	(2)
7		G2216	박찬욱	사원	마케팅1팀	28,000,000	57,120	7	(1)	(2)
8		S0711	최미선	부장	마케팅1팀	62,700,000	126,530	23	(1)	(2)
9		B1028	이가현	과장	마케팅2팀	45,000,000	94,480	16	(1)	(2)
10		S2332	채수원	사원	마케팅3팀	30,000,000	62,880	9	(1)	(2)
11		G1227	김영숙	과장	마케팅2팀	50,000,000	104,860	18	(1)	(2)
12		D1515	김미영	대리	마케팅1팀	36,000,000	74,250	15	(1)	(2)
13		마케팅3팀 인원수			(3)		최대 담당업체수			(5)
14		마케팅2팀 매출액 평균			(4)		이름	이정혁	담당업체수	(6)

《조건》

○ 모든 데이터의 서식에는 글꼴(굴림, 11pt), 정렬은 숫자 및 회계 서식은 오른쪽 정렬, 나머지 서식은 가운데 정렬로 작성하며 예외적인 것은《출력형태》를 참조하시오.

○ 제 목 ⇒ 도형(사다리꼴)과 그림자(오프셋 가운데)를 이용하여 작성하고, "마케팅팀 부서원 관리"를 입력한 후 다음 서식을 적용하시오

　　　　　(글꼴-궁서, 24pt, 검정, 굵게, 채우기-노랑).

○ 임의의 셀에 결재란을 작성하여 그림으로 복사 기능을 이용하여 붙이기 하시오(단, 원본 삭제).

○ 「B4:J4, G14, I14」 영역은 '주황'으로 채우기 하시오.

○ 유효성 검사를 이용하여 「H14」 셀에 이름(「C5:C12」 영역)이 선택 표시되도록 하시오.

○ 셀 서식 ⇒ 「G5:G12」 영역에 셀 서식을 이용하여 숫자 뒤에 '천원'을 표시하시오(예 : 58,480천원).

○ 「E5:E12」 영역에 대해 '부서'로 이름정의를 하시오.

☞ (1)~(6) 셀은 반드시 주어진 함수를 이용하여 값을 구하시오(결과값을 직접 입력하면 해당 셀은 0점 처리됨).

(1) 입사년도 ⇒ 사번의 두 번째, 세 번째 값에 2,000을 더하여 표시하시오(MID 함수)(예 : S2332 → 2023).

(2) 담당지역 ⇒ 사번의 첫 번째 값이 B이면 '부산', D이면 '대구', G이면 '경기', 그 외에는 '서울'로 표시하시오

　　　　　　　(IF, LEFT 함수).

(3) 마케팅3팀 인원수 ⇒ 결과값에 '명'을 붙이시오. 단, 조건은 입력데이터를 이용하시오(DCOUNTA 함수, & 연산자)

　　　　　　　(예 : 1명).

(4) 마케팅2팀 매출액 평균 ⇒ 정의된 이름(부서)을 이용하여 구하시오(SUMIF, COUNTIF 함수).

(5) 최대 담당업체수 ⇒ (MAX 함수)

(6) 담당업체수 ⇒ 「H14」 셀에서 선택한 이름에 대한 담당업체수를 구하시오(VLOOKUP 함수).

(7) 조건부 서식의 수식을 이용하여 매출액이 '100,000' 이상인 행 전체에 다음의 서식을 적용하시오(글꼴 : 파랑, 굵게).

4. INT(★)

설명	소수점 아래를 버리고 가장 가까운 정수로 내림하여 값을 구합니다.
함수식 및 정답	• =INT(인수) • =INT(B2/(C2*C2))
예제	[문제] 몸무게와 키를 이용하여 BMI 지수를 정수로 구하시오. 풀이 : BMI 계산 공식(몸무게/키*키)을 입력하여 [D2] 셀에 값을 구합니다. 단, BMI 결과가 소수점으로 나오기 때문에 INT로 묶어서 정수로 구합니다.

A	B	C	D	E
1	몸무게(Kg)	키(M)	BMI	함수식
2	73.3	1.78	23	=INT(B2/(C2*C2))
3	80.7	1.53	34	=INT(B3/(C3*C3))
4	67.4	1.84	19	=INT(B4/(C4*C4))

5. MOD

설명	숫자를 나누어 나머지 값을 구합니다.
함수식 및 정답	• =MOD(숫자,나누는 숫자) • =MOD(B2,C2)
예제	[문제] 사탕 개수를 인원에 맞추어 나누었을 때 나머지를 구하시오. 풀이 : 사탕 개수를 인원 수로 나눈 후 [D2] 셀에 나머지 값만 구합니다.

A	B	C	D	E
1	사탕 개수	인원	나머지	함수식
2	73	4	1	=MOD(B2,C2)
3	95	3	2	=MOD(B3,C3)
4	85	4	1	=MOD(B4,C4)

6. PRODUCT

설명	인수로 지정된 모든 숫자들을 곱하여 값을 구합니다.
함수식 및 정답	• =PRODUCT(인수1,인수2...) • =PRODUCT(C2:D2)
예제	[문제] 품명들에 대한 각각의 판매금액을 구하시오. 풀이 : [C2*D2]를 곱하여 [E2] 셀에 품명별 판매금액을 구합니다.

A	B	C	D	E	F
1	품명	판매수량	단가	판매금액	함수식
2	이이폰	11	15,000	165,000	=PRODUCT(C2:D2)
3	스피커	12	20,000	240,000	=PRODUCT(C3:D3)
4	마이크	13	13,000	169,000	=PRODUCT(C4:D4)

정보기술자격(ITQ) 실전모의고사

과 목	코 드	문제유형	시험시간	수험번호	성 명
한글엑셀	1122	A	60분		

수험자 유의사항

◎ 수험자는 문제지를 받는 즉시 문제지와 **수험표상의 시험과목(프로그램)이 동일한지 반드시 확인**하여야 합니다.

◎ 파일명은 본인의 "수험번호-성명"으로 입력하여 답안폴더(내 PC\문서\ITQ)에 하나의 파일로 저장해야 하며, 답안문서 파일명이 "수험번호-성명"과 일치하지 않거나, 답안파일을 전송하지 않아 미제출로 처리될 경우 실격 처리합니다 (예:12345678-홍길동.xlsx).

◎ 답안 작성을 마치면 파일을 저장하고, '답안 전송' 버튼을 선택하여 감독위원 PC로 답안을 전송하십시오. 수험생 정보와 저장한 파일명이 다를 경우 전송되지 않으므로 주의하시기 바랍니다.

◎ 답안 작성 중에도 **주기적으로 저장하고, '답안 전송'**하여야 문제 발생을 줄일 수 있습니다. 작업한 내용을 저장하지 않고 전송할 경우 이전에 저장된 내용이 전송되오니 이점 유의하시기 바랍니다.

◎ 답안문서는 지정된 경로 외의 다른 보조기억장치에 저장하는 경우, 지정된 시험 시간 외에 작성된 파일을 활용할 경우, 기타 통신수단(이메일, 메신저, 네트워크 등)을 이용하여 타인에게 전달 또는 외부 반출하는 경우는 부정 처리합니다.

◎ 시험 중 부주의 또는 고의로 시스템을 파손한 경우는 수험자가 변상해야 하며, <수험자 유의사항>에 기재된 방법대로 이행하지 않아 생기는 불이익은 수험생 당사자의 책임임을 알려 드립니다.

◎ 문제의 조건은 MS오피스 2016 버전으로 설정되어 있으니 유의하시기 바랍니다.

◎ 시험을 완료한 수험자는 답안파일이 전송되었는지 확인한 후 감독위원의 지시에 따라 문제지를 제출하고 퇴실합니다.

답안 작성요령

◎ 온라인 답안 작성 절차

   수험자 등록 ⇒ 시험 시작 ⇒ 답안파일 저장 ⇒ 답안 전송 ⇒ 시험 종료

◎ 문제는 총 4단계, 즉 제1작업부터 제4작업까지 구성되어 있으며 반드시 제1작업부터 순서대로 작성하고 조건대로 작업 하시오.

◎ 모든 작업시트의 A열은 열 너비 '1'로, 나머지 열은 적당하게 조절하시오.

◎ 모든 작업시트의 테두리는 《출력형태》와 같이 작업하시오.

◎ 해당 작업란에서는 각각 제시된 조건에 따라 《출력형태》와 같이 작업하시오.

◎ 답안 시트 이름은 "제1작업", "제2작업", "제3작업", "제4작업"이어야 하며 답안 시트 이외의 것은 감점 처리됩니다.

◎ 각 시트를 파일로 나누어 작업해서 저장할 경우 실격 처리됩니다.

7. SUMPRODUCT

설명	두 개 이상의 배열에 대응하는 값끼리 곱해서 합계를 구합니다.
함수식 및 정답	• =SUMPRODUCT(배열1,배열2...) • =SUMPRODUCT(C2:C4,D2:D4)
예제	[문제] 다음 품명들의 총판매총액을 구하시오. 풀이 : C열과 D열의 행에 입력된 값을 곱한 결과값을 모두 더하여 [G2] 셀에 총판매총액을 구합니다. ![예제 표: 품명, 수량, 단가 / 이이폰 21 15,000 / 스피커 22 20,000 / 마이크 23 13,000 / 총판매총액 1,054,000 / 함수식 =SUMPRODUCT(C2:C4,D2:D4)]

02 통계 함수

소스파일: 통계(문제).xlsx   완성파일: 통계(완성).xlsx

1. RANK.EQ(★★★★★)

설명	• 특정 목록에서 지정한 숫자의 순위를 구합니다. • 범위 : 특정 범위를 기준으로 순위를 결정할 때는 '절대참조'로 고정시킵니다. • 순위 결정 : 0을 입력하거나 생략하면 '내림차순', 0이 아닌 숫자(1)를 입력하면 '오름차순'으로 순위를 구합니다.
함수식 및 정답	• =RANK.EQ(순위를 구하려는 수,범위,순위 결정 방법) • =RANK.EQ(F2,$F$2:$F$4)
예제	[문제] 총점을 이용하여 내림차순으로 순위를 구하시오. 풀이 : 총점([F2:F4]) 범위를 기준으로 [G2] 셀에 학생별 총점 순위를 내림차순으로 구합니다. ![예제 표: 이름, ITQ한글, ITQ엑셀, ITQ파포, 총점, 순위, 함수식 / 손민정 85 75 80 240 2 =RANK.EQ(F2,$F$2:$F$4) / 이정혁 70 75 60 205 3 =RANK.EQ(F3,$F$2:$F$5) / 박나래 80 90 100 270 1 =RANK.EQ(F4,$F$2:$F$6)]

2. MAX/MIN(★★★)

설명	• MAX : 셀 범위 내에서 최대값을 구합니다. • MIN : 셀 범위 내에서 최소값을 구합니다.
함수식 및 정답	• =MAX(인수1,인수2...) / =MIN(인수1,인수2...) • =MAX(F2:F4) / =MIN(F2:F4)

☞ "제1작업" 시트를 이용하여 조건에 따라《출력형태》와 같이 작업하시오.

《조건》

(1) 차트 종류 ⇒ <묶은 세로 막대형>으로 작업하시오.

(2) 데이터 범위 ⇒ "제1작업" 시트의 내용을 이용하여 작업하시오.

(3) 위치 ⇒ "새 시트"로 이동하고, "제4작업"으로 시트 이름을 바꾸시오.

(4) 차트 디자인 도구 ⇒ 레이아웃 3, 스타일 1을 선택하여《출력형태》에 맞게 작업하시오.

(5) 영역 서식 ⇒ 차트 : 글꼴(굴림, 11pt), 채우기 효과(질감-양피지)

　　　　　　　 그림 : 채우기(흰색, 배경 1)

(6) 제목 서식 ⇒ 차트 제목 : 글꼴(굴림, 굵게, 20pt), 채우기(흰색, 배경 1), 테두리

(7) 서식 ⇒ 판매가격(단위:원) 계열의 차트 종류를 <표식이 있는 꺾은선형>으로 변경한 후 보조 축으로 지정하시오.

　　　　계열 :《출력형태》를 참조하여 표식(마름모, 크기 10)과 레이블 값을 표시하시오.

　　　　눈금선 : 선 스타일-파선

　　　　축 :《출력형태》를 참조하시오.

(8) 범례 ⇒ 범례명을 변경하고《출력형태》를 참조하시오.

(9) 도형 ⇒ '타원형 설명선'을 삽입한 후《출력형태》와 같이 내용을 입력하시오.

(10) 나머지 사항은《출력형태》에 맞게 작성하시오.

《출력형태》

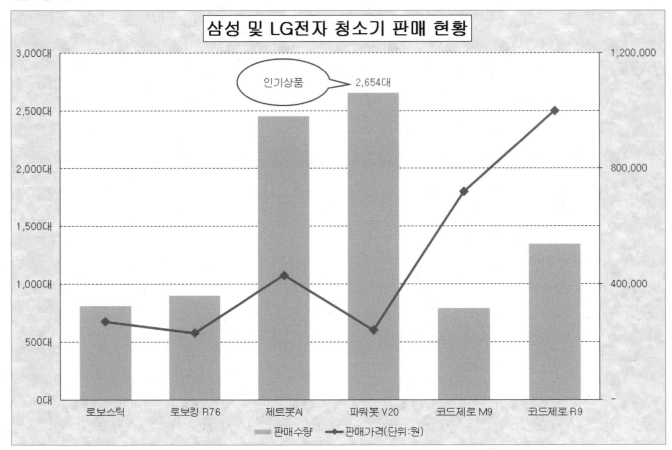

주의 ☞ 시트명 순서가 차례대로 "제1작업", "제2작업", "제3작업", "제4작업"이 되도록 할 것.

예제	[문제] 총점 중에서 가장 높은 총점과 가장 낮은 총점을 구하시오. 풀이 : • 총점([F2:F4]) 범위를 기준으로 [C5] 셀에 가장 높은 총점을 구합니다. 　　　• 총점([F2:F4]) 범위를 기준으로 [E5] 셀에 가장 낮은 총점을 구합니다.

	A	B	C	D	E	F
1		이름	ITQ한글	ITQ엑셀	ITQ파포	총점
2		손민정	85	75	80	240
3		이정혁	70	75	60	205
4		박나래	80	90	100	270
5		가장 높은 총점	270	가장 낮은 총점	205	
6		함수식	=MAX(F2:F4)	함수식	=MIN(F2:F4)	

3. LARGE/SMALL(★★★★)

설명	• LARGE : 셀 범위 내에서 K번째의 큰 값을 구합니다. • SMALL : 셀 범위 내에서 K번째의 작은 값을 구합니다.
함수식 및 정답	• =LARGE(범위,K) / =SMALL(범위,K) • =LARGE(F2:F4,2) / =SMALL(F2:F4,1)
예제	[문제] 총점 중에서 2번째로 높은 총점과 1번째로 낮은 총점을 구하시오. 풀이 : • 총점([F2:F4]) 범위를 기준으로 [C5] 셀에 2번째로 높은 총점을 구합니다. 　　　• 총점([F2:F4]) 범위를 기준으로 [E5] 셀에 1번째로 낮은 총점을 구합니다.

	A	B	C	D	E	F
1		이름	ITQ한글	ITQ엑셀	ITQ파포	총점
2		손민정	85	75	80	240
3		이정혁	70	75	60	205
4		박나래	80	90	100	270
5		2번째로 높은 총점	240	1번째로 낮은 총점	205	
6		함수식	=LARGE(F2:F4,2)	함수식	=SMALL(F2:F4,1)	

4. COUNTIF(★★★★)

설명	• 주어진 조건에 만족하는 셀들의 개수를 구합니다. • 비교 연산자(>=, <= 등)를 사용할 경우 큰 따옴표("")로 묶습니다.
함수식 및 정답	• =COUNTIF(조건 범위,조건) • =COUNTIF(F2:F4,">=240")
예제	[문제] 총점이 240점 이상인 학생수를 구하시오. 풀이 : 총점([F2:F4]) 범위를 기준으로 병합된 [E5] 셀에 총점이 240점 이상인 셀의 개수를 구합니다.

	A	B	C	D	E	F
1		이름	ITQ한글	ITQ엑셀	ITQ파포	총점
2		손민정	85	75	80	240
3		이정혁	70	75	60	205
4		박나래	80	90	100	270
5		총점이 240점 이상인 학생수			2	
6		함수식			=COUNTIF(F2:F4,">=240")	

☞ **"제1작업"** 시트의 「B4:H12」 영역을 복사하여 **"제2작업"** 시트의 「B2」 셀부터 모두 붙여넣기를 한 후 다음의 조건과 같이 작업하시오.

《조건》

(1) 목표값 찾기 – 「B11:G11」 셀을 병합하여 "흡입전용의 판매가격(단위:원) 평균"을 입력한 후 「H11」 셀에 흡입전용의 판매가격(단위:원) 평균을 구하시오. 단, 조건은 입력데이터를 이용하시오(DAVERAGE 함수, 테두리, 가운데 맞춤).

     – '흡입전용의 판매가격(단위:원) 평균'이 '500,000'이 되려면 코드제로 R9의 판매가격(단위:원)이 얼마가 되어야 하는지 목표값을 구하시오.

(2) 고급필터 – 제조회사가 '샤오미'가 아니면서 상품리뷰(단위:개)가 '200' 이하인 자료의 데이터만 추출하시오.

     – 조건 범위 : 「B14」 셀부터 입력하시오.

     – 복사 위치 : 「B18」 셀부터 나타나도록 하시오.

☞ **"제1작업"** 시트의 「B4:H12」 영역을 복사하여 **"제3작업"** 시트의 「B2」 셀부터 모두 붙여넣기를 한 후 다음의 조건과 같이 작업하시오.

《조건》

(1) 부분합 –《출력형태》처럼 정렬하고, 상품명의 개수와 판매수량의 평균을 구하시오.

(2) 윤곽 – 지우시오.

(3) 나머지 사항은《출력형태》에 맞게 작성하시오.

《출력형태》

A	B	C	D	E	F 판매가격(단위:원)	G 판매수량	H 상품리뷰(단위:개)
1							
2	상품코드	상품명	제조회사	방식	판매가격(단위:원)	판매수량	상품리뷰(단위:개)
3	LG-176	로보킹 R76	LG전자	걸레전용	230,000	897대	125
4	LH-265	코드제로 M9	LG전자	흡입+걸레	720,000	789대	112
5	LH-123	코드제로 R9	LG전자	흡입전용	1,000,000	1,345대	288
6			LG전자 평균			1,010대	
7		3	LG전자 개수				
8	SH-129	로보스틱	삼성전자	흡입전용	270,000	810대	120
9	SH-124	제트봇AI	삼성전자	흡입+걸레	430,000	2,450대	559
10	SG-256	파워봇 V20	삼성전자	걸레전용	240,000	2,654대	580
11			삼성전자 평균			1,971대	
12		3	삼성전자 개수				
13	RH-254	라이드스토 S1	샤오미	흡입+걸레	640,000	1,565대	366
14	RH-125	트윈보스 S9	샤오미	흡입전용	290,000	1,200대	283
15			샤오미 평균			1,383대	
16		2	샤오미 개수				
17			전체 평균			1,464대	
18		8	전체 개수				

5. AVERAGE(★★)

설명	인수로 지정된 모든 숫자들의 평균을 구합니다.
함수식 및 정답	• =AVERAGE(인수1,인수2...) • =AVERAGE(C2:E2)
예제	[문제] 학생별 ITQ 시험 점수에 대한 평균을 구하시오. 풀이 : ITQ한글, ITQ엑셀, ITQ파포 점수의 평균을 [F2] 셀에 구합니다. *표:* 1행: 이름 | ITQ한글 | ITQ엑셀 | ITQ파포 | 평균 | 함수식 2행: 손민정 | 85 | 75 | 80 | 80 | =AVERAGE(C2:E2) 3행: 이정혁 | 70 | 75 | 60 | 68 | =AVERAGE(C3:E3) 4행: 박나래 | 80 | 90 | 100 | 90 | =AVERAGE(C4:E4)

6. COUNT/COUNTA(★)

설명	• COUNT : 셀 범위 내에서 숫자가 입력된 셀의 개수를 구합니다. • COUNTA : 셀 범위 내에서 데이터가 입력된 모든 셀의 개수를 구합니다.
함수식 및 정답	• =COUNT(인수1,인수2...) / =COUNTA(인수1,인수2...) • =COUNT(C2:C5) / =COUNTA(C2:C5)
예제	[문제] ITQ엑셀 시험 접수 인원과 시험 응시 인원을 구하시오. 풀이 : • ITQ엑셀 시험에 접수한 모든 인원(숫자+문자)을 [F1] 셀에 구합니다. • ITQ엑셀 시험에 응시한 인원(숫자)을 [F3] 셀에 구합니다. *표:* 1행: 이름 | ITQ엑셀 | | 시험 접수 인원 | 4 2행: 손민정 | 75 | | 함수식 | =COUNTA(C2:C5) 3행: 이정혁 | 75 | | 시험 응시 인원 | 3 4행: 박나래 | 미응시 | | 함수식 | =COUNT(C2:C5) 5행: 오필승 | 80

7. MEDIAN

설명	셀 범위에서 중간값을 구합니다.
함수식 및 정답	• =MEDIAN(셀 범위) • =MEDIAN(C2:E2)
예제	[문제] 과목별 ITQ 시험 점수 중에서 중간값을 구하시오. 풀이 : 과목별 ITQ 시험 점수([C2:E2])의 중간값을 [F2] 셀에 구합니다. *표:* 1행: 이름 | ITQ한글 | ITQ엑셀 | ITQ파포 | 중간값 | 함수식 2행: 손민정 | 85 | 75 | 80 | 80 | =MEDIAN(C2:E2) 3행: 이정혁 | 70 | 75 | 60 | 70 | =MEDIAN(C3:E3) 4행: 박나래 | 80 | 90 | 100 | 90 | =MEDIAN(C4:E4)

☞ 다음은 '상반기 로봇 청소기 판매 현황'에 대한 자료이다. 자료를 입력하고 조건에 맞도록 작업하시오.

《출력형태》

	담당	팀장	이사
결재			

상반기 로봇 청소기 판매 현황

상품코드	상품명	제조회사	방식	판매가격 (단위:원)	판매수량	상품리뷰 (단위:개)	리뷰 평점	순위
SH-129	로보스틱	삼성전자	흡입전용	270,000	810	120	(1)	(2)
RH-254	라이드스토 S1	샤오미	흡입+걸레	640,000	1,565	366	(1)	(2)
LG-176	로보킹 R76	LG전자	걸레전용	230,000	897	125	(1)	(2)
SH-124	제트봇AI	삼성전자	흡입+걸레	430,000	2,450	559	(1)	(2)
RH-125	트윈보스 S9	샤오미	흡입전용	290,000	1,200	283	(1)	(2)
SG-256	파워봇 V20	삼성전자	걸레전용	240,000	2,654	580	(1)	(2)
LH-265	코드제로 M9	LG전자	흡입+걸레	720,000	789	112	(1)	(2)
LH-123	코드제로 R9	LG전자	흡입전용	1,000,000	1,345	288	(1)	(2)
삼성전자 청소기의 판매수량 합계			(3)		최저 판매가격(단위:원)			(5)
흡입전용 청소기의 상품 수			(4)		상품코드	SH-129	판매수량	(6)

《조건》

○ 모든 데이터의 서식에는 글꼴(굴림, 11pt), 정렬은 숫자 및 회계 서식은 오른쪽 정렬, 나머지 서식은 가운데 정렬로 작성하며 예외적인 것은 《출력형태》를 참조하시오.

○ 제 목 ⇒ 도형(오각형)과 그림자(오프셋 대각선 오른쪽 위)를 이용하여 작성하고 "상반기 로봇 청소기 판매 현황"을 입력한 후 다음 서식을 적용하시오.
　　　　(글꼴-굴림, 24pt, 검정, 굵게, 채우기-노랑).

○ 임의의 셀에 결재란을 작성하여 그림으로 복사 기능을 이용하여 붙이기 하시오(단, 원본 삭제).

○ 「B4:J4, G14, I14」 영역은 '주황'으로 채우기 하시오.

○ 유효성 검사를 이용하여 「H14」 셀에 상품코드(「B5:B12」 영역)가 선택 표시되도록 하시오.

○ 셀 서식 ⇒ 「G5:G12」 영역에 셀 서식을 이용하여 숫자 뒤에 '대'를 표시하시오(예 : 1,345대).

○ 「F5:F12」 영역에 대해 '가격'으로 이름정의를 하시오.

☞ (1)~(6) 셀은 반드시 **주어진 함수를 이용**하여 값을 구하시오(결과값을 직접 입력하면 해당 셀은 0점 처리됨).

(1) 리뷰 평점 ⇒ 상품리뷰(단위:개)를 백의 단위 값만큼 '★'을 표시하시오(CHOOSE, INT 함수)(예 : 271 → ★★).

(2) 순위 ⇒ 판매수량의 내림차순 순위를 1~4까지 구한 결과값에 '위'를 붙이고, 그 외에는 공백으로 표시하시오
　　　　(IF, RANK.EQ 함수, & 연산자)(예 : 1위).

(3) 삼성전자 청소기의 판매수량 합계 ⇒ 단, 조건은 입력데이터를 이용하시오(DSUM 함수).

(4) 흡입전용 청소기의 상품 수 ⇒ (COUNTIF 함수)

(5) 최저 판매가격(단위:원) ⇒ 정의된 이름(가격)을 이용하여 구하시오(SMALL 함수).

(6) 판매수량 ⇒ 「H14」 셀에서 선택한 상품코드에 대한 판매수량을 구하시오(VLOOKUP 함수).

(7) 조건부 서식의 수식을 이용하여 판매수량이 '1,500' 이상인 행 전체에 다음의 서식을 적용하시오
　　(글꼴 : 빨강, 굵은 기울임꼴).

03 논리 함수

소스파일: 논리(문제).xlsx 완성파일: 논리(완성).xlsx

1. IF(★★★★★)

설명	조건에 만족하면 '참(TRUE)'에 해당하는 값을, 그렇지 않으면 '거짓(FALSE)'에 해당하는 값을 표시합니다.
함수식 및 정답	• =IF(조건식,참값,거짓값) • =IF(F2>=240,"합격","불합격")
예제	[문제] 총점이 240점 이상이면 '합격' 그렇지 않으면 '불합격'으로 표시하시오. 풀이 : 총점([F2])이 240점 이상이면 '합격' 그렇지 않으면 '불합격'을 [G2] 셀에 표시합니다.

▲A	B	C	D	E	F	G	H
1	이름	ITQ한글	ITQ엑셀	ITQ파포	총점	결과	함수식
2	손민정	85	75	80	240	합격	=IF(F2>=240,"합격","불합격")
3	이정혁	70	75	60	205	불합격	=IF(F3>=240,"합격","불합격")

2. AND(★)

설명	모든 조건을 만족하면 '참(TRUE)', 그렇지 않으면 '거짓(FALSE)'을 표시합니다.
함수식 및 정답	• =AND(조건1,조건2...) • =AND(C2>=70,D2>=70,E2>=70)
예제	[문제] ITQ한글, ITQ엑셀, ITQ파포 점수 모두가 70점 이상일 때 결과를 구하시오. 풀이 : 과목별([C2:E2]) 모든 점수가 70점 이상일 때 'TRUE'를 그렇지 않으면 'FALSE'를 [F2] 셀에 표시합니다.

▲A	B	C	D	E	F	G
1	이름	ITQ한글	ITQ엑셀	ITQ파포	결과	함수식
2	손민정	85	75	80	TRUE	=AND(C2>=70,D2>=70,E2>=70)
3	이정혁	70	75	60	FALSE	=AND(C3>=70,D3>=70,E3>=70)

3. OR(★)

설명	조건 중 하나라도 만족을 하면 '참(TRUE)', 그렇지 않으면 '거짓(FALSE)'을 표시합니다.
함수식 및 정답	• =OR(조건1,조건2...) • =OR(C2>=100,D2>=100,E2>=100)
예제	[문제] ITQ한글, ITQ엑셀, ITQ파포 점수 중 한 과목이라도 100점 이상일 때 결과를 구하시오. 풀이 : 과목별([C2:E2]) 점수 중에서 한 과목이라도 100점 이상일 때 'TRUE'를 그렇지 않으면 'FALSE'를 [F2] 셀에 표시합니다.

▲A	B	C	D	E	F	G
1	이름	ITQ한글	ITQ엑셀	ITQ파포	결과	함수식
2	박나래	80	90	100	TRUE	=OR(C2>=100,D2>=100,E2>=100)
3	오필승	70	80	90	FALSE	=OR(C3>=100,D3>=100,E3>=100)

정보기술자격(ITQ) 실전모의고사

과 목	코 드	문제유형	시험시간	수험번호	성 명
한글엑셀	1122	A	60분		

수험자 유의사항

◎ 수험자는 문제지를 받는 즉시 문제지와 **수험표상의 시험과목(프로그램)이 동일한지 반드시 확인**하여야 합니다.

◎ 파일명은 본인의 "수험번호-성명"으로 입력하여 답안폴더(내 PC₩문서₩ITQ)에 하나의 파일로 저장해야 하며, 답안문서 파일명이 "수험번호-성명"과 일치하지 않거나, 답안파일을 전송하지 않아 미제출로 처리될 경우 실격 처리합니다 (예:12345678-홍길동.xlsx).

◎ 답안 작성을 마치면 파일을 저장하고, '답안 전송' 버튼을 선택하여 감독위원 PC로 답안을 전송하십시오. 수험생 정보와 저장한 파일명이 다를 경우 전송되지 않으므로 주의하시기 바랍니다.

◎ 답안 작성 중에도 **주기적으로 저장하고, '답안 전송'**하여야 문제 발생을 줄일 수 있습니다. 작업한 내용을 저장하지 않고 전송할 경우 이전에 저장된 내용이 전송되오니 이점 유의하시기 바랍니다.

◎ 답안문서는 지정된 경로 외의 다른 보조기억장치에 저장하는 경우, 지정된 시험 시간 외에 작성된 파일을 활용할 경우, 기타 통신수단(이메일, 메신저, 네트워크 등)을 이용하여 타인에게 전달 또는 외부 반출하는 경우는 부정 처리합니다.

◎ 시험 중 부주의 또는 고의로 시스템을 파손한 경우는 수험자가 변상해야 하며, <수험자 유의사항>에 기재된 방법대로 이행하지 않아 생기는 불이익은 수험생 당사자의 책임임을 알려 드립니다.

◎ 문제의 조건은 MS오피스 2016 버전으로 설정되어 있으니 유의하시기 바랍니다.

◎ 시험을 완료한 수험자는 답안파일이 전송되었는지 확인한 후 감독위원의 지시에 따라 문제지를 제출하고 퇴실합니다.

답안 작성요령

◎ 온라인 답안 작성 절차

　　수험자 등록 ⇒ 시험 시작 ⇒ 답안파일 저장 ⇒ 답안 전송 ⇒ 시험 종료

◎ 문제는 총 4단계, 즉 제1작업부터 제4작업까지 구성되어 있으며 반드시 제1작업부터 순서대로 작성하고 조건대로 작업 하시오.

◎ 모든 작업시트의 A열은 열 너비 '1'로, 나머지 열은 적당하게 조절하시오.

◎ 모든 작업시트의 테두리는《출력형태》와 같이 작업하시오.

◎ 해당 작업란에서는 각각 제시된 조건에 따라《출력형태》와 같이 작업하시오.

◎ 답안 시트 이름은 "제1작업", "제2작업", "제3작업", "제4작업"이어야 하며 답안 시트 이외의 것은 감점 처리됩니다.

◎ 각 시트를 파일로 나누어 작업해서 저장할 경우 실격 처리됩니다.

04 텍스트 함수

1. LEFT/RIGHT(★★★★)

설명	• LEFT : 텍스트의 왼쪽부터 원하는 개수만큼 문자를 추출합니다. • RIGHT : 텍스트의 오른쪽부터 원하는 개수만큼 문자를 추출합니다.
함수식 및 정답	• =LEFT(텍스트,추출할 문자수) / =RIGHT(텍스트,추출할 문자수) • =LEFT(B2,1) / =RIGHT(B2,2)
예제	[문제] 성명에서 '성'과 '이름'을 분리시켜 텍스트를 추출하시오. 풀이 : • 성명([B2])에서 왼쪽 첫 번째 텍스트만 추출하여 [C2] 셀에 '성'을 표시합니다. 　　　• 성명([B2])에서 오른쪽 두 번째 텍스트까지 추출하여 [D2] 셀에 '이름'을 표시합니다.

A	B	C	D
1	성명	성	이름
2	손민정	손	민정
3	함수식	=LEFT(B2,1)	=RIGHT(B2,2)

2. MID(★★★★)

설명	텍스트의 특정 위치부터 원하는 개수만큼 문자를 추출합니다.
함수식 및 정답	• =MID(텍스트,추출 시작 위치,추출할 문자수) • =MID(C2,2,4)
예제	[문제] 사번 중에서 두 번째 텍스트부터 다섯 번째 텍스트를 이용하여 '입사연도'를 구하시오. 풀이 : 사번([C2]) 중에서 두 번째 텍스트(2)부터 다섯 번째 텍스트(3)까지 추출하여 [D2] 셀에 입사연도를 표시합니다.

A	B	C	D	E
1	이름	사번	입사연도	함수식
2	손민정	M2023A1	2023	=MID(C2,2,4)
3	이정혁	M2022A1	2022	=MID(C3,2,4)

3. REPT

설명	텍스트를 지정한 횟수만큼 반복해서 표시합니다.
함수식 및 정답	• =REPT(텍스트,반복할 횟수) • =REPT("★",D2)
예제	[문제] 평가 점수만큼 "★"을 반복하여 만족도를 표시하시오. 풀이 : 평가점수([D2])의 값만큼 "★"을 반복하여 [E2] 셀에 표시합니다.

A	B	C	D	E	F
1	교수	학과	평가점수	만족도	함수식
2	손민정	건축학과	3	★★★	=REPT("★",D2)
3	이정혁	컴공과	2	★★	=REPT("★",D3)
4	박나래	디자인학과	3	★★★	=REPT("★",D4)

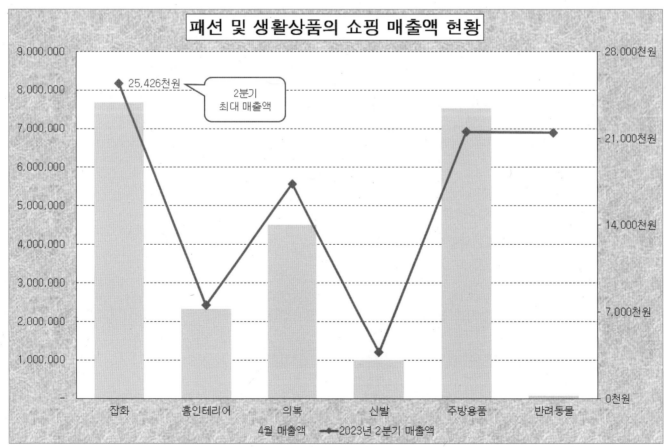

☞ **"제1작업"** 시트를 이용하여 조건에 따라《출력형태》와 같이 작업하시오.

《조건》

(1) 차트 종류 ⇒ <묶은 세로 막대형>으로 작업하시오.

(2) 데이터 범위 ⇒ "제1작업" 시트의 내용을 이용하여 작업하시오.

(3) 위치 ⇒ "새 시트"로 이동하고, "제4작업"으로 시트 이름을 바꾸시오.

(4) 차트 디자인 도구 ⇒ 레이아웃 3, 스타일 1을 선택하여《출력형태》에 맞게 작업하시오.

(5) 영역 서식 ⇒ 차트 : 글꼴(돋움, 11pt), 채우기 효과(질감-파랑 박엽지)
    그림 : 채우기(흰색, 배경 1)

(6) 제목 서식 ⇒ 차트 제목 : 글꼴(돋움, 굵게, 20pt), 채우기(흰색, 배경 1), 테두리

(7) 서식 ⇒ 2023년 2분기 매출액 계열의 차트 종류를 <표식이 있는 꺾은선형>으로 변경한 후 보조 축으로 지정하시오.
    계열 :《출력형태》를 참조하여 표식(마름모, 크기 10)과 레이블 값을 표시하시오.
    눈금선 : 선 스타일-파선
    축 :《출력형태》를 참조하시오.

(8) 범례 ⇒ 범례명을 변경하고《출력형태》를 참조하시오.

(9) 도형 ⇒ '모서리가 둥근 사각형 설명선'을 삽입한 후《출력형태》와 같이 내용을 입력하시오.

(10) 나머지 사항은《출력형태》에 맞게 작성하시오.

《출력형태》

주의 ☞ 시트명 순서가 차례대로 "제1작업", "제2작업", "제3작업", "제4작업"이 되도록 할 것.

4. CONCATENATE

설명	여러 텍스트를 하나의 텍스트로 연결하여 표시합니다.
함수식 및 정답	• =CONCATENATE(텍스트1,텍스트2...) • =CONCATENATE(B2,C2," : ",D2)
예제	[문제] 이름, 부서, 콜론(:), 전화번호를 연결하여 사원정보를 표시하시오. 풀이 : 이름([B2]), 부서([C2]), 콜론(" : "), 전화번호([D2])를 연결하여 [E2] 셀에 사원정보를 표시합니다.

	A	B	C	D	E	F
1		이름	부서	전화번호	사원정보	함수식
2		손민정	(총무부)	010-1234-5678	손민정(총무부) : 010-1234-5678	=CONCATENATE(B2,C2," : ",D2)
3		이정혁	(기획부)	010-5678-1234	이정혁(기획부) : 010-5678-1234	=CONCATENATE(B3,C3," : ",D3)

05 날짜/시간 함수

소스파일: 날짜_시간(문제).xlsx   완성파일: 날짜_시간(완성).xlsx

1. WEEKDAY(★★★)

설명	• 날짜에서 해당하는 요일의 번호를 구합니다. • 요일 번호를 구할 때 날짜 유형(1, 2, 3)에 따라 반환되는 번호가 다릅니다.
함수식 및 정답	• =WEEKDAY(날짜,날짜 유형) • =WEEKDAY(C2,2)
예제	[문제] 입사날짜에 맞추어 요일 번호를 구하시오.(예 : 월요일) 풀이 : 입사날짜([C2])에서 날짜 유형이 2번인 요일 번호를 구하여 [D2] 셀에 표시합니다.

	A	B	C	D	E
1		이름	입사날짜	요일 번호	함수식
2		손민정	2023-01-09	1	=WEEKDAY(C2,2)
3		이정혁	2022-07-14	4	=WEEKDAY(C3,2)
4		박나래	2021-05-09	7	=WEEKDAY(C4,2)

레벨업 📈 **날짜 유형**

날짜 유형	월	화	수	목	금	토	일
1 또는 생략 : 1(일요일)~7(토요일)	2	3	4	5	6	7	1
2 : 1(월요일)~7(일요일)	1	2	3	4	5	6	7
3 : 0(월요일)~6(일요일)	0	1	2	3	4	5	6

※ 시험에서는 두 번째 날짜 유형(2)이 자주 출제되고 있으며, 문제 뒤의 예시(예 : 월요일)를 확인합니다.

☞ **"제1작업"** 시트의 「B4:H12」 영역을 복사하여 **"제2작업"** 시트의 「B2」 셀부터 모두 붙여넣기를 한 후 다음의 조건과 같이 작업하시오.

《조건》

(1) 고급 필터 – 분류가 '생활'이 아니면서, 6월 매출액이 '3,000,000' 이상인 자료의 상품코드, 2023년 2분기 매출액, 4월 매출액, 5월 매출액, 6월 매출액 데이터만 추출하시오.
 - 조건 범위 : 「B14」 셀부터 입력하시오.
 - 복사 위치 : 「B18」 셀부터 나타나도록 하시오.

(2) 표 서식 – 고급필터의 결과셀을 채우기 없음으로 설정한 후 '표 스타일 보통 6'의 서식을 적용하시오.
 - 머리글 행, 줄무늬 행을 적용하시오.

제3작업   **피벗 테이블**   (80점)

☞ **"제1작업"** 시트를 이용하여 **"제3작업"** 시트에 조건에 따라 《출력형태》와 같이 작업하시오.

《조건》

(1) 2023년 2분기 매출액 및 분류별 상품의 개수와 6월 매출액의 평균을 구하시오.
(2) 2023년 2분기 매출액을 그룹화하고, 분류를 《출력형태》와 같이 정렬하시오.
(3) 레이블이 있는 셀 병합 및 가운데 맞춤 적용 및 빈 셀은 '**'로 표시하시오.
(4) 행의 총합계는 지우고, 나머지 사항은 《출력형태》에 맞게 작성하시오.

《출력형태》

2023년 2분기 매출액	개수 : 상품 (도서)	평균 : 6월 매출액 (도서)	개수 : 상품 (생활)	평균 : 6월 매출액 (생활)	개수 : 상품 (패션)	평균 : 6월 매출액 (패션)
1-10000	2	792,270	1	3,503,220	1	1,169,700
10001-20000	**	**	**	**	1	4,778,900
20001-30000	**	**	2	4,670,600	1	5,949,100
총합계	2	792,270	3	4,281,473	3	3,965,900

2. YEAR/MONTH/DAY(★★)

설명	・YEAR : 날짜에서 연도(1900~9999년)를 추출합니다. ・MONTH : 날짜에서 월(1월~12월)을 추출합니다. ・DAY : 날짜에서 일(1일~31일)을 추출합니다.
함수식 및 정답	・=YEAR(날짜) / =MONTH(날짜) / =DAY(날짜) ・=YEAR(C2) / =MONTH(C2) / =DAY(C2)
예제	[문제] 입사날짜를 이용하여 '입사연도', '입사월', '입사일'을 각각 구하시오. 풀이 : ・입사날짜([C2])에서 연도만 추출하여 [D2] 셀에 표시합니다. ・입사날짜([C2])에서 월만 추출하여 [E2] 셀에 표시합니다. ・입사날짜([C2])에서 일만 추출하여 [F2] 셀에 표시합니다.

	B	C	D	E	F
1	이름	입사날짜	입사연도	입사월	입사일
2	손민정	2023-01-09	2023	1	9
3	함수식		=YEAR(C2)	=MONTH(C2)	=DAY(C2)

3. DATE(★)

설명	날짜에 해당하는 값(연도, 월, 일)을 이용하여 특정 날짜를 표시합니다.
함수식 및 정답	・=DATE(년,월,일) ・=DATE(C2,D2,E2)
예제	[문제] 입사연도, 입사월, 입사일을 이용하여 입사날짜를 표시하시오. 풀이 : 입사연도([C2]), 입사월([D2]), 입사일([E2])을 이용하여 [F2] 셀에 입사날짜(년-월-일)를 표시합니다.

	B	C	D	E	F	G
1	이름	입사연도	입사월	입사일	입사날짜	함수식
2	손민정	2023	1	9	2023-01-09	=DATE(C2,D2,E2)

4. TODAY/NOW

설명	・TODAY : 시스템의 현재 날짜를 표시합니다. ・NOW : 시스템의 현재 날짜와 시간을 표시합니다.
함수식 및 정답	・=TODAY() / =NOW() ・정답 결과(작성일)는 시스템의 현재 날짜와 시간을 기준으로 추출되기 때문에 파일을 열때마다 결과가 계속 변경됩니다.
예제	[문제] 현재 날짜와 시간을 구하시오. 풀이 : ・현재 날짜를 [C2] 셀에 표시합니다. ・현재 날짜와 시간을 [C3] 셀에 표시합니다.

	B	C	D
1	날짜와 시간	작성일	함수식
2	현재 날짜	2023-01-02	=TODAY()
3	현재 날짜와 시간	2023-01-02 0:25	=NOW()

☞ 다음은 'W마트 1분기 쇼핑 매출액'에 대한 자료이다. 자료를 입력하고 조건에 맞도록 작업하시오.

《출력형태》

	담당	대리	부장
결재			

W마트 1분기 쇼핑 매출액

상품코드	분류	상품	2023년 2분기 매출액	4월 매출액	5월 매출액	6월 매출액	운영형태	6월 매출액 순위
CF-826	패션	잡화	25,426	7,686,900	6,746,100	5,949,100	(1)	(2)
CL-354	생활	홈인테리어	7,525	2,321,900	2,914,500	3,503,220	(1)	(2)
BF-684	패션	의복	17,320	4,515,000	3,972,300	4,778,900	(1)	(2)
BF-629	패션	신발	3,722	1,004,100	1,075,100	1,169,700	(1)	(2)
AB-921	도서	참고서	1,691	637,000	762,100	868,740	(1)	(2)
CL-504	생활	주방용품	21,527	7,530,000	9,345,300	9,247,800	(1)	(2)
AB-312	도서	영어원서	2,115	617,700	710,300	715,800	(1)	(2)
CL-870	생활	반려동물	21,448	66,800	73,800	93,400	(1)	(2)
패션상품 2023년 2분기 매출액 합계			(3)		2023년 2분기 최소 쇼핑 매출액			(5)
도서상품 6월 매출액 평균			(4)		상품코드	CF-826	4월 매출액	(6)

《조건》

○ 모든 데이터의 서식에는 글꼴(굴림, 11pt), 정렬은 숫자 및 회계 서식은 오른쪽 정렬, 나머지 서식은 가운데 정렬로 작성하며 예외적인 것은 《출력형태》를 참조하시오.

○ 제 목 ⇒ 도형(배지)과 그림자(오프셋 대각선 오른쪽 아래)를 이용하여 작성하고 "W마트 1분기 쇼핑 매출액"을 입력한 후 다음 서식을 적용하시오
(글꼴-돋움, 24pt, 검정, 굵게, 채우기-연한 녹색).

○ 임의의 셀에 결재란을 작성하여 그림으로 복사 기능을 이용하여 붙이기 하시오(단, 원본 삭제).

○ 「B4:J4, G14, I14」 영역은 '주황'으로 채우기 하시오.

○ 유효성 검사를 이용하여 「H14」 셀에 상품코드(「B5:B12」 영역)가 선택 표시되도록 하시오.

○ 셀 서식 ⇒ 「E5:E12」 영역에 셀 서식을 이용하여 숫자 뒤에 '천원'을 표시하시오(예 : 7,525천원).

○ 「C5:C12」 영역에 대해 '분류'로 이름정의를 하시오.

☞ (1)~(6) 셀은 반드시 **주어진 함수를 이용**하여 값을 구하시오(결과값을 직접 입력하면 해당 셀은 0점 처리됨).

(1) 운영형태 ⇒ 상품코드의 첫 번째 글자가 A이면 '온라인', B이면 '오프라인', 그 외에는 '온/오프라인'으로 표시하시오 (IF, LEFT 함수).

(2) 6월 매출액 순위 ⇒ 6월 매출액의 내림차순 순위를 구한 결과값에 '위'를 붙이시오(RANK.EQ 함수, & 연산자)(예 : 1위).

(3) 패션상품 2023년 2분기 매출액 합계 ⇒ 조건은 입력데이터를 이용하여 구하시오(DSUM 함수).

(4) 도서상품 6월 매출액 평균 ⇒ 정의된 이름(분류)을 이용하여 구하시오(SUMIF, COUNTIF 함수).

(5) 2023년 2분기 최소 쇼핑 매출액 ⇒ (MIN 함수)

(6) 4월 매출액 ⇒ 「H14」 셀에서 선택한 상품코드에 대한 4월 매출액을 구하시오(VLOOKUP 함수).

(7) 조건부 서식의 수식을 이용하여 6월 매출액이 '5,000,000' 이상인 행 전체에 다음의 서식을 적용하시오
(글꼴 : 파랑, 굵게).

소스파일: 찾기_참조(문제).xlsx   완성파일: 찾기_참조(완성).xlsx

1. VLOOKUP(★★★★★)

설명	· 범위의 첫 번째 열에서 찾을 값을 검색한 후 지정한 열과 교차하는 값을 표시합니다.(행과 열이 교차하는 값을 표시) · **찾을 값** : 범위의 첫 번째 열에서 찾고자 하는 값으로 '텍스트' 또는 '셀 주소'로 지정합니다. · **범위** : 찾고자 하는 데이터가 포함된 전체 범위를 지정합니다. 단, 범위를 지정할 때는 찾을 값이 들어있는 열이 전체 범위에서 '첫 번째 열'로 지정되어야 합니다. · **열 번호** : 범위를 기준으로 찾고자 하는 값이 있는 열 번호를 지정합니다. · **찾을 방법** : 정확하게 일치하는 값을 찾기 위해서는 FALSE(또는 0)를 입력하며, 비슷하게 일치하는 값을 찾기 위해서는 TRUE(생략 또는 1)를 입력합니다.
함수식 및 정답	· =VLOOKUP(찾을 값,범위,열 번호,찾을 방법) · =VLOOKUP("박나래",B2:G4,5,0) / =VLOOKUP(C2,C2:G4,5,FALSE)
예제	[문제] · 이름이 '박나래'인 학생의 '총점'을 표시하시오. 　　　　· 학번이 'M2023A1'인 학생의 '결과'를 표시하시오. 풀이 : · 범위([B2:G4])의 첫 번째 열(이름)에서 '박나래'를 찾아서 동일한 값이 있으면 해당 행의 다섯 번째 열(총점)의 값을 병합된 [B7] 셀에 표시해 줍니다. 　　　　· 범위([C2:G4])의 첫 번째 열(학번)에서 'M2023A1'을 찾아서 동일한 값이 있으면 해당 행의 다섯 번째 열(결과)의 값을 병합된 [B9] 셀에 표시해 줍니다.

	A	B	C	D	E	F	G
1		이름	학번	ITQ엑셀	ITQ파포	총점	결과
2		손민정	M2023A1	75	80	155	합격
3		이정혁	M2023A2	75	60	135	불합격
4		박나래	M2023A3	90	100	190	합격
5							
6		이름이 박나래인 학생의 총점			함수식		
7		190			=VLOOKUP("박나래",B2:G4,5,0)		
8		학번이 M2023A1 학생의 결과			함수식		
9		합격			=VLOOKUP(C2,C2:G4,5,FALSE)		

정보기술자격(ITQ) 실전모의고사

과 목	코 드	문제유형	시험시간	수험번호	성 명
한글엑셀	1122	A	60분		

수험자 유의사항

◎ 수험자는 문제지를 받는 즉시 문제지와 **수험표상의 시험과목(프로그램)이 동일한지 반드시 확인**하여야 합니다.

◎ 파일명은 본인의 "수험번호-성명"으로 입력하여 답안폴더(내 PC₩문서₩ITQ)에 하나의 파일로 저장해야 하며, 답안문서 파일명이 "수험번호-성명"과 일치하지 않거나, 답안파일을 전송하지 않아 미제출로 처리될 경우 실격 처리합니다 (예:12345678-홍길동.xlsx).

◎ 답안 작성을 마치면 파일을 저장하고, '답안 전송' 버튼을 선택하여 감독위원 PC로 답안을 전송하십시오. 수험생 정보와 저장한 파일명이 다를 경우 전송되지 않으므로 주의하시기 바랍니다.

◎ 답안 작성 중에도 **주기적으로 저장하고, '답안 전송'**하여야 문제 발생을 줄일 수 있습니다. 작업한 내용을 저장하지 않고 전송할 경우 이전에 저장된 내용이 전송되오니 이점 유의하시기 바랍니다.

◎ 답안문서는 지정된 경로 외의 다른 보조기억장치에 저장하는 경우, 지정된 시험 시간 외에 작성된 파일을 활용할 경우, 기타 통신수단(이메일, 메신저, 네트워크 등)을 이용하여 타인에게 전달 또는 외부 반출하는 경우는 부정 처리합니다.

◎ 시험 중 부주의 또는 고의로 시스템을 파손한 경우는 수험자가 변상해야 하며, <수험자 유의사항>에 기재된 방법대로 이행하지 않아 생기는 불이익은 수험생 당사자의 책임임을 알려 드립니다.

◎ 문제의 조건은 MS오피스 2016 버전으로 설정되어 있으니 유의하시기 바랍니다.

◎ 시험을 완료한 수험자는 답안파일이 전송되었는지 확인한 후 감독위원의 지시에 따라 문제지를 제출하고 퇴실합니다.

답안 작성요령

◎ 온라인 답안 작성 절차

　　수험자 등록 ⇒ 시험 시작 ⇒ 답안파일 저장 ⇒ 답안 전송 ⇒ 시험 종료

◎ 문제는 총 4단계, 즉 제1작업부터 제4작업까지 구성되어 있으며 반드시 제1작업부터 순서대로 작성하고 조건대로 작업 하시오.

◎ 모든 작업시트의 A열은 열 너비 '1'로, 나머지 열은 적당하게 조절하시오.

◎ 모든 작업시트의 테두리는 《출력형태》와 같이 작업하시오.

◎ 해당 작업란에서는 각각 제시된 조건에 따라 《출력형태》와 같이 작업하시오.

◎ 답안 시트 이름은 "제1작업", "제2작업", "제3작업", "제4작업"이어야 하며 답안 시트 이외의 것은 감점 처리됩니다.

◎ 각 시트를 파일로 나누어 작업해서 저장할 경우 실격 처리됩니다.

2. CHOOSE(★★★★)

설명	인수 목록에서 특정 번호에 해당하는 값을 표시합니다.
함수식 및 정답	• =CHOOSE(번호,인수1,인수2...) • =CHOOSE(C2,"우수사원","일반사원","수습사원")
예제	[문제] 구분이 1이면 '우수사원', 2이면 '일반사원', 3이면 '수습사원'으로 사원증에 표시하시오. 풀이 : 구분 번호에 해당하는 값(1 : 우수사원, 2 : 일반사원, 3 : 수습사원)을 찾아서 [D2] 셀에 표시합니다.

	A	B	C	D	E
1		이름	구분	사원증	함수식
2		손민정	1	우수사원	=CHOOSE(C2,"우수사원","일반사원","수습사원")
3		이정혁	3	수습사원	=CHOOSE(C3,"우수사원","일반사원","수습사원")
4		박나래	2	일반사원	=CHOOSE(C4,"우수사원","일반사원","수습사원")

3. INDEX(★★)

설명	특정 범위에서 행과 열이 교차하는 셀의 값을 표시합니다.
함수식 및 정답	• =INDEX(범위,행 번호,열 번호) • =INDEX(B1:E4,4,4)
예제	[문제] 품명이 마이크인 제품의 판매금액을 찾아서 [H2] 셀에 표시하시오. 풀이 : 전체 범위([B1:E4])에서 마이크가 포함된 행 번호(4)와 판매금액이 포함된 열 번호(4)를 지정하여 마이크의 판매금액을 [H2] 셀에 표시합니다.

	A	B	C	D	E	F	G	H
1		품명	수량	단가	판매금액			
2		이이폰	21	15,000	315,000		마이크 판매금액	299,000
3		스피커	22	20,000	440,000		함수식	=INDEX(B1:E4,4,4)
4		마이크	23	13,000	299,000			

4. MATCH(★★)

설명	• 특정 범위에서 값을 찾아 해당 위치를 숫자로 표시합니다. • 검색 옵션이 '0'이면 정확하게 일치하는 값을 찾고, '1' 또는 '-1'이면 유사한 값(최대값, 최소값)을 찾습니다.
함수식 및 정답	• =MATCH(찾는값,범위,검색 옵션) • =MATCH("마이크",B2:B4,0)
예제	[문제] 품명이 마이크인 제품의 위치를 찾아 표시하시오. 풀이 : "마이크"를 지정된 범위([B2:B4])에서 찾아 정확하게 일치하는 값이 있으면 해당 값의 위치를 [H2] 셀에 표시합니다.

	A	B	C	D	E	F	G	H
1		품명	수량	단가	판매금액			
2		이이폰	21	15,000	315,000		마이크 위치	3
3		스피커	22	20,000	440,000		함수식	=MATCH("마이크",B2:B4,0)
4		마이크	23	13,000	299,000			

☞ **"제1작업"** 시트를 이용하여 조건에 따라《출력형태》와 같이 작업하시오.

《조건》

(1) 차트 종류 ⇒ <묶은 세로 막대형>으로 작업하시오.

(2) 데이터 범위 ⇒ "제1작업" 시트의 내용을 이용하여 작업하시오.

(3) 위치 ⇒ "새 시트"로 이동하고, "제4작업"으로 시트 이름을 바꾸시오.

(4) 차트 디자인 도구 ⇒ 레이아웃 3, 스타일 1을 선택하여《출력형태》에 맞게 작업하시오.

(5) 영역 서식 ⇒ 차트 : 글꼴(굴림, 11pt), 채우기 효과(질감-꽃다발)

　　　　　　　 그림 : 채우기(흰색, 배경 1)

(6) 제목 서식 ⇒ 차트 제목 : 글꼴(굴림, 굵게, 20pt), 채우기(흰색, 배경 1), 테두리

(7) 서식 ⇒ 판매금액 계열의 차트 종류를 <표식이 있는 꺾은선형>으로 변경한 후 보조 축으로 지정하시오.

　　　　 계열 :《출력형태》를 참조하여 표식(세모, 크기 10)과 레이블 값을 표시하시오.

　　　　 눈금선 : 선 스타일-파선

　　　　 축 :《출력형태》를 참조하시오.

(8) 범례 ⇒ 범례명을 변경하고《출력형태》를 참조하시오.

(9) 도형 ⇒ '구름 모양 설명선'을 삽입한 후《출력형태》와 같이 내용을 입력하시오.

(10) 나머지 사항은《출력형태》에 맞게 작성하시오.

《출력형태》

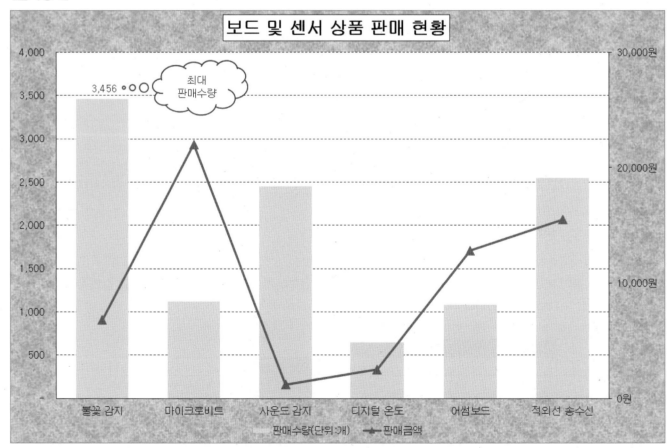

주의 ☞ 시트명 순서가 차례대로 "제1작업", "제2작업", "제3작업", "제4작업"이 되도록 할 것.

5. HLOOKUP

설명	· 범위의 첫 번째 행에서 찾을 값을 검색한 후 지정한 행과 교차하는 값을 표시합니다. · **찾을 값** : 범위의 첫 번째 행에서 찾고자 하는 값으로 '텍스트' 또는 '셀 주소'로 지정합니다. · **범위** : 찾고자 하는 데이터가 포함된 전체 범위를 지정합니다. 단, 범위를 지정할 때는 찾을 값이 들어있는 행이 전체 범위에서 '첫 번째 행'으로 지정되어야 합니다. · **행 번호** : 범위를 기준으로 찾고자 하는 값이 있는 행 번호를 지정합니다. · **찾을 방법** : 정확하게 일치하는 값을 찾기 위해서는 FALSE(또는 0)를 입력하며, 비슷하게 일치하는 값을 찾기 위해서는 TRUE(생략 또는 1)을 입력합니다.
함수식 및 정답	· =HLOOKUP(찾을 값,범위,행 번호,찾을 방법) · =HLOOKUP("이정혁",B1:F4,3,0)
예제	[문제] 이름이 이정혁인 학생의 ITQ엑셀 점수를 표시하시오. 풀이 : 범위([B1:F3])의 첫 번째 행에서 '이정혁'을 찾아서 동일한 값이 있으면 해당 열의 세 번째 행(ITQ 엑셀)의 값을 병합된 [B6] 셀에 표시해 줍니다.

	A	B	C	D	E	F	G
1		이름	손민정	이정혁	박나래	총점	결과
2		ITQ한글	90	85	75	250	합격
3		ITQ엑셀	80	90	85	255	합격
4							
5		이름이 이정혁인 학생의 ITQ엑셀 점수				함수식	
6		90				=HLOOKUP("이정혁",B1:F3,3,0)	

07 데이터베이스 함수

소스파일: 데이터베이스(문제).xlsx   완성파일: 데이터베이스(완성).xlsx

1. DSUM/DAVERAGE(★★★★)

설명	· DSUM : 데이터베이스에서 조건에 맞는 필드(열)의 합계를 구합니다. · DAVERAGE : 데이터베이스에서 조건에 맞는 필드(열)의 평균을 구합니다.
함수식 및 정답	· =DSUM(데이터베이스,필드,조건 범위) / =DAVERAGE(데이터베이스,필드,조건 범위) · =DSUM(B1:H5,6,C1:C2) / =DAVERAGE(B1:H5,G1,H1:H2)
예제	[문제] · 성별이 '여'인 학생늘의 총점 합계를 구하시오. 　　　· 결과가 '합격'인 학생들의 총점 평균을 구하시오. 풀이 : · 데이터베이스([B1:H5])에서 '성별'이 여([C1:C2])인 학생들의 총점([G2:G5]) 합계를 계산하여 [J2] 셀에 표시합니다. 　　　· 데이터베이스([B1:H5])에서 '결과'가 합격([H1:H2])인 학생들의 총점([G2:G5]) 평균을 계산하여 [J4] 셀에 표시합니다.

	A	B	C	D	E	F	G	H	I	J	K
1		이름	성별	ITQ한글	ITQ엑셀	ITQ파포	총점	결과		성별이 '여'인 학생들의 총점 합계	함수식
2		손민정	여	85	75	80	240	합격		510	=DSUM(B1:H5,6,C1:C2)
3		이정혁	남	70	75	60	205	불합격		결과가 '합격'인 학생들의 총점 평균	함수식
4		박나래	여	80	90	100	270	합격		250	=DAVERAGE(B1:H5,G1,H1:H2)
5		오필승	남	70	80	90	240	합격			

☞ "제1작업" 시트의 「B4:H12」 영역을 복사하여 "제2작업" 시트의 「B2」 셀부터 모두 붙여넣기를 한 후 다음의 조건과 같이 작업하시오.

《조건》

(1) 목표값 찾기 – 「B11:G11」 셀을 병합하여 "어썸봇 브랜드의 판매수량(단위:개) 평균"을 입력한 후 「H11」 셀에 어썸봇 브랜드의 판매수량(단위:개) 평균을 구하시오. 단, 조건은 입력데이터를 이용하시오(DAVERAGE 함수, 테두리, 가운데 맞춤).

- '어썸봇 브랜드의 판매수량(단위:개) 평균'이 '2,400'이 되려면 어썸보드의 판매수량(단위:개)이 얼마가 되어야 하는지 목표값을 구하시오.

(2) 고급필터 – 분류가 '센서' 이면서, 판매수량(단위:개)이 '2,500' 이하인 자료의 데이터만 추출하시오.

- 조건 범위 : 「B14」 셀부터 입력하시오.
- 복사 위치 : 「B18」 셀부터 나타나도록 하시오.

제3작업   **정렬 및 부분합**   (80점)

☞ "제1작업" 시트의 「B4:H12」 영역을 복사하여 "제3작업" 시트의 「B2」 셀부터 모두 붙여넣기를 한 후 다음의 조건과 같이 작업하시오.

《조건》

(1) 부분합 – 《출력형태》처럼 정렬하고, 상품명의 개수와 판매수량(단위:개)의 최대값을 구하시오.
(2) 윤곽 – 지우시오.
(3) 나머지 사항은 《출력형태》에 맞게 작성하시오.

《출력형태》

	A	B	C	D	E	F	G	H
1								
2		상품코드	상품명	분류	브랜드	판매금액	판매수량 (단위:개)	적립률
3		G-1423	불꽃 감지	센서	어썸봇	6,800원	3,456	10%
4		S-1323	사운드 감지	센서	어썸봇	1,200원	2,450	5%
5		T-2431	디지털 온도	센서	RJ테크	2,500원	650	8%
6		M-2412	적외선 송수신	센서	RJ테크	15,500원	2,549	10%
7				센서 최대값			3,456	
8			4	센서 개수				
9		U-2131	마이크로비트	보드	RJ테크	22,000원	1,123	15%
10		A-1422	어썸보드	보드	어썸봇	12,800원	1,082	10%
11				보드 최대값			1,123	
12			2	보드 개수				
13		B-3181	스위치	모듈	마린코딩	4,800원	688	10%
14		J-3243	듀얼 LED	모듈	마린코딩	3,500원	967	8%
15				모듈 최대값			967	
16			2	모듈 개수				
17				전체 최대값			3,456	
18			8	전체 개수				

2. DCOUNT/DCOUNTA(★★★)

설명	・DCOUNT : 데이터베이스에서 조건에 맞는 필드(열)의 셀 개수를 구합니다.(숫자가 포함된 셀) ・DCOUNTA : 데이터베이스에서 조건에 맞는 필드(열)의 셀 개수를 구합니다.(빈 셀을 제외한 숫자와 문자가 포함된 셀)
함수식 및 정답	・=DCOUNT(데이터베이스,필드,조건 범위) / =DCOUNTA(데이터베이스,필드,조건 범위) ・=DCOUNT(B1:H6,6,C1:C2) / =DCOUNTA(B1:H6,B1,H1:H2) ※ 데이터베이스 함수의 필드 지정은 해당 '열의 위치(6)' 또는 '셀 주소([G1])'를 입력해도 결과는 동일합니다.
예제	[문제] ・성별이 '여'인 학생 중에서 시험에 응시한 학생수를 구하시오. 　　　　・이름을 기준으로 결과가 '합격'인 학생수를 구하시오. 풀이 : ・데이터베이스([B1:H6])에서 '성별'이 여([C1:C2])인 학생 중 시험에 응시([G2:G6])한 셀 개수(숫자 셀)를 계산하여 [J2] 셀에 표시합니다. 　　　・데이터베이스([B1:H6])에서 '결과'가 합격([H1:H2])인 학생 이름([B2:B6])의 셀 개수(문자 셀)를 계산하여 [J4] 셀에 표시합니다.

	A	B	C	D	E	F	G	H	I	J	K
1		이름	성별	ITQ한글	ITQ엑셀	ITQ파포	응시(1) 미응시(-)	결과		시험에 응시한 '여학생' 인원수	함수식
2		손민정	여	85	75	80	1	합격		2	=DCOUNT(B1:H6,6,C1:C2)
3		이정혁	남	70	75	60	-	불합격		결과가 '합격'인 학생의 인원수	함수식
4		박나래	여	80	90	100	1	합격		3	=DCOUNTA(B1:H6,B1,H1:H2)
5		오필승	남	70	80	90	1	합격			
6		김미순	여	60	70	70	-	불합격			

3. DMAX/DMIN(★★)

설명	・DMAX : 데이터베이스에서 조건에 맞는 필드(열)의 가장 큰값을 구합니다. ・DMIN : 데이터베이스에서 조건에 맞는 필드(열)의 가장 작은값을 구합니다.
함수식 및 정답	・=DMAX(데이터베이스,필드,조건 범위) / =DMIN(데이터베이스,필드,조건 범위) ・=DMAX(B1:H6,4,C1:C2) / =DMIN(B1:H6,E1,H1:H2)
예제	[문제] ・성별이 '여'인 학생들 중에서 가장 높은 ITQ엑셀 점수를 구하시오. 　　　　・결과가 '합격'인 학생들 중에서 가장 낮은 ITQ엑셀 점수를 구하시오. 풀이 : ・데이터베이스([B1:H6])에서 성별이 여([C1:C2])인 학생들 중 ITQ엑셀([E2:E6]) 점수가 가장 높은 값을 [J2] 셀에 표시합니다. 　　　・데이터베이스([B1:H6])에서 결과가 합격([H1:H2])인 학생들 중 ITQ엑셀([E2:E6]) 점수가 가장 낮은 값을 [J4] 셀에 표시합니다.

	A	B	C	D	E	F	G	H	I	J	K
1		이름	성별	ITQ한글	ITQ엑셀	ITQ파포	총점	결과		성별이 '여'인 학생들 중 가장 높은 ITQ엑셀 점수	함수식
2		손민징	어	85	75	80	240	합격		90	=DMAX(B1:H6,4,C1:C2)
3		이정혁	남	70	75	60	205	불합격		결과가 '합격'인 학생들 중 가장 낮은 ITQ엑셀 점수	함수식
4		박나래	여	80	90	100	270	합격		75	=DMIN(B1:H6,E1,H1:H2)
5		오필승	남	70	80	90	240	합격			
6		유승현	남	60	70	70	200	불합격			

☞ 다음은 '**마린몰 코딩교구 판매 현황**'에 대한 자료이다. 자료를 입력하고 조건에 맞도록 작업하시오.

《출력형태》

A	B	C	D	E	F	G	H	I	J
							결재	담당	대리	팀장

마린몰 코딩교구 판매 현황

상품코드	상품명	분류	브랜드	판매금액	판매수량(단위:개)	적립률	판매순위	배송기간
G-1423	불꽃 감지	센서	어썸봇	6,800	3,456	10%	(1)	(2)
U-2131	마이크로비트	보드	RJ테크	22,000	1,123	15%	(1)	(2)
S-1323	사운드 감지	센서	어썸봇	1,200	2,450	5%	(1)	(2)
B-3181	스위치	모듈	마린코딩	4,800	688	10%	(1)	(2)
T-2431	디지털 온도	센서	RJ테크	2,500	650	8%	(1)	(2)
A-1422	어썸보드	보드	어썸봇	12,800	1,082	10%	(1)	(2)
J-3243	듀얼 LED	모듈	마린코딩	3,500	967	8%	(1)	(2)
M-2412	적외선 송수신	센서	RJ테크	15,500	2,549	10%	(1)	(2)
센서 판매수량(단위:개) 합계			(3)			최대 판매금액			(5)
보드 상품의 개수			(4)			상품명	불꽃 감지	판매금액	(6)

《조건》

○ 모든 데이터의 서식에는 글꼴(굴림, 11pt), 정렬은 숫자 및 회계 서식은 오른쪽 정렬, 나머지 서식은 가운데 정렬로 작성하며 예외적인 것은 《출력형태》를 참조하시오.

○ 제 목 ⇒ 도형(모서리가 접힌 도형)과 그림자(오프셋 오른쪽)를 이용하여 작성하고 "마린몰 코딩교구 판매 현황"을 입력한 후 다음 서식을 적용하시오

(글꼴-굴림, 24pt, 검정, 굵게, 채우기-노랑).

○ 임의의 셀에 결재란을 작성하여 그림으로 복사 기능을 이용하여 붙이기 하시오(단, 원본 삭제).

○ 「B4:J4, G14, I14」 영역은 '주황'으로 채우기 하시오.

○ 유효성 검사를 이용하여 「H14」 셀에 상품명(「C5:C12」 영역)이 선택 표시되도록 하시오.

○ 셀 서식 ⇒ 「F5:F12」 영역에 셀 서식을 이용하여 숫자 뒤에 '원'을 표시하시오(예 : 6,800원).

○ 「F5:F12」 영역에 대해 '판매금액'으로 이름정의를 하시오.

☞ (1)~(6) 셀은 반드시 **주어진 함수를 이용**하여 값을 구하시오(결과값을 직접 입력하면 해당 셀은 0점 처리됨).

(1) 판매 순위 ⇒ 판매수량(단위:개)의 내림차순 순위를 1~3까지 구하고, 그 외에는 공백으로 표시하시오(IF, RANK.EQ 함수).

(2) 배송기간 ⇒ 상품코드의 마지막 글자가 1이면 '1일 이내', 2이면 '2일 이내', 3이면 '3일 이상'으로 표시하시오(CHOOSE, RIGHT 함수).

(3) 센서 판매수량(단위:개) 합계 ⇒ 단, 조건은 입력데이터를 이용하시오(DSUM 함수).

(4) 보드 상품의 개수 ⇒ 구한 결과값에 '개'를 붙이시오(COUNTIF 함수, & 연산자)(예 : 1개).

(5) 최대 판매금액 ⇒ 정의된 이름(판매금액)을 이용하여 구하시오(LARGE 함수).

(6) 판매금액 ⇒ 「H14」 셀에서 선택한 상품명에 대한 판매금액을 구하시오(VLOOKUP 함수).

(7) 조건부 서식의 수식을 이용하여 판매수량(단위:개)이 '1,000' 이하인 행 전체에 다음의 서식을 적용하시오

(글꼴 : 녹색, 굵게).

1. 운동종류(IF, LEFT)

> 운동종류 ⇒ 회원코드의 첫 번째 값이 H이면 '헬스', P이면 'PT', 그 외에는 '스피닝'으로 표시하시오 (IF, LEFT 함수).

	B	C	D	E	F	G	H	I
1	회원코드	회원명	등록일	담당자	등록경로	등록비 (단위:원)	등록횟수	운동종류
2	H2834	김미지	2023-06-03	이하늘	카톡채널	80,000	3회	

❶ [I2] 셀을 클릭하여 =IF를 입력한 후 Ctrl + A 를 누릅니다.

	B	C	D	E	F	G	H	I
1	회원코드	회원명	등록일	담당자	등록경로	등록비 (단위:원)	등록횟수	운동종류
2	H2834	김미지	2023-06-03	이하늘	카톡채널	80,000	3회	=IF

입력 후 Ctrl + A

❷ [함수 인수] 대화상자에서 각각의 입력 칸에 필요한 내용을 입력한 후 함수를 중첩하기 위해 **수식 입력줄의 IF를 클릭**합니다.

➕ 함수 사용 방법을 잘 모르는 경우에는 인수 입력 칸(예 : Value_if_false)을 클릭하여 대화상자 중간에 나오는 해설을 확인합니다.

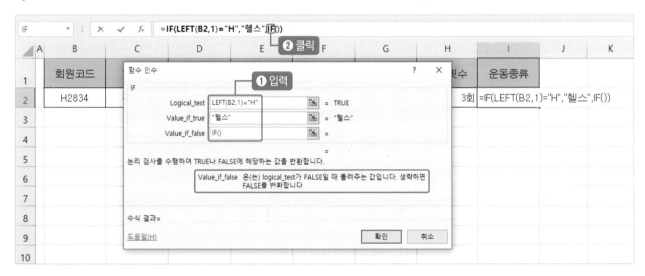

▶ **1차 함수 풀이**
함수식 : =IF(조건식,참값,거짓값) / LEFT(텍스트,추출할 문자수)
 - LEFT(B2,1)="H" : 회원코드(H2834)의 왼쪽 첫 번째 글자가 'H'인지 판단합니다. 직접 입력이 힘들 경우에는 함수 마법사를 이용하여 작성합니다.
 - "헬스" : 조건이 참(H이면)이면 '헬스'를 표시합니다.
 - IF() : 조건이 거짓(H가 아니면)일 때 다른 IF 함수가 실행됩니다.

정보기술자격(ITQ) 실전모의고사

과 목	코 드	문제유형	시험시간	수험번호	성 명
한글엑셀	1122	A	60분		

수험자 유의사항

◎ 수험자는 문제지를 받는 즉시 문제지와 **수험표상의 시험과목(프로그램)이 동일한지 반드시 확인**하여야 합니다.

◎ 파일명은 본인의 "수험번호-성명"으로 입력하여 답안폴더(내 PC₩문서₩ITQ)에 하나의 파일로 저장해야 하며, 답안문서 파일명이 "수험번호-성명"과 일치하지 않거나, 답안파일을 전송하지 않아 미제출로 처리될 경우 실격 처리합니다 (예:12345678-홍길동.xlsx).

◎ 답안 작성을 마치면 파일을 저장하고, '답안 전송' 버튼을 선택하여 감독위원 PC로 답안을 전송하십시오. 수험생 정보와 저장한 파일명이 다를 경우 전송되지 않으므로 주의하시기 바랍니다.

◎ 답안 작성 중에도 **주기적으로 저장하고, '답안 전송'**하여야 문제 발생을 줄일 수 있습니다. 작업한 내용을 저장하지 않고 전송할 경우 이전에 저장된 내용이 전송되오니 이점 유의하시기 바랍니다.

◎ 답안문서는 지정된 경로 외의 다른 보조기억장치에 저장하는 경우, 지정된 시험 시간 외에 작성된 파일을 활용할 경우, 기타 통신수단(이메일, 메신저, 네트워크 등)을 이용하여 타인에게 전달 또는 외부 반출하는 경우는 부정 처리합니다.

◎ 시험 중 부주의 또는 고의로 시스템을 파손한 경우는 수험자가 변상해야 하며, <수험자 유의사항>에 기재된 방법대로 이행하지 않아 생기는 불이익은 수험생 당사자의 책임임을 알려 드립니다.

◎ 문제의 조건은 MS오피스 2016 버전으로 설정되어 있으니 유의하시기 바랍니다.

◎ 시험을 완료한 수험자는 답안파일이 전송되었는지 확인한 후 감독위원의 지시에 따라 문제지를 제출하고 퇴실합니다.

답안 작성요령

◎ 온라인 답안 작성 절차

　수험자 등록 ⇒ 시험 시작 ⇒ 답안파일 저장 ⇒ 답안 전송 ⇒ 시험 종료

◎ 문제는 총 4단계, 즉 제1작업부터 제4작업까지 구성되어 있으며 반드시 제1작업부터 순서대로 작성하고 조건대로 작업하시오.

◎ 모든 작업시트의 A열은 열 너비 '1'로, 나머지 열은 적당하게 조절하시오.

◎ 모든 작업시트의 테두리는 《출력형태》와 같이 작업하시오.

◎ 해당 작업란에서는 각각 제시된 조건에 따라 《출력형태》와 같이 작업하시오.

◎ 답안 시트 이름은 "제1작업", "제2작업", "제3작업", "제4작업"이어야 하며 답안 시트 이외의 것은 감점 처리됩니다.

◎ 각 시트를 파일로 나누어 작업해서 저장할 경우 실격 처리됩니다.

kpc 한국생산성본부

레벨업 📈 함수 마법사를 이용하여 중첩 함수 사용하기

❶ [함수 인수] 대화상자에서 중첩하여 사용할 **함수명과 함께 괄호()**를 입력합니다.

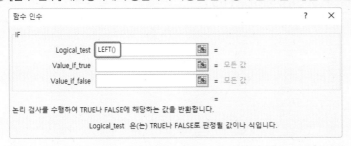

❷ 중첩된 함수(LEFT)를 활성화시키기 위해 수식 입력줄의 **LEFT**를 클릭합니다.

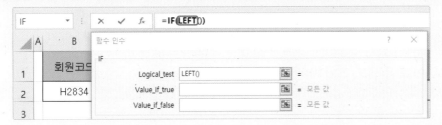

❸ 새로운 LEFT [함수 인수] 대화상자에서 LEFT에 관련된 값들을 입력한 후 이전의 IF 함수로 되돌아가기 위해 수식 입력줄의 'IF'를 클릭합니다.

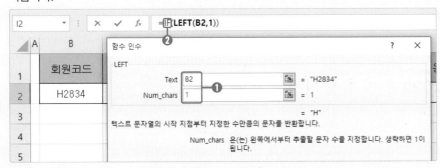

❹ 이전에 작업했던 IF [함수 인수] 대화상자에서 IF 함수에 관련된 나머지 값(참, 거짓)들을 입력합니다. 단, 조건이 거짓일 때는 다시 중첩 함수를 사용해야 하기 때문에 세 번째 입력 칸에는 IF()를 입력합니다.

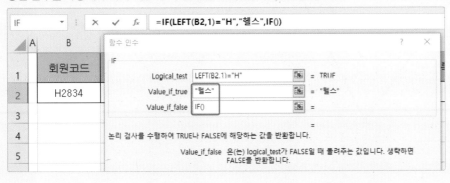

☞ **"제1작업"** 시트를 이용하여 조건에 따라《출력형태》와 같이 작업하시오.

《조건》

(1) 차트 종류 ⇒ <묶은 세로 막대형>으로 작업하시오.

(2) 데이터 범위 ⇒ "제1작업" 시트의 내용을 이용하여 작업하시오.

(3) 위치 ⇒ "새 시트"로 이동하고, "제4작업"으로 시트 이름을 바꾸시오.

(4) 차트 디자인 도구 ⇒ 레이아웃 3, 스타일 1을 선택하여《출력형태》에 맞게 작업하시오.

(5) 영역 서식 ⇒ 차트 : 글꼴(굴림, 11pt), 채우기 효과(질감–분홍 박엽지)

　　　　　　　그림 : 채우기(흰색, 배경 1)

(6) 제목 서식 ⇒ 차트 제목 : 글꼴(궁서, 굵게, 20pt), 채우기(흰색, 배경 1), 테두리

(7) 서식 ⇒ 가격 계열의 차트 종류를 <표식이 있는 꺾은선형>으로 변경한 후 보조 축으로 지정하시오.

　　　　계열 :《출력형태》를 참조하여 표식(세모, 크기 10)과 레이블 값을 표시하시오.

　　　　눈금선 : 선 스타일–파선

　　　　축 :《출력형태》를 참조하시오.

(8) 범례 ⇒ 범례명을 변경하고《출력형태》를 참조하시오.

(9) 도형 ⇒ '모서리가 둥근 사각형 설명선'을 삽입한 후《출력형태》와 같이 내용을 입력하시오.

(10) 나머지 사항은《출력형태》에 맞게 작성하시오.

《출력형태》

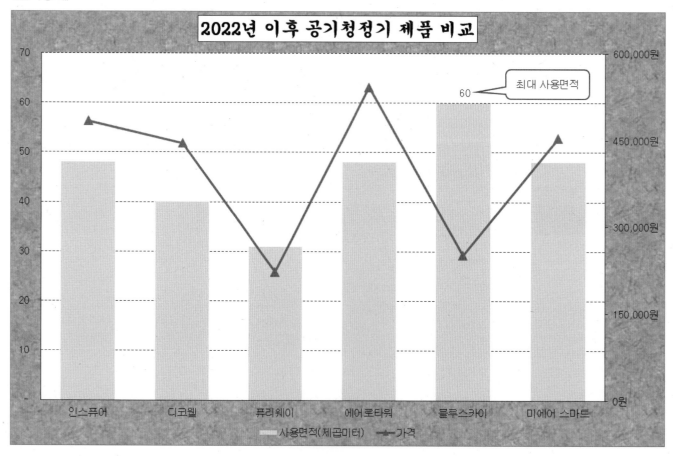

주의 ☞ 시트명 순서가 차례대로 "제1작업", "제2작업", "제3작업", "제4작업"이 되도록 할 것.

❸ 새로운 [함수 인수] 대화상자에서 각각의 입력 칸에 필요한 내용을 입력한 후 <확인>을 클릭합니다.

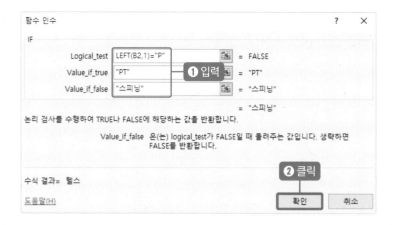

▶ **2차 함수 풀이**

함수식 : =IF(조건식,참값,거짓값) / LEFT(텍스트,추출할 문자수)

– LEFT(B2,1)="P" : 회원코드(H2834)의 왼쪽 첫 번째 글자가 'P'인지 판단합니다.
– "PT" : 조건이 참(P이면)이면 'PT'를 표시합니다.
– "스피닝" : 조건이 거짓(P가 아니면)이면 '스피닝'을 표시합니다.

❹ 정답 : =IF(LEFT(B2,1)="H","헬스",IF(LEFT(B2,1)="P","PT","스피닝"))

A	B	C	D	E	F	G	H	I
1	회원코드	회원명	등록일	담당자	등록경로	등록비 (단위:원)	등록횟수	운동종류
2	H2834	김미지	2023-06-03	이하늘	카톡채널	80,000	3회	헬스

2. 순위(IF, RANK.EQ, & 연산자)

순위 ⇒ 판매수량의 내림차순 순위를 1~3까지 구한 결과값에 '위'를 붙이고, 그 외에는 공백으로 표시하시오 (IF, RANK.EQ 함수, & 연산자)(예 : 1위).

A	B	C	D	E	F	G	H
1	싱품코드	상품명	세소회사	방식	판매가격 (단위:원)	판매수량	순위
2	SH-129	로보스틱	삼성전자	흡입전용	270,000	810대	
3	RH-254	라이드스토 S1	샤오미	흡입+걸레	640,000	1,565대	
4	LG-176	로보킹 R76	LG전자	걸레전용	230,000	897대	
5	SH-124	제트봇AI	삼성전자	흡입+걸레	430,000	2,450대	
6	RH-125	트윈보스 S9	샤오미	흡입전용	290,000	1,200대	
7	SG-256	파워봇 V20	삼성전자	걸레전용	240,000	2,654대	

☞ "**제1작업**" 시트의 「B4:H12」 영역을 복사하여 "**제2작업**" 시트의 「B2」 셀부터 모두 붙여넣기를 한 후 다음의 조건과 같이 작업하시오.

《조건》

(1) 고급 필터 - 제품코드가 'W'로 시작하거나, 사용면적(제곱미터)이 '50' 초과인 자료의 제품명, 제조사, 가격, 소비전력(W) 데이터만 추출하시오.
   - 조건 범위 : 「B14」 셀부터 입력하시오.
   - 복사 위치 : 「B18」 셀부터 나타나도록 하시오.

(2) 표 서식 - 고급필터의 결과셀을 채우기 없음으로 설정한 후 '표 스타일 보통 3'의 서식을 적용하시오.
   - 머리글 행, 줄무늬 행을 적용하시오.

☞ "**제1작업**" 시트를 이용하여 "**제3작업**" 시트에 조건에 따라 《출력형태》와 같이 작업하시오.

《조건》

(1) 소비전력(W) 및 제조사별 제품명의 개수와 사용면적(제곱미터)의 평균을 구하시오.
(2) 소비전력(W)을 그룹화하고, 제조사를 《출력형태》와 같이 정렬하시오.
(3) 레이블이 있는 셀 병합 및 가운데 맞춤 적용 및 빈 셀은 '***'로 표시하시오.
(4) 행의 총합계는 지우고, 나머지 사항은 《출력형태》에 맞게 작성하시오.

《출력형태》

	A	B	C	D	E	F	G	H
1								
2			제조사 ▼					
3			LG전자		위닉스		삼성전자	
4		소비전력(W) ▼	개수 : 제품명	평균 : 사용면적(제곱미터)	개수 : 제품명	평균 : 사용면적(제곱미터)	개수 : 제품명	평균 : 사용면적(제곱미터)
5		201-270	***	***	1	31	***	***
6		271-340	3	48	1	31	1	40
7		341-410	***	***	***	***	2	57
8		총합계	3	48	2	31	3	51

❶ [H2] 셀을 클릭하여 =IF를 입력한 후 ⌈Ctrl⌋+⌈A⌋를 누릅니다.

	A	B	C	D	E	F	G	H
1		상품코드	상품명	제조회사	방식	판매가격 (단위:원)	판매수량	순위
2		SH-129	로보스틱	삼성전자	흡입전용	270,000	810대	=IF [입력 후 Ctrl + A]
3		RH-254	라이드스토 S1	샤오미	흡입+걸레	640,000	1,565대	IF(logical_test, [va

❷ [함수 인수] 대화상자에서 각각의 입력 칸에 필요한 내용을 입력한 후 <확인>을 클릭합니다.

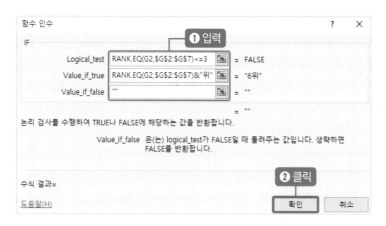

▶ 함수 풀이

함수식 : =IF(조건식,참값,거짓값) / =RANK.EQ(순위를 구하려는 수,범위,순위 결정 방법)

– RANK.EQ(G2,$G$2:$G$7)<=3 : 판매수량($G$2:$G$7) 열을 기준으로 로보스틱의 판매수량([G2])이 내림차순으로 몇 위인지 구한 후 해당 값이 3이하인지 확인합니다.

(※ 함수식 입력이 힘들 경우에는 함수 마법사를 중첩하여 작성합니다.)

– RANK.EQ(G2,$G$2:$G$7)&"위" : 조건이 참(순위가 3이하)이면 RANK.EQ 함수로 순위를 구한 후 결과 뒤에 문자 "위"를 붙여서 표시합니다.

– "" : 조건이 거짓(순위가 4이상)이면 공백("")을 표시합니다.

❸ 정답 : =IF(RANK.EQ(G2,$G$2:$G$7)<=3,RANK.EQ(G2,$G$2:$G$7)&"위","")

❹ [H2] 셀의 채우기 핸들(+)을 [H7] 셀까지 드래그하여 나머지 순위를 구합니다.

	A	B	C	D	E	F	G	H
1		상품코드	상품명	제조회사	방식	판매가격 (단위:원)	판매수량	순위
2		SH-129	로보스틱	삼성전자	흡입전용	270,000	810대	
3		RH-254	라이드스토 S1	샤오미	흡입+걸레	640,000	1,565대	3위
4		LG-176	로보킹 R76	LG전자	걸레전용	230,000	897대	
5		SH-124	제트봇AI	삼성전자	흡입+걸레	430,000	2,450대	2위
6		RH-125	트윈보스 S9	샤오미	흡입전용	290,000	1,200대	
7		SG-256	파워봇 V20	삼성전자	걸레전용	240,000	2,654대	1위
8								

드래그

☞ 다음은 '**원룸 공기청정기 추천 모델**'에 대한 자료이다. 자료를 입력하고 조건에 맞도록 작업하시오.

《출력형태》

제품코드	제품명	제조사	가격	사용면적 (제곱미터)	소비전력 (W)	등록일자	제조국	비고
LQ-115	인스퓨어	LG전자	482,880	48	330	2022-03-05	(1)	(2)
WN-316	제로S	위닉스	322,140	31	270	2021-01-10	(1)	(2)
SQ-414	디코웰	삼성전자	444,610	40	320	2022-03-10	(1)	(2)
SX-215	네추럴퓨어	삼성전자	353,270	53	350	2021-04-01	(1)	(2)
WC-225	퓨리웨이	위닉스	222,030	31	290	2023-04-10	(1)	(2)
LX-113	에어로타워	LG전자	541,030	48	330	2023-04-01	(1)	(2)
SC-121	블루스카이	삼성전자	250,960	60	360	2022-07-01	(1)	(2)
LQ-215	미에어 스마트	LG전자	453,380	48	340	2022-02-10	(1)	(2)
LG전자의 제품 개수			(3)			최대 사용면적(제곱미터)		(5)
2023년 이후 등록 제품의 소비전력(W) 평균			(4)		제품코드	LQ-115	가격	(6)

결재 / 담당 / 팀장 / 부장

《조건》

○ 모든 데이터의 서식에는 글꼴(굴림, 11pt), 정렬은 숫자 및 회계 서식은 오른쪽 정렬, 나머지 서식은 가운데 정렬로 작성하며 예외적인 것은 《출력형태》를 참조하시오.

○ 제 목 ⇒ 도형(육각형)과 그림자(오프셋 위쪽)를 이용하여 작성하고 "원룸 공기청정기 추천 모델"을 입력한 후 다음 서식을 적용하시오
    (글꼴-궁서, 24pt, 검정, 굵게, 채우기-노랑).

○ 임의의 셀에 결재란을 작성하여 그림으로 복사 기능을 이용하여 붙이기 하시오(단, 원본 삭제).

○ 「B4:J4, G14, I14」 영역은 '주황'으로 채우기 하시오.

○ 유효성 검사를 이용하여 「H14」 셀에 제품코드(「B5:B12」 영역)가 선택 표시되도록 하시오.

○ 셀 서식 ⇒ 「E5:E12」 영역에 셀 서식을 이용하여 숫자 뒤에 '원'을 표시하시오(예 : 482,880원).

○ 「H5:H12」 영역에 대해 '등록일자'로 이름정의를 하시오.

☞ (1)~(6) 셀은 반드시 **주어진 함수를 이용**하여 값을 구하시오(결과값을 직접 입력하면 해당 셀은 0점 처리됨).

(1) 제조국 ⇒ 제품코드의 네 번째 글자가 1이면 '한국', 2이면 '중국', 그 외에는 '베트남'으로 구하시오.(IF, MID 함수).

(2) 비고 ⇒ 소비전력(W)의 오름차순 순위를 구하시오(RANK.EQ 함수).

(3) LG전자의 제품 개수 ⇒ 결과값에 '개'를 붙이시오. 단, 조건은 입력데이터를 이용하시오(DCOUNTA 함수, & 연산자)
    (예 : 1개).

(4) 2023년 이후 등록 제품의 소비전력(W) 평균 ⇒ 등록일자가 '2023-01-01' 이후(해당일 포함)인 제품의 소비전력(W) 평균을 구하시오. 단, 정의된 이름(등록일자)을 이용하여 구하시오 (SUMIF, COUNTIF 함수).

(5) 최대 사용면적(제곱미터) ⇒ (MAX 함수)

(6) 가격 ⇒ 「H14」 셀에서 선택한 제품코드에 대한 가격을 구하시오(VLOOKUP 함수).

(7) 조건부 서식의 수식을 이용하여 소비전력(W)이 '350' 이상인 행 전체에 다음의 서식을 적용하시오
    (글꼴 : 빨강, 굵은 기울임꼴).

3. 연료(CHOOSE, MID)

연료 ⇒ 관리코드 2번째 글자가 1이면 '가솔린', 2이면 '디젤', 3이면 '하이브리드'로 구하시오
　　　(CHOOSE, MID함수).

	A	B	C	D	E	F	G	H	I
1		관리코드	제조사	구분	차종	주행거리 (km)	연식	판매가	연료
2		S1-001	현대	승용차	아반떼X	13,226	2020년	5,150,000원	

❶ [I2] 셀을 클릭하여 =CHOOSE를 입력한 후 Ctrl + A 를 누릅니다.

	A	B	C	D	E	F	G	H	I
1		관리코드	제조사	구분	차종	주행거리 (km)	연식	판매가	연료
2		S1-001	현대	승용차	아반떼X	13,226	2020년	5,150,000원	=CHOOSE

입력 후 Ctrl + A

❷ [함수 인수] 대화상자에서 각각의 입력 칸에 필요한 내용을 입력한 후 <확인>을 클릭합니다.

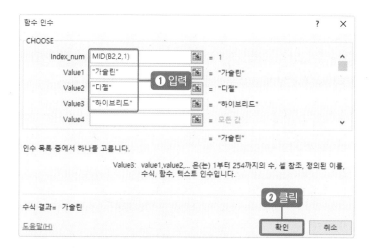

함수 인수　　　　　　　　　　　　　　　? ×

CHOOSE

Index_num　MID(B2,2,1)　　　= 1
Value1　　"가솔린"　　❶ 입력　= "가솔린"
Value2　　"디젤"　　　　　　　= "디젤"
Value3　　"하이브리드"　　　　= "하이브리드"
Value4　　　　　　　　　　　　= 모든 값

　　　　　　　　　　　　　　　= "가솔린"

인수 목록 중에서 하나를 고릅니다.

　　　Value3: value1,value2,... 은(는) 1부터 254까지의 수, 셀 참조, 정의된 이름,
　　　　　　　 수식, 함수, 텍스트 인수입니다.

❷ 클릭

수식 결과= 가솔린

도움말(H)　　　　　　　　　　　확인　　취소

▶ 함수 풀이

　함수식 : =CHOOSE(번호,인수1,인수2...) / =MID(텍스트,추출 시작 위치,추출할 문자수)

　– MID(B2,2,1) : 관리코드(S1-001)의 2번째 글자를 추출하여 번호(1)로 사용합니다.

　– "가솔린" : 번호가 1이면 첫 번째 인수인 '가솔린'을 표시합니다.

　– "디젤" : 번호가 2이면 두 번째 인수인 '디젤'을 표시합니다.

　– "하이브리드" : 번호가 3이면 세 번째 인수인 '하이브리드'를 표시합니다.

❸ 정답 : =CHOOSE(MID(B2,2,1),"가솔린","디젤","하이브리드")

	A	B	C	D	E	F	G	H	I
1		관리코드	제조사	구분	차종	주행거리 (km)	연식	판매가	연료
2		S1-001	현대	승용차	아반떼X	13,226	2020년	5,150,000원	가솔린

정보기술자격(ITQ) 실전모의고사

과 목	코 드	문제유형	시험시간	수험번호	성 명
한글엑셀	1122	A	60분		

수험자 유의사항

◎ 수험자는 문제지를 받는 즉시 문제지와 **수험표상의 시험과목(프로그램)이 동일한지 반드시 확인**하여야 합니다.

◎ 파일명은 본인의 "수험번호-성명"으로 입력하여 답안폴더(내 PC₩문서₩ITQ)에 하나의 파일로 저장해야 하며, 답안문서 파일명이 "수험번호-성명"과 일치하지 않거나, 답안파일을 전송하지 않아 미제출로 처리될 경우 실격 처리합니다 (예:12345678-홍길동.xlsx).

◎ 답안 작성을 마치면 파일을 저장하고, '답안 전송' 버튼을 선택하여 감독위원 PC로 답안을 전송하십시오. 수험생 정보와 저장한 파일명이 다를 경우 전송되지 않으므로 주의하시기 바랍니다.

◎ 답안 작성 중에도 **주기적으로 저장하고, '답안 전송'**하여야 문제 발생을 줄일 수 있습니다. 작업한 내용을 저장하지 않고 전송할 경우 이전에 저장된 내용이 전송되오니 이점 유의하시기 바랍니다.

◎ 답안문서는 지정된 경로 외의 다른 보조기억장치에 저장하는 경우, 지정된 시험 시간 외에 작성된 파일을 활용할 경우, 기타 통신수단(이메일, 메신저, 네트워크 등)을 이용하여 타인에게 전달 또는 외부 반출하는 경우는 부정 처리합니다.

◎ 시험 중 부주의 또는 고의로 시스템을 파손한 경우는 수험자가 변상해야 하며, <수험자 유의사항>에 기재된 방법대로 이행하지 않아 생기는 불이익은 수험생 당사자의 책임임을 알려 드립니다.

◎ 문제의 조건은 MS오피스 2016 버전으로 설정되어 있으니 유의하시기 바랍니다.

◎ 시험을 완료한 수험자는 답안파일이 전송되었는지 확인한 후 감독위원의 지시에 따라 문제지를 제출하고 퇴실합니다.

답안 작성요령

◎ 온라인 답안 작성 절차

  수험자 등록 ⇒ 시험 시작 ⇒ 답안파일 저장 ⇒ 답안 전송 ⇒ 시험 종료

◎ 문제는 총 4단계, 즉 제1작업부터 제4작업까지 구성되어 있으며 반드시 제1작업부터 순서대로 작성하고 조건대로 작업하시오.

◎ 모든 작업시트의 A열은 열 너비 '1'로, 나머지 열은 적당하게 조절하시오.

◎ 모든 작업시트의 테두리는 《출력형태》와 같이 작업하시오.

◎ 해당 작업란에서는 각각 제시된 조건에 따라 《출력형태》와 같이 작업하시오.

◎ 답안 시트 이름은 "제1작업", "제2작업", "제3작업", "제4작업"이어야 하며 답안 시트 이외의 것은 감점 처리됩니다.

◎ 각 시트를 파일로 나누어 작업해서 저장할 경우 실격 처리됩니다.

4. 방송요일(CHOOSE, WEEKDAY)

방송요일 ⇒ 방송일에 대한 요일을 구하시오(CHOOSE, WEEKDAY 함수)(예 : 월).

	A	B	C	D	E	F	G	H	I
1		상품코드	상품명	방송일	분류	판매가격	판매수량 (단위:대)	상품평 (단위:건)	방송요일
2		W2113	드럼 세탁기	2023-02-08	세탁기	1,298천원	4,456	356	

❶ [I2] 셀을 클릭하여 =CHOOSE를 입력한 후 Ctrl + A 를 누릅니다.

	A	B	C	D	E	F	G	H	I
1		상품코드	상품명	방송일	분류	판매가격	판매수량 (단위:대)	상품평 (단위:건)	방송요일
2		W2113	드럼 세탁기	2023-02-08	세탁기	1,298천원	4,456	356	=CHOOSE — 입력 후 Ctrl + A

❷ [함수 인수] 대화상자에서 각각의 입력 칸에 필요한 내용을 입력한 후 <확인>을 클릭합니다.

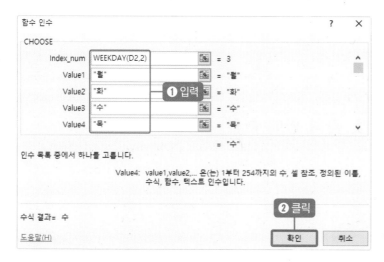

▶ 함수 풀이

함수식 : =CHOOSE(번호,인수1,인수2...) / =WEEKDAY(날짜,날짜 유형)
- WEEKDAY(D2,2) : 방송일(2023-02-08)을 기준으로 날짜 유형(2)에 맞는 요일별 번호(1~7)를 추출하여 번호로 사용합니다.
- "월", "화", "수", "목", "금", "토", "일" : 날짜 유형2 번호(1~7)에 따라 해당 하는 요일(월~일)을 표시합니다.

❸ 정답 : =CHOOSE(WEEKDAY(D2,2),"월","화","수","목","금","토","일")

	A	B	C	D	E	F	G	H	I
1		상품코드	상품명	방송일	분류	판매가격	판매수량 (단위:대)	상품평 (단위:건)	방송요일
2		W2113	드럼 세탁기	2023-02-08	세탁기	1,298천원	4,456	356	수

☞ **"제1작업"** 시트를 이용하여 조건에 따라《출력형태》와 같이 작업하시오.

《조건》

(1) 차트 종류 ⇒ <묶은 세로 막대형>으로 작업하시오.

(2) 데이터 범위 ⇒ "제1작업" 시트의 내용을 이용하여 작업하시오.

(3) 위치 ⇒ "새 시트"로 이동하고, "제4작업"으로 시트 이름을 바꾸시오.

(4) 차트 디자인 도구 ⇒ 레이아웃 3, 스타일 1을 선택하여《출력형태》에 맞게 작업하시오.

(5) 영역 서식 ⇒ 차트 : 글꼴(굴림, 11pt), 채우기 효과(질감-양피지)

　　　　　　　 그림 : 채우기(흰색, 배경 1)

(6) 제목 서식 ⇒ 차트 제목 : 글꼴(돋움, 굵게, 20pt), 채우기(흰색, 배경 1), 테두리

(7) 서식 ⇒ 판매수량 계열의 차트 종류를 <표식이 있는 꺾은선형>으로 변경한 후 보조 축으로 지정하시오.

　　　　 계열 :《출력형태》를 참조하여 표식(세모, 크기 10)과 레이블 값을 표시하시오.

　　　　 눈금선 : 선 스타일-파선

　　　　 축 :《출력형태》를 참조하시오.

(8) 범례 ⇒ 범례명을 변경하고《출력형태》를 참조하시오.

(9) 도형 ⇒ '사각형 설명선'을 삽입한 후《출력형태》와 같이 내용을 입력하시오.

(10) 나머지 사항은《출력형태》에 맞게 작성하시오.

《출력형태》

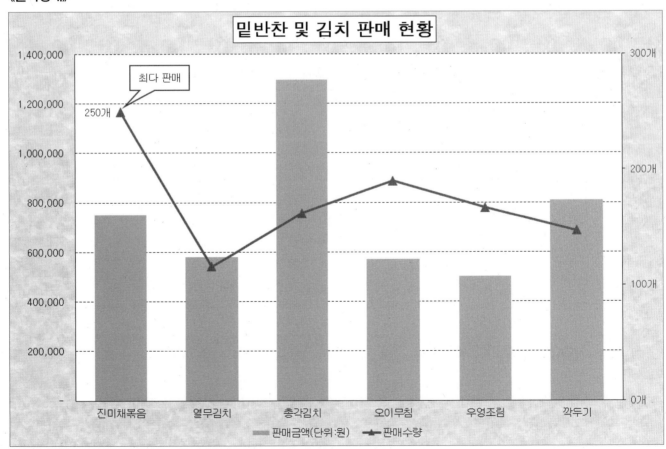

주의 ☞ 시트명 순서가 차례대로 "제1작업", "제2작업", "제3작업", "제4작업"이 되도록 할 것.

5. 분류가 3인승인 제품의 판매수량 평균(ROUND, DAVERAGE)

분류가 3인승인 제품의 판매수량 평균 ⇒ 반올림하여 정수로 구하시오. 단, 조건은 입력데이터를 이용하시오 (ROUND, DAVERAGE 함수)(예 : 451.6 → 452).

	A	B	C	D	E	F	G	H
1		상품코드	상품명	분류	제조사	탑승 가능 무게(kg)	상품가격 (단위:원)	판매수량
2		DC02-2	아우디 Z8	3인승	몬스터	30	623,000	285대
3		HG02-1	벤츠 Z3	1인승	붕붕카	15	420,000	281대
4		HG01-2	그릭블루 L2	1인승	몬스터	18	357,000	321대
5		TC01-3	판도라 S9	2인승	몬스터	15	534,000	93대
6		TC04-3	트윈 L5	3인승	베베카	16	652,000	126대
7		분류가 3인승인 제품의 판매수량 평균				✕	최대 탑승 가능 무게(kg)	

❶ [E7] 셀을 클릭하여 =ROUND를 입력한 후 Ctrl + A 를 누릅니다.

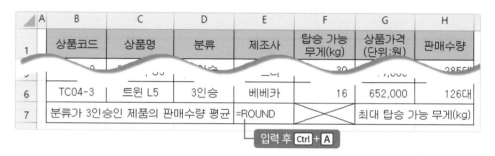

❷ [함수 인수] 대화상자에서 각각의 입력 칸에 필요한 내용을 입력한 후 함수를 중첩하기 위해 **수식 입력줄의 DAVERAGE를 클릭**합니다.

▶ **1차 함수 풀이**
함수식 : =ROUND(인수,반올림 자릿수)
– **DAVERAGE()** : DAVERAGE 함수로 계산한 결과값을 반올림할 숫자(인수)로 가져오기 위해 'DAVERAGE()'를 입력합니다.
– **0** : DAVERAGE 함수의 결과값을 반올림하여 정수로 표시해야 하기 때문에 자릿수 값을 '0'으로 입력합니다.
※ 중첩 함수를 사용해야 하기 때문에 <확인>을 누르지 않고 수식 입력줄의 'DAVERAGE'를 클릭합니다.

☞ **"제1작업"** 시트의 「B4:H12」 영역을 복사하여 **"제2작업"** 시트의 「B2」 셀부터 모두 붙여넣기를 한 후 다음의 조건과 같이 작업하시오.

《조건》

(1) 목표값 찾기 - 「B11:G11」 셀을 병합하여 "밑반찬의 판매수량 평균"을 입력한 후 「H11」 셀에 밑반찬의 판매수량 평균을 구하시오. 단, 조건은 입력데이터를 이용하시오(DAVERAGE 함수, 테두리, 가운데 맞춤).
　　　　 - '밑반찬의 판매수량 평균'이 '205'가 되려면 우엉조림의 판매수량이 얼마가 되어야 하는지 목표값을 구하시오.

(2) 고급필터 - 분류가 '김치'가 아니면서 마진율이 '35%' 미만인 자료의 데이터만 추출하시오.
　　　　 - 조건 범위 : 「B14」 셀부터 입력하시오.
　　　　 - 복사 위치 : 「B18」 셀부터 나타나도록 하시오.

☞ **"제1작업"** 시트의 「B4:H12」 영역을 복사하여 **제3작업** 시트의 「B2」 셀부터 모두 붙여넣기를 한 후 다음의 조건과 같이 작업하시오.

《조건》

(1) 부분합 - 《출력형태》처럼 정렬하고, 반찬명의 개수와 판매금액(단위:원)의 합계를 구하시오.
(2) 윤곽 - 지우시오.
(3) 나머지 사항은 《출력형태》에 맞게 작성하시오.

《출력형태》

	A	B	C	D	E	F	G	H
1								
2		반찬코드	반찬명	분류	검색태그	마진율	판매수량	판매금액 (단위:원)
3		C121	감자스팸볶음	어린이	아이	35%	320개	1,280,000
4		C213	햄계란찜	어린이	아이	36%	225개	900,000
5				어린이 요약				2,180,000
6			2	어린이 개수				
7		E121	진미채볶음	밑반찬	인기	32%	250개	750,000
8		E122	오이무침	밑반찬	제철	30%	190개	570,500
9		E211	우엉조림	밑반찬	부모님	25%	167개	501,000
10				밑반찬 요약				1,821,500
11			3	밑반찬 개수				
12		K242	열무김치	김치	저장	28%	116개	580,000
13		K252	총각김치	김치	저장	27%	162개	1,296,000
14		K262	깍두기	김치	저장	32%	147개	808,500
15				김치 요약				2,684,500
16			3	김치 개수				
17				총합계				6,686,000
18			8	전체 개수				

❸ 새로운 [함수 인수] 대화상자에서 각각의 입력 칸에 필요한 내용을 입력한 후 <확인>을 클릭합니다.

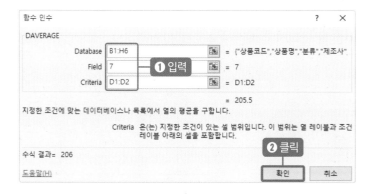

▶ 2차 함수 풀이

함수식 : =DAVERAGE(데이터베이스,필드,조건 범위)

– B1:H6 : 찾고자 하는 데이터(3인승)가 들어 있는 '데이터베이스(범위)'를 지정합니다.

– 7 : 조건이 일치하는 값(3인승)에 대한 판매수량의 평균을 계산하기 위해 해당 '열의 위치(7 또는 [H1])'를 지정합니다.

– D1:D2 : 데이터베이스(범위)에서 찾을 '조건(분류가 3인승)'을 지정합니다.

❹ 정답 : =ROUND(DAVERAGE(B1:H6,7,D1:D2),0)

	A	B	C	D	E	F	G	H
1		상품코드	상품명	분류	제조사	탑승 가능 무게(kg)	상품가격 (단위:원)	판매수량
2		DC02-2	아우디 Z8	3인승	몬스터	30	623,000	285대
3		HG02-1	벤츠 Z3	1인승	붕붕카	15	420,000	281대
4		HG01-2	그릭블루 L2	1인승	몬스터	18	357,000	321대
5		TC01-3	판도라 S9	2인승	몬스터	15	534,000	93대
6		TC04-3	트윈 L5	3인승	베베카	16	652,000	126대
7		분류가 3인승인 제품의 판매수량 평균			206		최대 탑승 가능 무게(kg)	

6. 김치 판매금액(단위:원)의 합계(ROUND, SUMIF)

김치 판매금액(단위:원)의 합계 ⇒ 반올림하여 천원 단위까지 구하시오(ROUND, SUMIF 함수)
(예 : 1,723,500 → 1,724,000).

	A	B	C	D	E	F	G	H
1		반찬코드	반찬명	분류	검색태그	마진율	판매수량	판매금액 (단위:원)
2		E121	진미채볶음	밑반찬	인기	32%	250개	750,000
3		K242	열무김치	김치	저장	28%	116개	580,000
4		C121	감자스팸볶음	어린이	아이	35%	320개	1,280,000
5		K252	총각김치	김치	저장	27%	162개	1,296,500
6		E122	오이무침	밑반찬	제철	30%	190개	570,500
7		김치 판매금액(단위:원)의 합계					최대 마진율	

☞ 다음은 '온라인 반찬 매출 현황'에 대한 자료이다. 자료를 입력하고 조건에 맞도록 작업하시오.

《출력형태》

	반찬코드	반찬명	분류	검색태그	마진율	판매수량	판매금액 (단위:원)	인기 순위	조리방법
				담당	팀장	이사			
결재									
	E121	진미채볶음	밑반찬	인기	32%	250	750,000	(1)	(2)
	K242	열무김치	김치	저장	28%	116	580,000	(1)	(2)
	C121	감자스팸볶음	어린이	아이	35%	320	1,280,000	(1)	(2)
	K252	총각김치	김치	저장	27%	162	1,296,000	(1)	(2)
	E122	오이무침	밑반찬	제철	30%	190	570,500	(1)	(2)
	C213	햄계란찜	어린이	아이	36%	225	900,000	(1)	(2)
	E211	우엉조림	밑반찬	부모님	25%	167	501,000	(1)	(2)
	K262	깍두기	김치	저장	32%	147	808,500	(1)	(2)
	밑반찬의 개수			(3)			최대 마진율		(5)
	김치 판매금액(단위:원)의 합계			(4)		반찬코드	E121	판매수량	(6)

《조건》

○ 모든 데이터의 서식에는 글꼴(굴림, 11pt), 정렬은 숫자 및 회계 서식은 오른쪽 정렬, 나머지 서식은 가운데 정렬로 작성하며 예외적인 것은 《출력형태》를 참조하시오.

○ 제 목 ⇒ 도형(한쪽 모서리가 잘린 사각형)과 그림자(오프셋 오른쪽)를 이용하여 작성하고 "온라인 반찬 매출 현황"을 입력한 후 다음 서식을 적용하시오 (글꼴-돋움, 24pt, 검정, 굵게, 채우기-노랑).

○ 임의의 셀에 결재란을 작성하여 그림으로 복사 기능을 이용하여 붙이기 하시오(단, 원본 삭제).

○ 「B4:J4, G14, I14」 영역은 '주황'으로 채우기 하시오.

○ 유효성 검사를 이용하여 「H14」 셀에 반찬코드(「B5:B12」 영역)가 선택 표시되도록 하시오.

○ 셀 서식 ⇒ 「G5:G12」 영역에 셀 서식을 이용하여 숫자 뒤에 '개'를 표시하시오(예 : 116개).

○ 「F5:F12」 영역에 대해 '마진율'로 이름정의를 하시오.

☞ (1)~(6) 셀은 반드시 **주어진 함수를 이용**하여 값을 구하시오(결과값을 직접 입력하면 해당 셀은 0점 처리됨).

(1) 인기 순위 ⇒ 판매수량의 내림차순 순위를 구한 결과값에 '위'를 붙이시오(RANK.EQ 함수, & 연산자)(예 : 1위).

(2) 조리방법 ⇒ 반찬코드의 마지막 글자가 1이면 '볶음/조림', 2이면 '무침', 그 외에는 '찜'으로 구하시오(IF, RIGHT 함수).

(3) 밑반찬의 개수 ⇒ 분류가 밑반찬인 반찬의 개수를 구하시오(COUNTIF 함수).

(4) 김치 판매금액(단위:원)의 합계 ⇒ 반올림하여 천원 단위까지 구하시오(ROUND, SUMIF 함수) (예 : 1,723,500 → 1,724,000).

(5) 최대 마진율 ⇒ 정의된 이름(마진율)을 이용하여 구하시오(MAX 함수).

(6) 판매수량 ⇒ 「H14」 셀에서 선택한 반찬코드에 대한 판매수량을 구하시오(VLOOKUP 함수).

(7) 조건부 서식의 수식을 이용하여 마진율이 '35%' 이상인 행 전체에 다음의 서식을 적용하시오(글꼴 : 파랑, 굵게).

❶ [E7] 셀을 클릭하여 =ROUND를 입력한 후 Ctrl+A를 누릅니다.

❷ [함수 인수] 대화상자에서 각각의 입력 칸에 필요한 내용을 입력한 후 함수를 중첩하기 위해 **수식 입력줄의 SUMIF**를 클릭합니다.

> ▶ **1차 함수 풀이**
>
> **함수식 : =ROUND(인수,반올림 자릿수)**
>
> – SUMIF() : SUMIF 함수로 계산한 결과값을 반올림할 숫자(인수)로 가져오기 위해 'SUMIF()'를 입력합니다.
>
> – –3 : SUMIF 함수의 결과값을 반올림하여 천원 단위까지 표시해야 하기 때문에 자릿수 값을 '–3'으로 입력합니다.
>
> ※ 중첩 함수를 사용해야 하기 때문에 <확인>을 누르지 않고 수식 입력줄의 'SUMIF'를 클릭합니다.

❸ 새로운 [함수 인수] 대화상자에서 각각의 입력 칸에 필요한 내용을 입력한 후 <확인>을 클릭합니다.

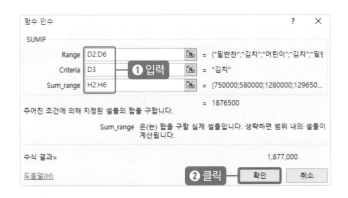

> ▶ **2차 함수 풀이**
>
> **함수식 : =SUMIF(조건 범위,조건,합계를 구할 범위)**
>
> – D2:D6 : 찾고자 하는 데이터(김치)가 들어 있는 '분류'를 범위로 지정합니다.
>
> – D3 : 찾고자 하는 '조건(김치 또는 [D3])'을 지정합니다.
>
> – H2:H6 : 조건이 일치하는 값(김치)에 대한 판매금액(단위:원)의 합계를 계산하기 위해 범위를 지정합니다.

❹ 정답 : =ROUND(SUMIF(D2:D6,D3,H2:H6),–3)

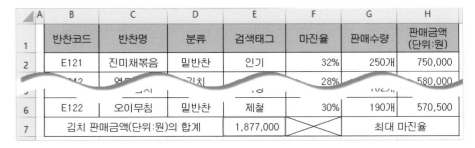

정보기술자격(ITQ) 실전모의고사

과 목	코 드	문제유형	시험시간	수험번호	성 명
한글엑셀	1122	A	60분		

수험자 유의사항

◎ 수험자는 문제지를 받는 즉시 문제지와 **수험표상의 시험과목(프로그램)이 동일한지 반드시 확인**하여야 합니다.

◎ 파일명은 본인의 "수험번호–성명"으로 입력하여 답안폴더(내 PC₩문서₩ITQ)에 하나의 파일로 저장해야 하며, 답안문서 파일명이 "수험번호–성명"과 일치하지 않거나, 답안파일을 전송하지 않아 미제출로 처리될 경우 실격 처리합니다 (예:12345678-홍길동.xlsx).

◎ 답안 작성을 마치면 파일을 저장하고, '답안 전송' 버튼을 선택하여 감독위원 PC로 답안을 전송하십시오. 수험생 정보와 저장한 파일명이 다를 경우 전송되지 않으므로 주의하시기 바랍니다.

◎ 답안 작성 중에도 **주기적으로 저장하고, '답안 전송'**하여야 문제 발생을 줄일 수 있습니다. 작업한 내용을 저장하지 않고 전송할 경우 이전에 저장된 내용이 전송되오니 이점 유의하시기 바랍니다.

◎ 답안문서는 지정된 경로 외의 다른 보조기억장치에 저장하는 경우, 지정된 시험 시간 외에 작성된 파일을 활용할 경우, 기타 통신수단(이메일, 메신저, 네트워크 등)을 이용하여 타인에게 전달 또는 외부 반출하는 경우는 부정 처리합니다.

◎ 시험 중 부주의 또는 고의로 시스템을 파손한 경우는 수험자가 변상해야 하며, <수험자 유의사항>에 기재된 방법대로 이행하지 않아 생기는 불이익은 수험생 당사자의 책임임을 알려 드립니다.

◎ 문제의 조건은 MS오피스 2016 버전으로 설정되어 있으니 유의하시기 바랍니다.

◎ 시험을 완료한 수험자는 답안파일이 전송되었는지 확인한 후 감독위원의 지시에 따라 문제지를 제출하고 퇴실합니다.

답안 작성요령

◎ 온라인 답안 작성 절차

　수험자 등록 ⇒ 시험 시작 ⇒ 답안파일 저장 ⇒ 답안 전송 ⇒ 시험 종료

◎ 문제는 총 4단계, 즉 제1작업부터 제4작업까지 구성되어 있으며 반드시 제1작업부터 순서대로 작성하고 조건대로 작업 하시오.

◎ 모든 작업시트의 A열은 열 너비 '1'로, 나머지 열은 적당하게 조절하시오.

◎ 모든 작업시트의 테두리는 《출력형태》와 같이 작업하시오.

◎ 해당 작업란에서는 각각 제시된 조건에 따라 《출력형태》와 같이 작업하시오.

◎ 답안 시트 이름은 "제1작업", "제2작업", "제3작업", "제4작업"이어야 하며 답안 시트 이외의 것은 감점 처리됩니다.

◎ 각 시트를 파일로 나누어 작업해서 저장할 경우 실격 처리됩니다.

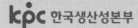

kpc 한국생산성본부

7. 직장 어린이집의 인원 평균(SUMIF, COUNTIF)

직장 어린이집의 인원 평균 ⇒ 정의된 이름(분류)을 이용하여 분류가 직장인 어린이집의 인원 평균을 구하시오 (SUMIF, COUNTIF 함수).

A	B	C	D	E	F	G	H
1	분류코드	어린이집명	지역	분류	등록률(%)	정원 (단위:명)	인원
2	BB9002	아이꿈 어린이집	부산	가정	72	25	20명
3	SA1003	서울숲속 어린이집	서울	직장	98	123	121명
4	DN6007	아이터 어린이집	대구	국공립	97	138	134명
5	GA3014	영재 어린이집	강원	직장	96	145	139명
6	GB6015	간성 어린이집	강원	국공립	83	118	98명
7	직장 어린이집의 인원 평균				✕	가장 많은 인원	

❶ [E7] 셀을 클릭하여 =SUMIF를 입력한 후 Ctrl + A 를 누릅니다.

A	B	C	D	E	F	G	H
1	분류코드	어린이집명	지역	분류	등록률(%)	정원 (단위:명)	인원
2	BB9002	아이꿈 어린이집	부산	가정	72	25	20명
3	1003	서울숲속 어린이집	서울		98		121명
5	GA	어린이집		직장		145	
6	GB6015	간성 어린이집	강원	국공립	83	118	98명
7	직장 어린이집의 인원 평균			=SUMIF	✕	가장 많은 인원	

입력 후 Ctrl + A

❷ [함수 인수] 대화상자에서 각각의 입력 칸에 필요한 내용을 입력한 후 <확인>을 클릭합니다.

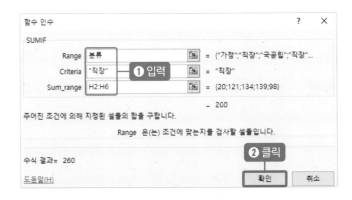

함수 인수   ? ✕

SUMIF

Range 분류   = {"가정";"직장";"국공립";"직장"...

Criteria "직장" ❶ 입력   = "직장"

Sum_range H2:H6   = {20;121;134;139;98}

= 260

주어진 조건에 의해 지정된 셀들의 합을 구합니다.

Range 은(는) 조건에 맞는지를 검사할 셀들입니다.

❷ 클릭

수식 결과= 260

도움말(H)   확인   취소

▶ **1차 함수 풀이**

함수식 : =SUMIF(조건 범위,조건,합계를 구할 범위)

- 분류 : 찾고자 하는 데이터(직장)가 들어있는 '분류(이름으로 정의 됨)'를 범위로 지정합니다.
- "직장" : 찾고자 하는 '조건(직장 또는 [E3])'을 지정합니다.
- H2:H6 : 조건이 일치하는 값(직장)에 대한 '인원의 합계'를 계산하기 위해 범위를 지정합니다.

☞ **"제1작업"** 시트를 이용하여 조건에 따라《출력형태》와 같이 작업하시오.

《조건》

(1) 차트 종류 ⇒ <묶은 세로 막대형>으로 작업하시오.

(2) 데이터 범위 ⇒ "제1작업" 시트의 내용을 이용하여 작업하시오.

(3) 위치 ⇒ "새 시트"로 이동하고, "제4작업"으로 시트 이름을 바꾸시오.

(4) 차트 디자인 도구 ⇒ 레이아웃 3, 스타일 1을 선택하여《출력형태》에 맞게 작업하시오.

(5) 영역 서식 ⇒ 차트 : 글꼴(굴림, 11pt), 채우기 효과(질감-파피루스)

                      그림 : 채우기(흰색, 배경 1)

(6) 제목 서식 ⇒ 차트 제목 : 글꼴(굴림, 굵게, 20pt), 채우기(흰색, 배경 1), 테두리

(7) 서식 ⇒ 수강인원(단위:명) 계열의 차트 종류를 <표식이 있는 꺾은선형>으로 변경한 후 보조 축으로 지정하시오.

      계열 :《출력형태》를 참조하여 표식(마름모, 크기 10)과 레이블 값을 표시하시오.

      눈금선 : 선 스타일-파선

      축 :《출력형태》를 참조하시오.

(8) 범례 ⇒ 범례명을 변경하고《출력형태》를 참조하시오.

(9) 도형 ⇒ '모서리가 둥근 사각형 설명선'을 삽입한 후《출력형태》와 같이 내용을 입력하시오.

(10) 나머지 사항은《출력형태》에 맞게 작성하시오.

《출력형태》

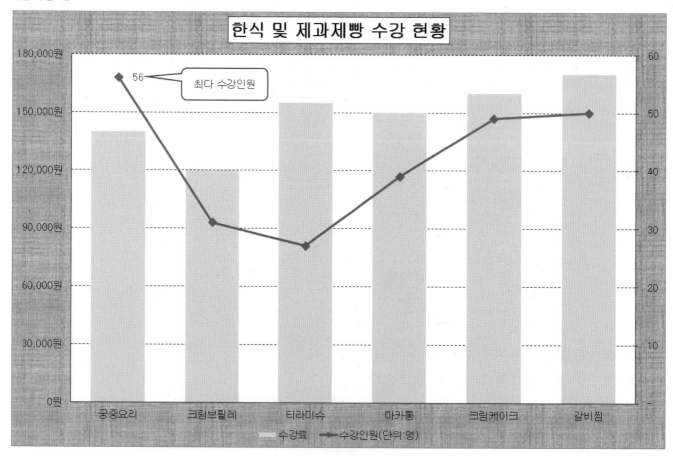

주의 ☞ 시트명 순서가 차례대로 "제1작업", "제2작업", "제3작업", "제4작업"이 되도록 할 것.

❸ SUMIF 합계 결과를 직장 개수로 나누기 위해 수식 입력줄 맨 끝을 클릭하여 /를 입력한 후 COUNTIF를 입력하고 Ctrl + A 를 누릅니다.

❹ [함수 인수] 대화상자에서 각각의 입력 칸에 필요한 내용을 입력한 후 <확인>을 클릭합니다.

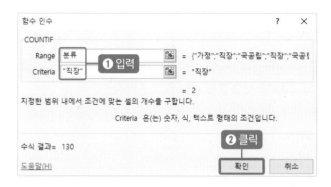

▶ 2차 함수 풀이
함수식 : COUNTIF(조건 범위,조건)
- "분류" : 찾고자 하는 데이터(직장)가 들어 있는 '분류(이름으로 정의 됨)'를 범위로 지정합니다.
- "직장" : 찾고자 하는 '조건(직장 또는 [E3])'을 지정하여 직장이 입력된 셀의 개수를 구합니다.

❺ 정답 : =SUMIF(분류,"직장",H2:H6)/COUNTIF(분류,"직장")

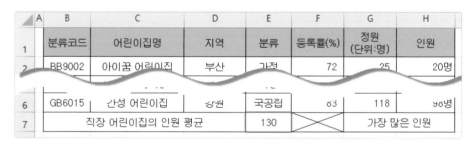

8. 판매량이 평균 이상인 상품 수(COUNTIF, >= 연산자, AVERAGE)

판매량이 평균 이상인 상품 수 ⇒ (COUNTIF, AVERAGE 함수)

	상품코드	상품명	판매개시일	카테고리	가격	입고량 (단위:EA)	판매량
2	VE-A01	버섯9종	2023-09-02	채소	1,900원	25,000	19,648
3	FS-Y23	생연어	2023-11-15	수산	14,500원	6,500	5,350
4	FU-S02	냉동 산딸기	2023-12-05	과일	8,500원	28,000	13,420
5	FU-A15	아보카도	2023-04-26	과일	2,640원	8,500	5,100
6	VE-H26	햇양파	2023-07-30	채소	2,600원	26,000	21,056
7	판매량이 평균 이상인 상품 수				✕	상품명	버섯9종

☞ **"제1작업"** 시트의 「B4:H12」 영역을 복사하여 **"제2작업"** 시트의 「B2」 셀부터 모두 붙여넣기를 한 후 다음의 조건과 같이 작업하시오.

《조건》

(1) 고급 필터 - 코드가 'B'로 시작하면서, 수강인원(단위:명)이 '30' 이상인 자료의 과목, 분류, 담당자, 수강료 데이터만 추출하시오.
  - 조건 범위 : 「B14」 셀부터 입력하시오.
  - 복사 위치 : 「B18」 셀부터 나타나도록 하시오.

(2) 표 서식 - 고급필터의 결과셀을 채우기 없음으로 설정한 후 '표 스타일 보통 5'의 서식을 적용하시오.
  - 머리글 행, 줄무늬 행을 적용하시오.

☞ **"제1작업"** 시트를 이용하여 **"제3작업"** 시트에 조건에 따라 《출력형태》와 같이 작업하시오.

《조건》

(1) 댓글개수 및 분류별 과목의 개수와 수강인원(단위:명)의 평균을 구하시오.
(2) 댓글개수를 그룹화하고, 분류를 《출력형태》와 같이 정렬하시오.
(3) 레이블이 있는 셀 병합 및 가운데 맞춤 적용 및 빈 셀은 '**'로 표시하시오.
(4) 행의 총합계는 지우고, 나머지 사항은 《출력형태》에 맞게 작성하시오.

《출력형태》

A	B	C	D	E	F	G	H
1							
2		분류 ↴					
3			한식		제과제빵		음료
4	댓글개수 ▾	개수 : 과목	평균 : 수강인원(단위:명)	개수 : 과목	평균 : 수강인원(단위:명)	개수 : 과목	평균 : 수강인원(단위:명)
5	201-300	**	**	1	31	1	25
6	301-400	1	50	2	33	1	24
7	401-500	1	56	1	49	**	**
8	총합계	2	53	4	37	2	25

❶ [E7] 셀을 클릭하여 =COUNTIF를 입력한 후 Ctrl + A 를 누릅니다.

❷ [함수 인수] 대화상자에서 각각의 입력 칸에 필요한 내용을 입력한 후 <확인>을 클릭합니다.

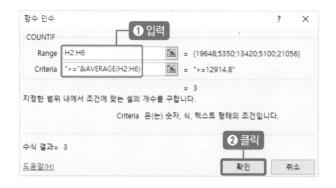

▶ 함수 풀이

함수식 : COUNTIF(조건 범위,조건) / =AVERAGE(인수1,인수2...)

– H2:H6 : 찾고자 하는 데이터가 들어 있는 '판매량'을 범위로 지정합니다.

– ">="&AVERAGE(H2:H6) : 판매량 중에서 평균 이상인 값을 조건으로 지정하기 위해 비교 연산자(>=)는 큰 따옴표("")로 묶어주고 '& 연산자'를 이용하여 함수를 연결합니다.(예: ">="&함수)

❸ 정답 : =COUNTIF(H2:H6,">="&AVERAGE(H2:H6))

	B	C	D	E	F	G	H
1	상품코드	상품명	판매개시일	카테고리	가격	입고량(단위:EA)	판매량
2	VE-A01	버섯9종	2023-09-02	채소	1,900원	25,000	19,648
3	FS-Y23	생연어	2023-11-15	수산	14,500원	6,500	5,350
4	FU-S02	냉동 산딸기	2023-12-05	과일	8,500원	28,000	13,420
5	FU-A15	아보카도	2023-04-26	과일	2,640원	8,500	5,100
6	VE-H26	햇양파	2023-07-30	채소	2,600원	26,000	21,056
7	판매량이 평균 이상인 상품 수			3		상품명	버섯9종

9. 판매금액(VLOOKUP, VLOOKUP)

판매금액 ⇒ 「G7」 셀에서 선택한 상품코드에 대한 「상품가격(단위:원) × 판매수량」을 구하시오.

	B	C	D	E	F	G	H	I
1	상품코드	상품명	분류	제조사	상품가격(단위:원)	판매수량	사은품	판매순위
2	DC02-2	아우디 Z8	3인승	몬스터	623,000	9대	보조 리모컨	3
3	HG02-1	벤츠 Z3	1인승	붕붕카	420,000	8대	배터리 충전킷	4
4	HG01-2	그릭블루 L2	1인승	몬스터	357,000	7대	보조 리모컨	5
5	TC01-3	판도라 S9	2인승	몬스터	534,000	10대	쿨시트	2
6	TC04-3	트윈 L5	2인승	베베카	652,000	12대	쿨시트	1
7	분류가 1인승인 제품의 판매수량 합계				15대	상품코드	DC02-2	판매금액

☞ 다음은 '**평생학습관 요리 수강 현황**'에 대한 자료이다. 자료를 입력하고 조건에 맞도록 작업하시오.

《출력형태》

	코드	과목	분류	담당자	댓글개수	수강인원(단위:명)	수강료	결제방법	순위
							결재	담당	팀장	부장

	코드	과목	분류	담당자	댓글개수	수강인원(단위:명)	수강료	결제방법	순위
5	K279	궁중요리	한식	문강희	462	56	140,000	(1)	(2)
6	B164	크림브륄레	제과제빵	서지호	272	31	120,000	(1)	(2)
7	B170	티라미슈	제과제빵	이송이	340	27	155,000	(1)	(2)
8	B168	마카롱	제과제빵	이기영	319	39	150,000	(1)	(2)
9	C282	드립커피	음료	홍순희	298	25	85,000	(1)	(2)
10	B377	크림케이크	제과제빵	김진수	423	49	160,000	(1)	(2)
11	K180	갈비찜	한식	송효정	390	50	170,000	(1)	(2)
12	C390	칵테일	음료	임서경	307	24	90,000	(1)	(2)
13	한식 수강료 합계			(3)			최다 댓글개수		(5)
14	제과제빵 수강인원(단위:명) 평균			(4)		과목	궁중요리	담당자	(6)

《조건》

○ 모든 데이터의 서식에는 글꼴(굴림, 11pt), 정렬은 숫자 및 회계 서식은 오른쪽 정렬, 나머지 서식은 가운데 정렬로 작성하며 예외적인 것은《출력형태》를 참조하시오.

○ 제 목 ⇒ 도형(팔각형)과 그림자(오프셋 대각선 오른쪽 아래)를 이용하여 작성하고 "평생학습관 요리 수강 현황"을 입력한 후 다음 서식을 적용하시오
(글꼴-굴림, 24pt, 검정, 굵게, 채우기-노랑).

○ 임의의 셀에 결재란을 작성하여 그림으로 복사 기능을 이용하여 붙이기 하시오(단, 원본 삭제).

○「B4:J4, G14, I14」영역은 '주황'으로 채우기 하시오.

○ 유효성 검사를 이용하여「H14」셀에 과목(「C5:C12」영역)이 선택 표시되도록 하시오.

○ 셀 서식 ⇒「H5:H12」영역에 셀 서식을 이용하여 숫자 뒤에 '원'을 표시하시오(예 : 155,000원).

○「F5:F12」영역에 대해 '댓글개수'로 이름정의를 하시오.

☞ (1)~(6) 셀은 반드시 **주어진 함수를 이용**하여 값을 구하시오(결과값을 직접 입력하면 해당 셀은 0점 처리됨).

(1) 결제방법 ⇒ 코드의 두 번째 값이 1이면 '신용카드', 2이면 '체크카드', 3이면 '현금'으로 표시하시오(CHOOSE, MID 함수).

(2) 순위 ⇒ 수강인원(단위:명)의 내림차순 순위를 구한 결과값에 '위'를 붙이시오(RANK.EQ 함수, & 연산자)(예 : 1위).

(3) 한식 수강료 합계 ⇒ 단, 조건은 입력데이터를 이용하시오(DSUM 함수).

(4) 제과제빵 수강인원(단위:명) 평균 ⇒ (SUMIF, COUNTIF 함수).

(5) 최다 댓글개수 ⇒ 정의된 이름(댓글개수)을 이용하여 구하시오(MAX 함수).

(6) 담당자 ⇒「H14」셀에서 선택한 과목에 대한 담당자를 구하시오(VLOOKUP 함수).

(7) 조건부 서식의 수식을 이용하여 수강인원(단위:명)이 '50' 이상인 행 전체에 다음의 서식을 적용하시오
(글꼴 : 파랑, 굵은 기울임꼴).

❶ [I7] 셀을 클릭하여 =VLOOKUP을 입력한 후 Ctrl + A 를 누릅니다.

❷ [함수 인수] 대화상자에서 각각의 입력 칸에 필요한 내용을 입력한 후 <확인>을 클릭합니다.

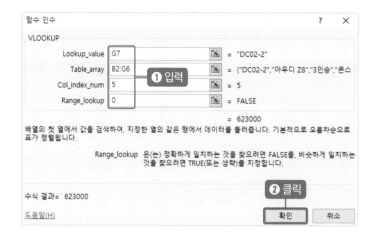

> ▶ 1차 함수 풀이
> **함수식 : =VLOOKUP(찾을 값,범위,열 번호,찾을 방법)**
> – G7 : 범위에서 찾고자 하는 '데이터(값)'를 지정합니다.
> – B2:G6 : 찾을 데이터(값)가 포함된 '전체 범위'를 지정합니다. 단, 범위를 지정할 때는 찾을 값이 들어있는 열([상품코드])이 전체 범위에서 첫 번째 열[B2]로 지정되어야 합니다.
> – 5 : 범위([B2:G6])에서 찾을값(상품코드)과 일치하는 '상품가격(단위:원)'을 추출하기 위해 열의 위치를 지정합니다.
> – 0 : 조건과 정확하게 일치하는 값을 찾기 위해 '0' 또는 'FALSE'를 입력합니다.

❸ VLOOKUP으로 구한 상품가격(단위:원)에 '판매수량'을 곱하기 위해 수식 입력줄 맨 끝을 클릭하여 *를 입력한 후 =VLOOKUP을 입력하고 Ctrl + A 를 누릅니다.

❹ 새로운 [함수 인수] 대화상자에서 각각의 입력 칸에 필요한 내용을 입력한 후 <확인>을 클릭합니다.

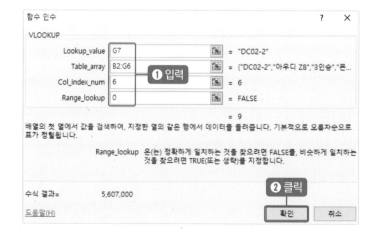

정보기술자격(ITQ) 실전모의고사

과　목	코　드	문제유형	시험시간	수험번호	성　명
한글엑셀	1122	A	60분		

수험자 유의사항

◎ 수험자는 문제지를 받는 즉시 문제지와 **수험표상의 시험과목(프로그램)이 동일한지 반드시 확인**하여야 합니다.

◎ 파일명은 본인의 "수험번호-성명"으로 입력하여 답안폴더(내 PC₩문서₩ITQ)에 하나의 파일로 저장해야 하며, 답안문서 파일명이 "수험번호-성명"과 일치하지 않거나, 답안파일을 전송하지 않아 미제출로 처리될 경우 실격 처리합니다 (예:12345678-홍길동.xlsx).

◎ 답안 작성을 마치면 파일을 저장하고, '답안 전송' 버튼을 선택하여 감독위원 PC로 답안을 전송하십시오. 수험생 정보와 저장한 파일명이 다를 경우 전송되지 않으므로 주의하시기 바랍니다.

◎ 답안 작성 중에도 **주기적으로 저장하고, '답안 전송'**하여야 문제 발생을 줄일 수 있습니다. 작업한 내용을 저장하지 않고 전송할 경우 이전에 저장된 내용이 전송되오니 이점 유의하시기 바랍니다.

◎ 답안문서는 지정된 경로 외의 다른 보조기억장치에 저장하는 경우, 지정된 시험 시간 외에 작성된 파일을 활용할 경우, 기타 통신수단(이메일, 메신저, 네트워크 등)을 이용하여 타인에게 전달 또는 외부 반출하는 경우는 부정 처리합니다.

◎ 시험 중 부주의 또는 고의로 시스템을 파손한 경우는 수험자가 변상해야 하며, <수험자 유의사항>에 기재된 방법대로 이행하지 않아 생기는 불이익은 수험생 당사자의 책임임을 알려 드립니다.

◎ 문제의 조건은 MS오피스 2016 버전으로 설정되어 있으니 유의하시기 바랍니다.

◎ 시험을 완료한 수험자는 답안파일이 전송되었는지 확인한 후 감독위원의 지시에 따라 문제지를 제출하고 퇴실합니다.

답안 작성요령

◎ 온라인 답안 작성 절차

　수험자 등록 ⇒ 시험 시작 ⇒ 답안파일 저장 ⇒ 답안 전송 ⇒ 시험 종료

◎ 문제는 총 4단계, 즉 제1작업부터 제4작업까지 구성되어 있으며 반드시 제1작업부터 순서대로 작성하고 조건대로 작업 하시오.

◎ 모든 작업시트의 A열은 열 너비 '1'로, 나머지 열은 적당하게 조절하시오.

◎ 모든 작업시트의 테두리는 《출력형태》와 같이 작업하시오.

◎ 해당 작업란에서는 각각 제시된 조건에 따라 《출력형태》와 같이 작업하시오.

◎ 답안 시트 이름은 "제1작업", "제2작업", "제3작업", "제4작업"이어야 하며 답안 시트 이외의 것은 감점 처리됩니다.

◎ 각 시트를 파일로 나누어 작업해서 저장할 경우 실격 처리됩니다.

▶ 2차 함수 풀이

함수식 : =VLOOKUP(찾을 값,범위,열 번호,찾을 방법)

- G7 : 범위에서 찾고자 하는 '데이터(값)'를 지정합니다.
- B2:G6 : 찾을 데이터(값)가 포함된 '전체 범위'를 지정합니다. 단, 범위를 지정할 때는 찾을 값이 들어있는 열([상품 코드])이 전체 범위에서 첫 번째 열[B2]로 지정되어야 합니다.
- 6 : 범위([B2:G6])에서 찾을 값(상품코드)과 일치하는 '판매수량'을 추출하기 위해 해당 열의 위치를 지정합니다.
- 0 : 조건과 정확하게 일치하는 값을 찾기 위해 '0' 또는 'FALSE'를 입력합니다.

❺ 정답 : =VLOOKUP(G7,B2:G6,5,0)*VLOOKUP(G7,B2:G6,6,0)

	B	C	D	E	F	G	H	I
1	상품코드	상품명	분류	제조사	상품가격(단위:원)	판매수량	사은품	판매순위
2	DC02-2	아우디 Z8	3인승	몬스터	623,000	9대	보조 리모컨	3
3	HG02-1	벤츠 Z3	1인승	붕붕카	420,000	8대	배터리 충전킷	4
4	HG01-2	그릭블루 L2	1인승	몬스터	357,000	7대	보조 리모컨	5
5	TC01-3	판도라 S9	2인승	몬스터	534,000	10대	쿨시트	2
6	TC04-3	트윈 L5	2인승	베베카	652,000	12대	쿨시트	1
7	분류가 1인승인 제품의 판매수량 합계		15대		상품코드	DC02-2	판매금액	5,607,000

10. 밴드를 통해 등록한 회원명(INDEX, MATCH)

밴드를 통해 등록한 회원명 ⇒ 등록경로가 밴드인 회원명을 구하시오(INDEX, MATCH 함수).

	B	C	D	E	F	G	H
1	회원코드	회원명	등록일	담당자	등록경로	등록비(단위:원)	등록횟수
2	H2834	김미지	2023-06-03	이하늘	카톡채널	80,000	3회
3	P2543	임상희	2023-09-14	김미래	밴드	140,000	2회
4	H1296	이희열	2023-10-05	이정혁	홈페이지	50,000	5회
5	Y4621	고현욱	2023-02-07	김미래	카톡채널	230,000	4회
6	Y3705	박성찬	2023-03-25	이하늘	카톡채널	160,000	3회
7	밴드를 통해 등록한 회원명			✕		총 등록비(단위:원)	

❶ [E7] 셀을 클릭하여 =INDEX를 입력한 후 Ctrl + A 를 누릅니다. [인수 선택] 대화상자에서 행과 열로 위치를 지정하는 첫 번째 인수를 선택한 후 <확인>을 클릭합니다.

☞ **"제1작업"** 시트를 이용하여 조건에 따라《출력형태》와 같이 작업하시오.

《조건》

(1) 차트 종류 ⇒ <묶은 세로 막대형>으로 작업하시오.

(2) 데이터 범위 ⇒ "제1작업" 시트의 내용을 이용하여 작업하시오.

(3) 위치 ⇒ "새 시트"로 이동하고, "제4작업"으로 시트 이름을 바꾸시오.

(4) 차트 디자인 도구 ⇒ 레이아웃 3, 스타일 1을 선택하여《출력형태》에 맞게 작업하시오.

(5) 영역 서식 ⇒ 차트 : 글꼴(굴림, 11pt), 채우기 효과(질감-파랑 박엽지)

　　　　　　　그림 : 채우기(흰색, 배경 1)

(6) 제목 서식 ⇒ 차트 제목 : 글꼴(굴림, 굵게, 20pt), 채우기(흰색, 배경 1), 테두리

(7) 서식 ⇒ 개설비용(단위:십만원) 계열의 차트 종류를 <표식이 있는 꺾은선형>으로 변경한 후 보조 축으로 지정하시오.

　　　　계열 :《출력형태》를 참조하여 표식(마름모, 크기 10)과 레이블 값을 표시하시오.

　　　　눈금선 : 선 스타일-파선

　　　　축 :《출력형태》를 참조하시오.

(8) 범례 ⇒ 범례명을 변경하고《출력형태》를 참조하시오.

(9) 도형 ⇒ '타원형 설명선'을 삽입한 후《출력형태》와 같이 내용을 입력하시오.

(10) 나머지 사항은《출력형태》에 맞게 작성하시오.

《출력형태》

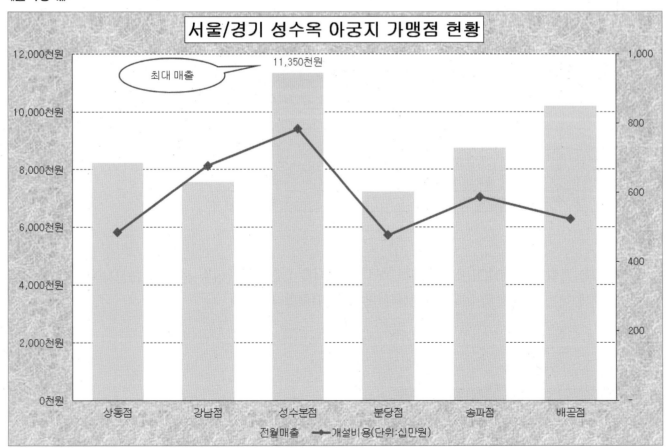

주의 ☞ 시트명 순서가 차례대로 "제1작업", "제2작업", "제3작업", "제4작업"이 되도록 할 것.

❷ [함수 인수] 대화상자에서 각각의 입력 칸에 필요한 내용을 입력한 후 함수를 중첩하기 위해 **수식 입력줄의** MATCH를 클릭합니다.

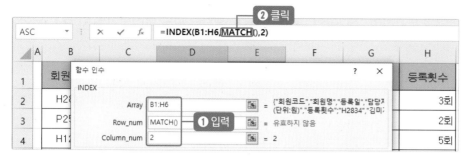

▶ **1차 함수 풀이**

함수식 : =INDEX(범위,행 번호,열 번호)

- B1:H6 : 찾고자 하는 데이터(값)가 들어 있는 범위를 지정합니다.
- MATCH() : 등록경로가 밴드인 회원명을 찾기 위해 범위를 기준으로 찾고자 하는 '행(밴드)'의 위치를 함수로 지정합니다.
- 2 : 등록경로가 밴드인 회원명을 찾기 위해 범위를 기준으로 찾고자 하는 '열(회원명)'의 위치를 지정합니다.

※ 중첩 함수를 사용해야 하기 때문에 <확인>을 누르지 않고 수식 입력줄의 'MATCH'를 클릭합니다.

❸ 새로운 [함수 인수] 대화상자에서 각각의 입력 칸에 필요한 내용을 입력한 후 <확인>을 클릭합니다.

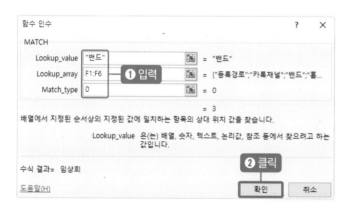

▶ **2차 함수 풀이**

함수식 : =MATCH(찾는값,범위,검색 옵션)

- "밴드" : 찾고자 하는 '값(밴드 또는 [F3])'을 지정합니다.
- F1:F6 : 찾을 값(밴드)이 포함된 '범위'를 지정합니다.
- 0 : 조건(밴드)과 정확하게 일치하는 값을 찾기 위해 '0' 또는 'FALSE'를 입력합니다.

❹ 정답 : =INDEX(B1:H6,MATCH("밴드",F1:F6,0),2)

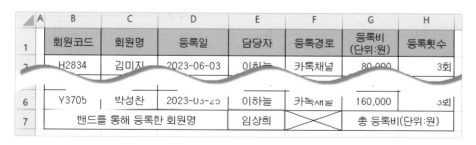

☞ **"제1작업"** 시트의 「B4:H12」 영역을 복사하여 **"제2작업"** 시트의 「B2」 셀부터 모두 붙여넣기를 한 후 다음의 조건과 같이 작업하시오.

《조건》

(1) 목표값 찾기 – 「B11:G11」 셀을 병합하여 "전월매출 전체 평균"을 입력한 후 「H11」 셀에 전월매출의 전체 평균을 구하시오(AVERAGE 함수, 테두리, 가운데 맞춤).
　　　　　　 – '전월매출 전체 평균'이 '9,100'이 되려면 상동점의 전월매출이 얼마가 되어야 하는지 목표값을 구하시오.

(2) 고급필터 – 지역이 '서울'이 아니면서 매장규모(제곱미터)가 '40' 이하인 자료의 매장명, 개점일, 개설비용(단위:십만원), 전월매출 데이터만 추출하시오.
　　　　　 – 조건 범위 : 「B14」 셀부터 입력하시오.
　　　　　 – 복사 위치 : 「B18」 셀부터 나타나도록 하시오.

☞ **"제1작업"** 시트의 「B4:H12」 영역을 복사하여 **"제3작업"** 시트의 「B2」 셀부터 모두 붙여넣기를 한 후 다음의 조건과 같이 작업하시오.

《조건》

(1) 부분합 –《출력형태》처럼 정렬하고, 매장명의 개수와 전월매출의 평균을 구하시오.
(2) 윤곽 – 지우시오.
(3) 나머지 사항은《출력형태》에 맞게 작성하시오.

《출력형태》

A	B	C	D	E	F	G	H
1							
2	관리번호	매장명	지역	매장규모(제곱미터)	개점일	개설비용(단위:십만원)	전월매출
3	CH-201	상동점	경기	30	2022-02-20	485	8,230천원
4	GH-202	분당점	경기	32	2020-12-20	477	7,237천원
5	CH-203	배곧점	경기	48	2021-09-10	523	10,205천원
6			경기 평균				8,557천원
7		3	경기 개수				
8	CH-101	강남점	서울	45	2021-07-10	678	7,557천원
9	GH-102	성수본점	서울	50	2020-03-10	783	11,350천원
10	CH-103	송파점	서울	28	2023-02-20	588	8,755천원
11			서울 평균				9,221천원
12		3	서울 개수				
13	GH-301	흥덕점	청주	29	2021-07-10	398	9,336천원
14	CH-302	서원점	청주	43	2020-05-20	403	9,450천원
15			청주 평균				9,393천원
16		2	청주 개수				
17			전체 평균				9,015천원
18		8	전체 개수				

04 함수를 이용하여 값 계산하기

☞ (1)~(6) 셀은 반드시 주어진 함수를 이용하여 값을 구하시오(결과값을 직접 입력하면 해당 셀은 0점 처리됨).

1. 순위 구하기(IF, RANK.EQ 함수)

⑴ 순위 ⇒ 상반기 판매량의 내림차순 순위를 1~3까지 구하고, 그 외에는 공백으로 표시하시오(IF, RANK.EQ 함수).

❶ 04차시(문제).xlsx 파일을 실행한 후 [제1작업] 시트를 선택합니다. 상반기 판매량에 대한 순위를 구하기 위해 [I5] 셀을 클릭합니다.

❷ 선택된 셀에 =IF(RANK.EQ(G5,$G$5:$G$12)<=3,RANK.EQ(G5,$G$5:$G$12),"")를 입력합니다.

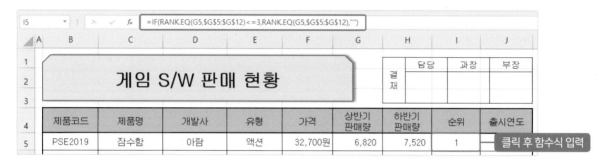

❸ 함수 결과가 구해지면 [I5] 셀의 채우기 핸들(➕)을 [I12] 셀까지 드래그합니다.

제품코드	제품명	개발사	유형	가격	상반기 판매량	하반기 판매량	순위	출시연도
PSE2019	잠수함	아람	액션	32,700원	6,820	7,520	1	
SCA2020	좀비5	지성소프트	액션	28,400원	4,852	5,180	3	
SAV2017	제로2	지성소프트	어드벤처	32,700원	4,501	3,870		
SCC2021	골프	아람	스포츠	30,500원	4,782	4,820		
KAV2018	풋볼	지성소프트	스포츠	34,900원	4,890	7,510	2	
SCE2018	릴리 스토리	소리아	액션	32,600원	2,570	2,500		
PSA2021	다나의 눈	소리아	어드벤처	28,400원	3,570	3,790		
SAB2019	아소의 나라	소리아	어드벤처	28,400원	2,780	2,450		
소리아 제품의 평균 가격						아람 제품의 총 상반기 판매량		

 함수 마법사(𝑓𝑥)

❶ 셀에 함수식을 바로 입력하기가 어려운 수험생은 '함수 마법사'를 이용하여 값을 계산합니다.

❷ 함수 마법사 사용 방법이 익숙하지 않은 수험생은 P61 '08. 자주 사용하는 중첩 함수' 부분을 다시 학습하시기 바랍니다.

☞ 다음은 **'성수옥 아궁지 가맹점 현황'**에 대한 자료이다. 자료를 입력하고 조건에 맞도록 작업하시오.

《출력형태》

A	B	C	D	E	F	G	H	I	J
							결재	담당	본부장	대표
		성수옥 아궁지 가맹점 현황								
	관리번호	매장명	지역	매장규모 (제곱미터)	개점일	개설비용 (단위:십만원)	전월매출	매장유형	개점연도
	CH-201	상동점	경기	30	2022-02-20	485	8,230	(1)	(2)
	CH-101	강남점	서울	45	2021-07-10	678	7,557	(1)	(2)
	GH-102	성수본점	서울	50	2020-03-10	783	11,350	(1)	(2)
	GH-202	분당점	경기	32	2020-12-20	477	7,237	(1)	(2)
	GH-301	흥덕점	청주	29	2021-07-10	398	9,336	(1)	(2)
	CH-103	송파점	서울	28	2023-02-20	588	8,755	(1)	(2)
	CH-203	배곧점	경기	48	2021-09-10	523	10,205	(1)	(2)
	CH-302	서원점	청주	43	2020-05-20	403	9,450	(1)	(2)
	서울 매장규모(제곱미터) 평균			(3)			최대 전월매출		(5)
	경기 전월매출 합계			(4)		매장명	상동점	전월매출	(6)

《조건》

○ 모든 데이터의 서식에는 글꼴(굴림, 11pt), 정렬은 숫자 및 회계 서식은 오른쪽 정렬, 나머지 서식은 가운데 정렬로 작성하며 예외적인 것은 《출력형태》를 참조하시오.

○ 제 목 ⇒ 도형(사다리꼴)과 그림자(오프셋 위쪽)를 이용하여 작성하고 "성수옥 아궁지 가맹점 현황"을 입력한 후 다음 서식을 적용하시오
　　　　　(글꼴-굴림, 24pt, 검정, 굵게, 채우기-노랑).

○ 임의의 셀에 결재란을 작성하여 그림으로 복사 기능을 이용하여 붙이기 하시오(단, 원본 삭제).

○ 「B4:J4, G14, I14」 영역은 '주황'으로 채우기 하시오.

○ 유효성 검사를 이용하여 「H14」 셀에 매장명(「C5:C12」 영역)이 선택 표시되도록 하시오.

○ 셀 서식 ⇒ 「H5:H12」 영역에 셀 서식을 이용하여 숫자 뒤에 '천원'을 표시하시오(예 : 8,230천원).

○ 「D5:D12」 영역에 대해 '지역'으로 이름정의를 하시오.

☞ (1)~(6) 셀은 반드시 **주어진 함수를 이용**하여 값을 구하시오(결과값을 직접 입력하면 해당 셀은 0점 처리됨).

(1) 매장유형 ⇒ 관리번호의 첫 번째 글자가 G이면 '직영점', 그 외에는 '가맹점'으로 구하시오(IF, LEFT 함수).

(2) 개점연도 ⇒ 개점일의 연도를 구한 결과에 '년'을 붙이시오(YEAR 함수, & 연산자)(예 : 2020년).

(3) 서울 매장규모(제곱미터) 평균 ⇒ 정의된 이름(지역)을 이용하여 구하시오(SUMIF, COUNTIF 함수).

(4) 경기 전월매출 합계 ⇒ 지역이 경기인 매장의 전월매출 합계를 구하시오. 단, 조건은 입력데이터를 이용하시오(DSUM 함수).

(5) 최대 전월매출 ⇒ (MAX 함수)

(6) 전월매출 ⇒ 「H14」 셀에서 선택한 매장명에 대한 전월매출을 구하시오(VLOOKUP 함수).

(7) 조건부 서식의 수식을 이용하여 지역이 '서울'인 행 전체에 다음의 서식을 적용하시오(글꼴 : 빨강, 굵게).

2. 출시연도 구하기(RIGHT 함수, & 연산자)

(2) 출시연도 ⇒ 제품코드의 마지막 네 글자를 추출하여 '년'을 붙이시오(RIGHT 함수, & 연산자)(예 : 2019년).

❶ 제품코드를 이용하여 출시연도를 구하기 위해 [J5] 셀을 클릭합니다.

❷ 선택된 셀에 =RIGHT(B5,4)&"년"을 입력합니다.

제품코드	제품명	개발사	유형	가격	상반기 판매량	하반기 판매량	순위	출시연도
PSE2019	잠수함	아람	액션	32,700원	6,820	7,520	1	2019년
SCA2020	좀비5	지성소프트	액션	28,400원	4,852	5,180	3	

❸ 함수 결과가 구해지면 [J5] 셀의 채우기 핸들(✚)을 [J12] 셀까지 드래그합니다.

제품코드	제품명	개발사	유형	가격	상반기 판매량	하반기 판매량	순위	출시연도
PSE2019	잠수함	아람	액션	32,700원	6,820	7,520	1	2019년
SCA2020	좀비5	지성소프트	액션	28,400원	4,852	5,180	3	2020년
SAV2017	제로2	지성소프트	어드벤처	32,700원	4,501	3,870		2017년
SCC2021	골프	아람	스포츠	30,500원	4,782	4,820		2021년
KAV2018	풋볼	지성소프트	스포츠	34,900원	4,890	7,510	2	2018년
SCE2018	릴리 스토리	소리아	액션	32,600원	2,570	2,500		2018년
PSA2021	다나의 눈	소리아	어드벤처	28,400원	3,570	3,790		2021년
SAB2019	아소의 나라	소리아	어드벤처	28,400원	2,780	2,450		2019년
소리아 제품의 평균 가격					아람 제품의 총 상반기 판매량			
최대 하반기 판매량					제품명	잠수함	가격	

3. 소리아 제품의 평균 가격 구하기(SUMIF, COUNTIF 함수)

(3) 소리아 제품의 평균 가격 ⇒ (SUMIF, COUNTIF 함수)

❶ 개발사가 소리아인 제품의 평균 가격을 구하기 위해 [E13] 셀을 클릭합니다.

❷ 선택된 셀에 =SUMIF(D5:D12,"소리아",F5:F12)/COUNTIF(D5:D12,"소리아")를 입력합니다.

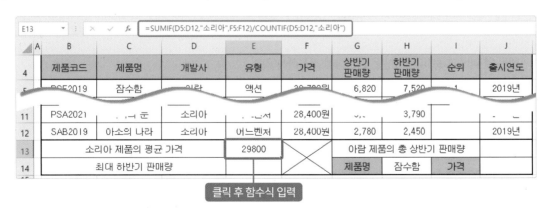

정보기술자격(ITQ) 실전모의고사

과 목	코 드	문제유형	시험시간	수험번호	성 명
한글엑셀	1122	A	60분		

수험자 유의사항

◎ 수험자는 문제지를 받는 즉시 문제지와 **수험표상의 시험과목(프로그램)이 동일한지 반드시 확인**하여야 합니다.

◎ 파일명은 본인의 "수험번호-성명"으로 입력하여 답안폴더(내 PC₩문서₩ITQ)에 하나의 파일로 저장해야 하며, 답안문서 파일명이 "수험번호-성명"과 일치하지 않거나, 답안파일을 전송하지 않아 미제출로 처리될 경우 실격 처리합니다 (예:12345678-홍길동.xlsx).

◎ 답안 작성을 마치면 파일을 저장하고, '답안 전송' 버튼을 선택하여 감독위원 PC로 답안을 전송하십시오. 수험생 정보와 저장한 파일명이 다를 경우 전송되지 않으므로 주의하시기 바랍니다.

◎ 답안 작성 중에도 **주기적으로 저장하고, '답안 전송'**하여야 문제 발생을 줄일 수 있습니다. 작업한 내용을 저장하지 않고 전송할 경우 이전에 저장된 내용이 전송되오니 이점 유의하시기 바랍니다.

◎ 답안문서는 지정된 경로 외의 다른 보조기억장치에 저장하는 경우, 지정된 시험 시간 외에 작성된 파일을 활용할 경우, 기타 통신수단(이메일, 메신저, 네트워크 등)을 이용하여 타인에게 전달 또는 외부 반출하는 경우는 부정 처리합니다.

◎ 시험 중 부주의 또는 고의로 시스템을 파손한 경우는 수험자가 변상해야 하며, <수험자 유의사항>에 기재된 방법대로 이행하지 않아 생기는 불이익은 수험생 당사자의 책임임을 알려 드립니다.

◎ 문제의 조건은 MS오피스 2016 버전으로 설정되어 있으니 유의하시기 바랍니다.

◎ 시험을 완료한 수험자는 답안파일이 전송되었는지 확인한 후 감독위원의 지시에 따라 문제지를 제출하고 퇴실합니다.

답안 작성요령

◎ 온라인 답안 작성 절차

　　수험자 등록 ⇒ 시험 시작 ⇒ 답안파일 저장 ⇒ 답안 전송 ⇒ 시험 종료

◎ 문제는 총 4단계, 즉 제1작업부터 제4작업까지 구성되어 있으며 반드시 제1작업부터 순서대로 작성하고 조건대로 작업하시오.

◎ 모든 작업시트의 A열은 열 너비 '1'로, 나머지 열은 적당하게 조절하시오.

◎ 모든 작업시트의 테두리는 《출력형태》와 같이 작업하시오.

◎ 해당 작업란에서는 각각 제시된 조건에 따라 《출력형태》와 같이 작업하시오.

◎ 답안 시트 이름은 "제1작업", "제2작업", "제3작업", "제4작업"이어야 하며 답안 시트 이외의 것은 감점 처리됩니다.

◎ 각 시트를 파일로 나누어 작업해서 저장할 경우 실격 처리됩니다.

4. 최대 하반기 판매량 구하기(MAX 함수)

(4) 최대 하반기 판매량 ⇒ 정의된 이름(하반기판매량)을 이용하여 구하시오(MAX 함수).

❶ 하반기 판매량 중 최대값을 구하기 위해 [E14] 셀을 클릭합니다.

❷ 선택된 셀에 =MAX(하반기판매량)을 입력합니다.

5. 아람 제품의 총 상반기 판매량 구하기(DSUM 함수)

(5) 아람 제품의 총 상반기 판매량 ⇒ 조건은 입력데이터를 이용하시오(DSUM 함수).

❶ 개발사가 아람인 제품의 상반기 판매량 총합계를 구하기 위해 [J13] 셀을 클릭합니다.

❷ 선택된 셀에 =DSUM(B4:H12,6,D4:D5)를 입력합니다.

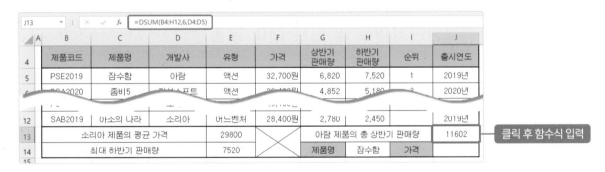

6. 제품명에 대한 가격 구하기(VLOOKUP 함수)

(6) 가격 ⇒ 「H14」 셀에서 선택한 제품명에 대한 가격을 표시하시오(VLOOKUP 함수).

❶ 「H14」 셀에서 선택한 제품명에 대한 가격을 표시하기 위해 [J14] 셀을 클릭합니다.

❷ 선택된 셀에 =VLOOKUP(H14,C5:H12,4,0)을 입력합니다.

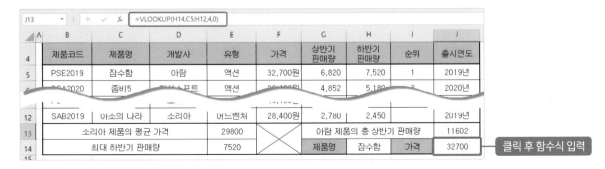

☞ **"제1작업"** 시트를 이용하여 조건에 따라《출력형태》와 같이 작업하시오.

《조건》

(1) 차트 종류 ⇒ <묶은 세로 막대형>으로 작업하시오.

(2) 데이터 범위 ⇒ "제1작업" 시트의 내용을 이용하여 작업하시오.

(3) 위치 ⇒ "새 시트"로 이동하고, "제4작업"으로 시트 이름을 바꾸시오.

(4) 차트 디자인 도구 ⇒ 레이아웃 3, 스타일 1을 선택하여《출력형태》에 맞게 작업하시오.

(5) 영역 서식 ⇒ 차트 : 글꼴(굴림, 11pt), 채우기 효과(질감-분홍 박엽지)

   그림 : 채우기(흰색, 배경 1)

(6) 제목 서식 ⇒ 차트 제목 : 글꼴(굴림, 굵게, 20pt), 채우기(흰색, 배경 1), 테두리

(7) 서식 ⇒ 대여가격(단위:원) 계열의 차트 종류를 <표식이 있는 꺾은선형>으로 변경한 후 보조 축으로 지정하시오.

   계열 :《출력형태》를 참조하여 표식(세모, 크기 10)과 레이블 값을 표시하시오.

   눈금선 : 선 스타일-파선

   축 :《출력형태》를 참조하시오.

(8) 범례 ⇒ 범례명을 변경하고《출력형태》를 참조하시오.

(9) 도형 ⇒ '모서리가 둥근 사각형 설명선'을 삽입한 후《출력형태》와 같이 내용을 입력하시오.

(10) 나머지 사항은《출력형태》에 맞게 작성하시오.

《출력형태》

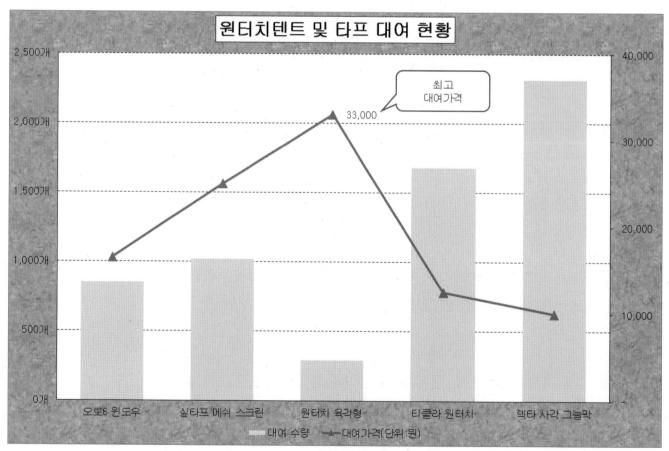

주의 ☞ 시트명 순서가 차례대로 "제1작업", "제2작업", "제3작업", "제4작업"이 되도록 할 것.

05 조건부 서식

(7) 조건부 서식의 수식을 이용하여 가격이 '30,000' 이하인 행 전체에 다음의 서식을 적용하시오(글꼴 : 파랑, 굵게).

❶ 조건부 서식을 지정하기 위해 **[B5:J12] 영역을 드래그**한 후 **[홈] 탭-[스타일] 그룹**에서 **[조건부 서식()]-새 규칙**을 클릭합니다.

➕ 조건부 서식에서 범위를 지정할 때 4행(필드명)이 포함되지 않도록 주의합니다.

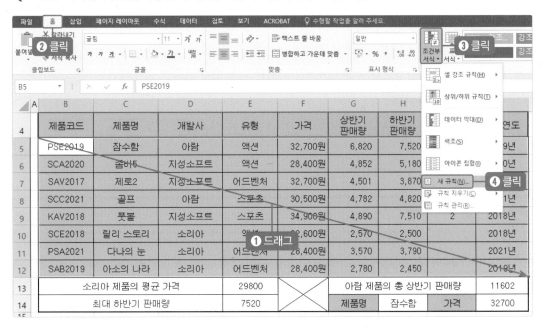

❷ 수식을 이용하여 조건부 서식을 지정하기 위해 [새 서식 규칙] 대화상자에서 **▶수식을 사용하여 서식을 지정할 셀 결정**을 선택하고, 입력 칸에 **=$F5=<30000**을 입력한 후 **<서식>**을 클릭합니다.

➕ 조건부 서식에서 수식을 입력할 때 기준이 되는 열(가격)은 고정하고 행만 변경되도록 하기 위해 [F5] 셀을 클릭한 후 F4를 2번 눌러 열 고정 혼합 참조($F5)로 변경합니다.

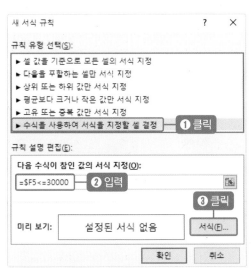

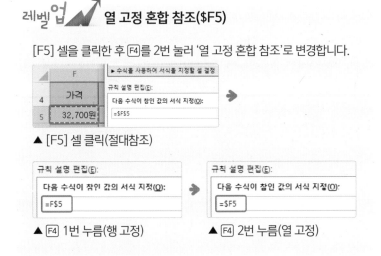

☞ **"제1작업"** 시트의 「B4:H12」 영역을 복사하여 **"제2작업"** 시트의 「B2」 셀부터 모두 붙여넣기를 한 후 다음의 조건과 같이 작업하시오.

《조건》

(1) 고급 필터 – 분류가 '테이블'이거나 대여 수량이 '1500' 이상인 자료의 제품명, 제조사, 판매가격(단위:원), 대여 수량 데이터만 추출하시오.
　　　　　 – 조건 범위 : 「B14」 셀부터 입력하시오.
　　　　　 – 복사 위치 : 「B18」 셀부터 나타나도록 하시오.

(2) 표 서식 – 고급필터의 결과셀을 채우기 없음으로 설정한 후 '표 스타일 보통 7'의 서식을 적용하시오.
　　　　　 – 머리글 행, 줄무늬 행을 적용하시오.

☞ **"제1작업"** 시트를 이용하여 **"제3작업"** 시트에 조건에 따라 《출력형태》와 같이 작업하시오.

《조건》

(1) 대여 수량 및 분류별 제품명의 개수와 대여가격(단위:원)의 최대값을 구하시오.
(2) 대여 수량을 그룹화하고, 분류를 《출력형태》와 같이 정렬하시오.
(3) 레이블이 있는 셀 병합 및 가운데 맞춤 적용 및 빈 셀은 '***'로 표시하시오.
(4) 행의 총합계는 지우고, 나머지 사항은 《출력형태》에 맞게 작성하시오.

《출력형태》

	분류 ▾						
		테이블			원터치텐트		타프
대여 수량 ▾	개수 : 제품명	최대값 : 대여가격(단위:원)	개수 : 제품명	최대값 : 대여가격(단위:원)	개수 : 제품명	최대값 : 대여가격(단위:원)
1-600	1	36,000	1	33,000	***	***
601-1200	***	***	1	16,500	1	25,000
1201-1800	1	21,000	1	12,500	***	***
1801-2400	1	14,500	***	***	1	10,000
총합계	3	36,000	3	33,000	2	25,000

❸ [셀 서식] 대화상자에서 [글꼴] 탭을 클릭하여 **글꼴 스타일(굵게)**과 **색(파랑)**을 지정한 후 <확인>을 클릭합니다.

❹ [새 서식 규칙] 대화상자의 **미리 보기**에서 서식을 확인한 후 <확인>을 클릭합니다.

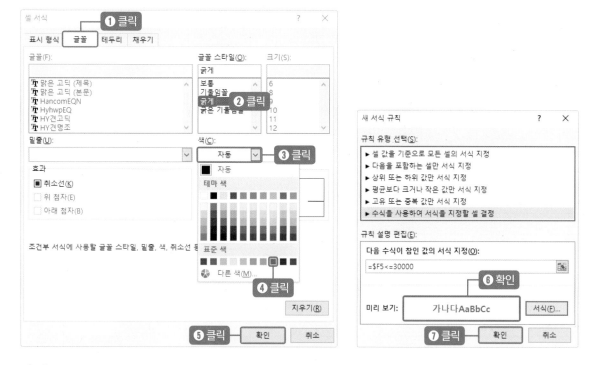

시험꿀팁

서식 지정에서 글꼴 스타일은 '굵게'와 '굵은 기울임꼴', 색은 '파랑'이 자주 출제됩니다.

❺ 가격이 '30,000' 이하인 행 전체에 조건부 서식(파랑, 굵게)이 적용된 것을 확인한 후 Ctrl + S 를 눌러 파일을 저장합니다.

➕ 왼쪽 상단의 [빠른 실행 도구 모음]에서 '저장' 아이콘(💾)을 클릭하여 저장할 수도 있습니다.

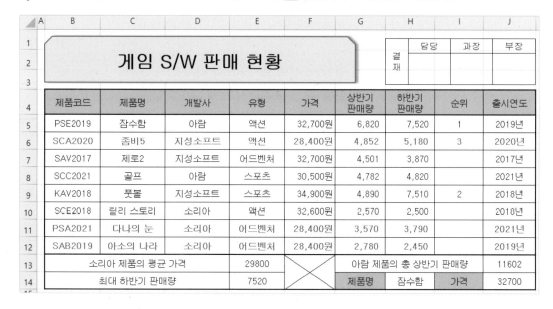

☞ 다음은 '캠핑아 놀자! 닷컴 대여 현황'에 대한 자료이다. 자료를 입력하고 조건에 맞도록 작업하시오.

《출력형태》

대여코드	제품명	제조사	분류	판매가격 (단위:원)	대여 수량	대여가격 (단위:원)	배송지	대여 순위
							담당	팀장	본부장
M-215	오토6 윈도우	패스트캠프	원터치텐트	108,900	850	16,500	(1)	(2)
T-127	우드무늬 롤	다니고	테이블	49,000	346	36,000	(1)	(2)
D-214	실타프 메쉬 스크린	힐맨	타프	75,500	1,020	25,000	(1)	(2)
J-321	팀버리지 롤링	코스트코	테이블	63,900	1,342	21,000	(1)	(2)
P-346	원터치 육각형	로티캠프	원터치텐트	99,900	289	33,000	(1)	(2)
C-121	접이식 오토캠핑	쿨맨	테이블	43,540	1,821	14,500	(1)	(2)
P-145	티클라 원터치	빈슨메시프	원터치텐트	38,900	1,678	12,500	(1)	(2)
D-362	렉타 사각 그늘막	유니앤유	타프	30,540	2,312	10,000	(1)	(2)
원터치텐트 제품의 대여 수량 합계			(3)		최다 대여 수량			(5)
타프 제품의 대여가격(단위:원) 평균			(4)		제품명	오토6 윈도우	대여가격 (단위:원)	(6)

결재 / 담당 / 팀장 / 본부장

《조건》

○ 모든 데이터의 서식에는 글꼴(굴림, 11pt), 정렬은 숫자 및 회계 서식은 오른쪽 정렬, 나머지 서식은 가운데 정렬로 작성 하며 예외적인 것은 《출력형태》를 참조하시오.

○ 제 목 ⇒ 도형(빗면)과 그림자(오프셋 대각선 오른쪽 위)를 이용하여 작성하고 "캠핑아 놀자! 닷컴 대여 현황"을 입력한 후 다음 서식을 적용하시오

(글꼴-굴림, 24pt, 검정, 굵게, 채우기-노랑).

○ 임의의 셀에 결재란을 작성하여 그림으로 복사 기능을 이용하여 붙이기 하시오(단, 원본 삭제).

○ 「B4:J4, G14, I14」 영역은 '주황'으로 채우기 하시오.

○ 유효성 검사를 이용하여 「H14」 셀에 제품명(「C5:C12」 영역)이 선택 표시되도록 하시오.

○ 셀 서식 ⇒ 「G5:G12」 영역에 셀 서식을 이용하여 숫자 뒤에 '개'를 표시하시오(예 : 1,020개).

○ 「H5:H12」 영역에 대해 '대여가격'으로 이름정의를 하시오.

☞ (1)~(6) 셀은 반드시 **주어진 함수를 이용**하여 값을 구하시오(결과값을 직접 입력하면 해당 셀은 0점 처리됨).

(1) 배송지 ⇒ 대여코드 세 번째 글자가 1이면 '서울', 2이면 '인천', 3이면 '부산'으로 표시하시오(CHOOSE, MID 함수).

(2) 대여 순위 ⇒ 대여 수량의 내림차순 순위를 구한 후 결과값에 '위'를 붙이시오(RANK.EQ 함수, & 연산자)(예 : 1위).

(3) 원터치텐트 제품의 대여 수량 합계 ⇒ 조건은 입력데이터를 이용하시오(DSUM 함수).

(4) 타프 제품의 대여가격(단위:원) 평균 ⇒ 정의된 이름(대여가격)을 이용하여 구하시오(SUMIF, COUNTIF 함수).

(5) 최다 대여 수량 ⇒ (LARGE 함수)

(6) 대여가격(단위:원) ⇒ 「H14」 셀에서 선택한 제품명에 대한 대여가격(단위:원)을 구하시오(VLOOKUP 함수).

(7) 조건부 서식의 수식을 이용하여 대여가격(단위:원)이 '15,000' 이하인 행 전체에 다음의 서식을 적용하시오

(글꼴 : 파랑, 굵은 기울임꼴).

《출력형태》

결재	담당	대리	팀장

관심 상품 TOP8 현황

상품코드	상품명	제조사	분류	가격	점수 (5점 만점)	조회수	순위	상품평 차트
EA4-475	베이킹소다	JWP	생활용품	4,640원	4.6	23,869	(1)	(2)
SF4-143	모이스쳐페이셜크림	ANS	뷰티	19,900원	4.5	10,967	(1)	(2)
QA4-548	샘물 12개	MB	식품	6,390원	4.5	174,320	(1)	(2)
PF4-525	멸균흰우유 10개	MB	식품	17,800원	4.2	18,222	(1)	(2)
KE4-124	퍼펙트클렌징폼	ANS	뷰티	7,150원	4.5	14,825	(1)	(2)
DA7-125	섬유유연제	JWP	생활용품	14,490원	4.2	52,800	(1)	(2)
PF4-122	즉석밥 세트	ANS	식품	17,650원	5.0	30,763	(1)	(2)
WF1-241	롤화장지	JWP	생활용품	8,560원	4.0	12,870	(1)	(2)
최저 가격			(3)			생활용품 조회수 합계		(5)
뷰티 상품 개수			(4)			상품코드	EA4-475	점수 (5점 만점)	(6)

《조건》

☞ (1)~(6) 셀은 반드시 주어진 함수를 이용하여 값을 구하시오(결과값을 직접 입력하면 해당 셀은 0점 처리됨).

(1) 순위 ⇒ 가격의 내림차순 순위를 1~3까지만 구하고 그 외에는 공백으로 표현하시오(IF, RANK.EQ 함수).

(2) 상품평 차트 ⇒ 점수(5점 만점)를 반올림하여 정수로 구한 값의 수만큼 '★'을 표시하시오
(REPT, ROUND 함수)(예 : 4.5 → ★★★★★).

(3) 최저 가격 ⇒ (MIN 함수)

(4) 뷰티 상품 개수 ⇒ 정의된 이름(분류)을 이용하여 구한 결과값에 '개'를 붙이시오
(COUNTIF 함수, & 연산자)(예 : 1개).

(5) 생활용품 조회수 합계 ⇒ 조건은 입력데이터를 이용하시오(DSUM 함수).

(6) 점수(5점 만점) ⇒ 「H14」 셀에서 선택한 상품코드에 대한 점수(5점 만점)를 구하시오(VLOOKUP 함수).

(7) 조건부 서식의 수식을 이용하여 가격이 '8,000' 이하인 행 전체에 다음의 서식을 적용하시오(글꼴 : 파랑, 굵게).

정보기술자격(ITQ) 실전모의고사

과 목	코 드	문제유형	시험시간	수험번호	성 명
한글엑셀	1122	A	60분		

수험자 유의사항

◎ 수험자는 문제지를 받는 즉시 문제지와 **수험표상의 시험과목(프로그램)이 동일한지 반드시 확인**하여야 합니다.

◎ 파일명은 본인의 "수험번호-성명"으로 입력하여 답안폴더(내 PC\문서\ITQ)에 하나의 파일로 저장해야 하며, 답안문서 파일명이 "수험번호-성명"과 일치하지 않거나, 답안파일을 전송하지 않아 미제출로 처리될 경우 실격 처리합니다 (예:12345678-홍길동.xlsx).

◎ 답안 작성을 마치면 파일을 저장하고, '답안 전송' 버튼을 선택하여 감독위원 PC로 답안을 전송하십시오. 수험생 정보와 저장한 파일명이 다를 경우 전송되지 않으므로 주의하시기 바랍니다.

◎ 답안 작성 중에도 **주기적으로 저장하고, '답안 전송'**하여야 문제 발생을 줄일 수 있습니다. 작업한 내용을 저장하지 않고 전송할 경우 이전에 저장된 내용이 전송되오니 이점 유의하시기 바랍니다.

◎ 답안문서는 지정된 경로 외의 다른 보조기억장치에 저장하는 경우, 지정된 시험 시간 외에 작성된 파일을 활용할 경우, 기타 통신수단(이메일, 메신저, 네트워크 등)을 이용하여 타인에게 전달 또는 외부 반출하는 경우는 부정 처리합니다.

◎ 시험 중 부주의 또는 고의로 시스템을 파손한 경우는 수험자가 변상해야 하며, <수험자 유의사항>에 기재된 방법대로 이행하지 않아 생기는 불이익은 수험생 당사자의 책임임을 알려 드립니다.

◎ 문제의 조건은 MS오피스 2016 버전으로 설정되어 있으니 유의하시기 바랍니다.

◎ 시험을 완료한 수험자는 답안파일이 전송되었는지 확인한 후 감독위원의 지시에 따라 문제지를 제출하고 퇴실합니다.

답안 작성요령

◎ 온라인 답안 작성 절차

   수험자 등록 ⇒ 시험 시작 ⇒ 답안파일 저장 ⇒ 답안 전송 ⇒ 시험 종료

◎ 문제는 총 4단계, 즉 제1작업부터 제4작업까지 구성되어 있으며 반드시 제1작업부터 순서대로 작성하고 조건대로 작업 하시오.

◎ 모든 작업시트의 A열은 열 너비 '1'로, 나머지 열은 적당하게 조절하시오.

◎ 모든 작업시트의 테두리는 《출력형태》와 같이 작업하시오.

◎ 해당 작업란에서는 각각 제시된 조건에 따라 《출력형태》와 같이 작업하시오.

◎ 답안 시트 이름은 "제1작업", "제2작업", "제3작업", "제4작업"이어야 하며 답안 시트 이외의 것은 감점 처리됩니다.

◎ 각 시트를 파일로 나누어 작업해서 저장할 경우 실격 처리됩니다.

kpc 한국생산성본부

2 다음은 'ICT 기반 스마트 팜 현황'에 대한 자료이다. 자료를 입력하고 조건에 맞도록 작업하시오.

소스파일: 04차시-2(문제).xlsx
완성파일: 04차시-2(완성).xlsx

《출력형태》

관리코드	품목명	ICT 제어수준	시공업체	운영기간 (년)	시공비 (단위:천원)	농가면적	순위	도입연도
SW4-118	수박	관수제어	JUM	4.1	1,580	6,800평	(1)	(2)
PZ3-124	감귤	관수제어	GRN	1.7	3,250	12,500평	(1)	(2)
HG7-521	포도	관수/병해충제어	GRN	1.5	3,150	11,500평	(1)	(2)
LM6-119	망고	병해충제어	JUM	3.1	1,600	7,550평	(1)	(2)
KB8-518	딸기	관수/병해충제어	SEON	4.2	1,850	8,250평	(1)	(2)
PA5-918	사과	관수제어	GRN	4.2	1,550	5,250평	(1)	(2)
PE2-422	복숭아	병해충제어	JUM	2.5	1,200	3,200평	(1)	(2)
LS6-719	배	관수/병해충제어	SEON	3.2	2,000	8,500평	(1)	(2)
관수제어 시공비(단위:천원)의 합계			(3)		최대 농가면적			(5)
병해충제어 농가면적 평균			(4)		관리코드	SW4-118	시공비 (단위:천원)	(6)

《ICT 기반 스마트 팜 현황》 (제목 영역), 결재 / 담당 / 팀장 / 센터장

《조건》

☞ (1)~(6) 셀은 반드시 주어진 함수를 이용하여 값을 구하시오(결과값을 직접 입력하면 해당 셀은 0점 처리됨).

(1) 순위 ⇒ 시공비(단위:천원)의 내림차순 순위를 1~3까지만 구하고 그 외에는 공백으로 표현하시오 (IF, RANK.EQ 함수).

(2) 도입연도 ⇒ 「관리코드의 마지막 두 글자+2000」으로 구한 후 결과값에 '년'을 붙이시오 (RIGHT 함수, & 연산자)(예 : 2022년).

(3) 관수제어 시공비(단위:천원)의 합계 ⇒ 조건은 입력데이터를 이용하시오(DSUM 함수).

(4) 병해충제어 농가면적 평균 ⇒ 정의된 이름(농가면적)을 이용하여 구하시오(SUMIF, COUNTIF 함수).

(5) 최대 농가면적 ⇒ (LARGE 함수)

(6) 시공비(단위:천원) ⇒ 「H14」 셀에서 선택한 관리코드에 대한 시공비(단위:천원)를 구하시오(VLOOKUP 함수).

(7) 조건부 서식의 수식을 이용하여 시공비(단위:천원)가 '3,000' 이상인 행 전체에 다음의 서식을 적용하시오 (글꼴 : 파랑, 굵게).

☞ "**제1작업**" 시트를 이용하여 조건에 따라 《출력형태》와 같이 작업하시오.

《조건》

(1) 차트 종류 ⇒ <묶은 세로 막대형>으로 작업하시오.

(2) 데이터 범위 ⇒ "제1작업" 시트의 내용을 이용하여 작업하시오.

(3) 위치 ⇒ "새 시트"로 이동하고, "제4작업"으로 시트 이름을 바꾸시오.

(4) 차트 디자인 도구 ⇒ 레이아웃 3, 스타일 1을 선택하여 《출력형태》에 맞게 작업하시오.

(5) 영역 서식 ⇒ 차트 : 글꼴(굴림, 11pt), 채우기 효과(질감-꽃다발)
　　　　　　　　　그림 : 채우기(흰색, 배경 1)

(6) 제목 서식 ⇒ 차트 제목 : 글꼴(굴림, 굵게, 20pt), 채우기(흰색, 배경 1), 테두리

(7) 서식 ⇒ 임대 계약기간 계열의 차트 종류를 <표식이 있는 꺾은선형>으로 변경한 후 보조 축으로 지정하시오.
　　　　계열 : 《출력형태》를 참조하여 표식(마름모, 크기 10)과 레이블 값을 표시하시오.
　　　　눈금선 : 선 스타일-파선
　　　　축 : 《출력형태》를 참조하시오.

(8) 범례 ⇒ 범례명을 변경하고 《출력형태》를 참조하시오.

(9) 도형 ⇒ '모서리가 둥근 사각형 설명선'을 삽입한 후 《출력형태》와 같이 내용을 입력하시오.

(10) 나머지 사항은 《출력형태》에 맞게 작성하시오.

《출력형태》

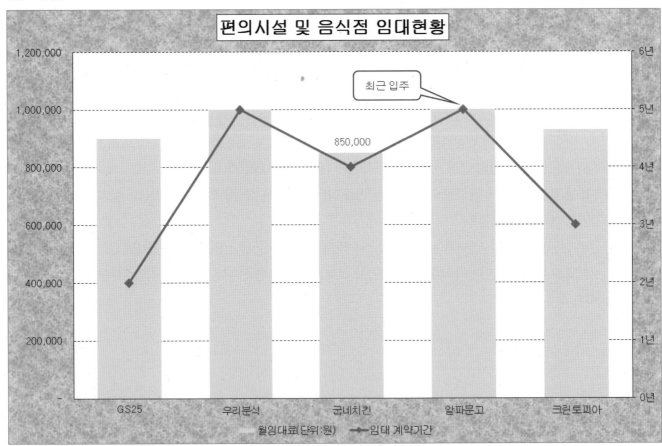

주의 ☞ 시트명 순서가 차례대로 "제1작업", "제2작업", "제3작업", "제4작업"이 되도록 할 것.

3 다음은 '푸른길 작은 도서관 대출 현황'에 대한 자료이다. 자료를 입력하고 조건에 맞도록 작업하시오.

소스파일: 04차시-3(문제).xlsx
완성파일: 04차시-3(완성).xlsx

《출력형태》

	관리코드	대출도서	대출자	학교명	대출일	누적 대출권수	도서 포인트	출판사	포인트 순위
				결재	담당	대리	부장		
	3127-P	바다 목욕탕	전수민	월계초등학교	2022-05-03	1,024권	224	(1)	(2)
	3861-K	땅콩 동그라미	박지현	산월초등학교	2022-05-08	954권	194	(1)	(2)
	3738-G	모치모치 나무	김종환	수문초등학교	2022-05-02	205권	121	(1)	(2)
	3928-G	해리포터	이지은	산월초등학교	2022-05-07	1,238권	250	(1)	(2)
	3131-P	책 읽는 도깨비	정찬호	월계초등학교	2022-05-09	367권	122	(1)	(2)
	3955-P	꼬마 지빠귀	권제인	수문초등학교	2022-05-11	107권	160	(1)	(2)
	3219-K	퀴즈 과학상식	김승희	월계초등학교	2022-05-02	1,501권	315	(1)	(2)
	3713-P	아기 고등 두마리	유인혜	산월초등학교	2022-05-07	886권	154	(1)	(2)
	최대 도서 포인트			(3)		월계초등학교 학생의 도서 포인트 합계			(5)
	수문초등학교 학생의 누적 대출권수 평균			(4)		대출도서	바다 목욕탕	대출자	(6)

《조건》

☞ (1)~(6) 셀은 반드시 주어진 함수를 이용하여 값을 구하시오(결과값을 직접 입력하면 해당 셀은 0점 처리됨).

(1) 출판사 ⇒ 관리코드의 마지막 글자가 P이면 '풀잎', G이면 '가람' 그 외에는 '글송이'로 구하시오(IF, RIGHT 함수).

(2) 포인트 순위 ⇒ 도서 포인트의 내림차순 순위를 구한 결과값에 '위'를 붙이시오
(RANK.EQ 함수, & 연산자)(예 : 1위).

(3) 최대 도서 포인트 ⇒ (MAX 함수)

(4) 수문초등학교 학생의 누적 대출권수 평균 ⇒ 정의된 이름(학교명)을 이용하여 구하시오(SUMIF, COUNTIF 함수).

(5) 월계초등학교 학생의 도서 포인트 합계 ⇒ 조건은 입력데이터를 이용하시오(DSUM 함수).

(6) 대출자 ⇒ 「H14」 셀에서 선택한 대출도서에 대한 대출자를 구하시오(VLOOKUP 함수).

(7) 조건부 서식의 수식을 이용하여 누적 대출권수가 '1,000' 이상인 행 전체에 다음의 서식을 적용하시오
(글꼴 : 파랑, 굵게).

제2작업　목표값 찾기 및 필터 (80점)

☞ **"제1작업"** 시트의 「B4:H12」 영역을 복사하여 **"제2작업"** 시트의 「B2」 셀부터 모두 붙여넣기를 한 후 다음의 조건과 같이 작업하시오.

《조건》

(1) 목표값 찾기 - 「B11:G11」 셀을 병합하여 "월임대료(단위:원)의 전체 평균"을 입력한 후 「H11」 셀에 월임대료(단위:원)의 전체 평균을 구하시오(AVERAGE 함수, 테두리, 가운데 맞춤).
- '월임대료(단위:원)의 전체 평균'이 '1,000,000'이 되려면 GNB영어의 월임대료(단위:원)가 얼마가 되어야 하는지 목표값을 구하시오.

(2) 고급필터 - 구분이 '편의시설'이거나, 실평수가 '15' 미만인 자료의 임대코드, 입주상가, 월임대료(단위:원), 입주일 데이터만 추출하시오.
- 조건 범위 : 「B14」 셀부터 입력하시오.
- 복사 위치 : 「B18」 셀부터 나타나도록 하시오.

제3작업　정렬 및 부분합 (80점)

☞ **"제1작업"** 시트의 「B4:H12」 영역을 복사하여 **"제3작업"** 시트의 「B2」 셀부터 모두 붙여넣기를 한 후 다음의 조건과 같이 작업하시오.

《조건》

(1) 부분합 - 《출력형태》처럼 정렬하고, 입주상가의 개수와 월임대료(단위:원)의 평균을 구하시오.
(2) 윤곽 - 지우시오.
(3) 나머지 사항은 《출력형태》에 맞게 작성하시오.

《출력형태》

임대코드	입주상가	구분	실평수	월임대료 (단위:원)	입주일	임대 계약기간
LR13-1	우리분식	음식점	19	1,000,000	2023-01-20	5년
LR22-2	굽네치킨	음식점	15	850,000	2023-02-20	4년
		음식점 평균		925,000		
	2	음식점 개수				
LC12-2	GS25	편의시설	17	900,000	2023-03-20	2년
LC22-1	알파문고	편의시설	13	1,000,000	2023-03-25	5년
LC33-1	크린토피아	편의시설	11	930,000	2023-02-10	3년
		편의시설 평균		943,333		
	3	편의시설 개수				
LA11-3	코딩영재교실	학원	33	1,350,000	2023-02-25	3년
LA23-2	고릴라미술	학원	19	950,000	2023-01-10	2년
LA31-3	GNB영어	학원	25	1,050,000	2023-03-10	3년
		학원 평균		1,116,667		
	3	학원 개수				
		전체 평균		1,003,750		
	8	전체 개수				

다음은 '첨단문화센터 강좌 현황'에 대한 자료이다. 자료를 입력하고 조건에 맞도록 작업하시오.

소스파일: 04차시-4(문제).xlsx
완성파일: 04차시-4(완성).xlsx

《출력형태》

관리코드	강좌명	지점	강사명	수강인원	강의 시작일	수강료 (단위:원)	수강인원 순위	분류
CH005	캘리그라피	송파	김은경	38명	2022-05-11	98,000	(1)	(2)
CA002	미술 아트팡팡	송파	임송이	18명	2022-05-05	55,000	(1)	(2)
BH009	동화 속 쿠키나라	은평	양영아	55명	2022-05-02	35,000	(1)	(2)
AH001	피트니스 요가	구로	진현숙	68명	2022-05-07	120,000	(1)	(2)
CH007	서예교실	구로	권재웅	41명	2022-05-02	30,000	(1)	(2)
BC005	스위트 홈베이킹	송파	윤송이	58명	2022-05-13	60,000	(1)	(2)
AC003	필라테스	구로	박장원	21명	2022-05-21	70,000	(1)	(2)
CA006	. 성인 팝아트	은평	임진우	25명	2022-05-24	110,000	(1)	(2)
송파지점 수강인원 합계		(3)			최대 수강료(단위:원)			(5)
은평지점 수강인원 평균		(4)		강좌명	캘리그라피	강사명		(6)

결재 / 담당 / 과장 / 부장

《조건》

☞ (1)~(6) 셀은 반드시 주어진 함수를 이용하여 값을 구하시오(결과값을 직접 입력하면 해당 셀은 0점 처리됨).

(1) 수강인원 순위 ⇒ 수강인원의 내림차순 순위를 구하시오(RANK.EQ 함수).

(2) 분류 ⇒ 관리코드의 첫 번째 글자가 A이면 '스포츠', B이면 '요리', 그 외에는 '미술'로 구하시오(IF, LEFT 함수).

(3) 송파지점 수강인원 합계 ⇒ 조건은 입력데이터를 이용하고, 결과값에 '명'을 붙이시오
(DSUM 함수, & 연산자)(예 : 1명).

(4) 은평지점 수강인원 평균 ⇒ (SUMIF, COUNTIF 함수)

(5) 최대 수강료(단위:원) ⇒ 정의된 이름(수강료)을 이용하여 구하시오(MAX 함수).

(6) 강사명 → 「H14」 셀에서 선택한 강좌명에 대한 강사명을 표시하시오(VLOOKUP 함수).

(7) 조건부 서식의 수식을 이용하여 수강료(단위:원)가 '100,000' 이상인 행 전체에 다음의 서식을 적용하시오
(글꼴 : 파랑, 굵게).

☞ 다음은 '마린상가 임대관리 현황'에 대한 자료이다. 자료를 입력하고 조건에 맞도록 작업하시오.

《출력형태》

임대코드	입주상가	구분	실평수	월임대료 (단위:원)	입주일	임대 계약기간	보증금 (단위:만원)	위치
LC12-2	GS25	편의시설	17	900,000	2023-03-20	2	(1)	(2)
LR13-1	우리분식	음식점	19	1,000,000	2023-01-20	5	(1)	(2)
LA11-3	코딩영재교실	학원	33	1,350,000	2023-02-25	3	(1)	(2)
LR22-2	굽네치킨	음식점	15	850,000	2023-02-20	4	(1)	(2)
LA23-2	고릴라미술	학원	19	950,000	2023-01-10	2	(1)	(2)
LA31-3	GNB영어	학원	25	1,050,000	2023-03-10	3	(1)	(2)
LC22-1	알파문고	편의시설	13	1,000,000	2023-03-25	5	(1)	(2)
LC33-1	크린토피아	편의시설	11	930,000	2023-02-10	3	(1)	(2)
편의시설 월임대료(단위:원) 평균			(3)		최대 임대 계약기간			(5)
2023-03-01 이후 입주한 입주상가 수			(4)		임대코드	LC12-2	임대 계약기간	(6)

결재 / 과장 / 팀장 / 대표

《조건》

○ 모든 데이터의 서식에는 글꼴(굴림, 11pt), 정렬은 숫자 및 회계 서식은 오른쪽 정렬, 나머지 서식은 가운데 정렬로 작성하며 예외적인 것은 《출력형태》를 참조하시오.

○ 제 목 ⇒ 도형(배지)과 그림자(오프셋 오른쪽)를 이용하여 작성하고 "마린상가 임대관리 현황"을 입력한 후 다음 서식을 적용하시오
　　　　　(글꼴-굴림, 24pt, 검정, 굵게, 채우기-노랑).

○ 임의의 셀에 결재란을 작성하여 그림으로 복사 기능을 이용하여 붙이기 하시오(단, 원본 삭제).

○ 「B4:J4, G14, I14」 영역은 '주황'으로 채우기 하시오.

○ 유효성 검사를 이용하여 「H14」 셀에 임대코드(「B5:B12」 영역)가 선택 표시되도록 하시오.

○ 셀 서식 ⇒ 「H5:H12」 영역에 셀 서식을 이용하여 숫자 뒤에 '년'을 표시하시오(예 : 3년).

○ 「G5:G12」 영역에 대해 '입주일'로 이름정의를 하시오.

☞ (1)~(6) 셀은 반드시 **주어진 함수를 이용**하여 값을 구하시오(결과값을 직접 입력하면 해당 셀은 0점 처리됨).

(1) 보증금(단위:만원) ⇒ 임대코드 4번째 글자가 1이면 '5,000', 2이면 '3,000' 3이면 '2,000'으로 구하시오(CHOOSE, MID 함수).

(2) 위치 ⇒ 임대코드 마지막 글자를 구한 결과값에 '층'을 붙이시오(RIGHT 함수, & 연산자)(예 : 1층).

(3) 편의시설 월임대료(단위:원) 평균 ⇒ 조건은 입력 데이터를 이용하고, 반올림하여 천원 단위까지 구하시오(ROUND, DAVERAGE 함수)(예 : 1,234,567 → 1,235,000).

(4) 2023-03-01 이후 입주한 입주상가 수 ⇒ 해당일(2023-03-01)을 포함하여 그 이후 입주한 입주상가 수를 정의된 이름(입주일)을 이용하여 구하시오(COUNTIF 함수).

(5) 최대 임대 계약기간 ⇒ (MAX 함수)

(6) 임대 계약기간 ⇒ 「H14」 셀에서 선택한 임대코드에 대한 임대 계약기간을 구하시오(VLOOKUP 함수).

(7) 조건부 서식의 수식을 이용하여 임대 계약기간이 '4년' 이상인 행 전체에 다음의 서식을 적용하시오(글꼴 : 파랑, 굵게).

[제2작업] 목표값 찾기 및 필터

- [제1작업] 시트의 데이터를 복사하여 [제2작업] 시트에 붙여넣습니다.
- 조건에 맞춰 함수로 값을 계산한 후 원하는 목표값을 찾습니다.
- 고급필터를 이용하여 특정 조건에 만족하는 데이터만 추출합니다.

소스파일: 05차시_유형1(문제).xlsx   완성파일: 05차시_유형1(완성).xlsx

문제 미리보기 "제1작업" 시트의 「B4:H12」 영역을 복사하여 "제2작업" 시트의 「B2」 셀부터 모두 붙여넣기를 한 후 다음의 조건과 같이 작업하시오.

《조건》

(1) 목표값 찾기 – 「B11:G11」 셀을 병합하여 "아람 제품의 가격 평균"을 입력한 후 「H11」 셀에 아람 제품의 가격 평균을 구하시오. 단, 조건은 입력데이터를 이용하시오(DAVERAGE 함수, 테두리, 가운데 맞춤).
- '아람 제품의 가격 평균'이 '32,000'이 되려면 잠수함의 가격이 얼마가 되어야 하는지 목표값을 구하시오.

(2) 고급필터 – 유형이 '스포츠'이거나 하반기 판매량이 '3,000' 이하인 자료의 제품명, 가격, 상반기 판매량, 하반기 판매량 데이터만 추출하시오.
- 조건 범위 : 「B14」 셀부터 입력하시오.
- 복사 위치 : 「B18」 셀부터 나타나도록 하시오.

정보기술자격(ITQ) 실전모의고사

과 목	코 드	문제유형	시험시간	수험번호	성 명
한글엑셀	1122	A	60분		

수험자 유의사항

◎ 수험자는 문제지를 받는 즉시 문제지와 **수험표상의 시험과목(프로그램)이 동일한지 반드시 확인**하여야 합니다.

◎ 파일명은 본인의 "수험번호-성명"으로 입력하여 답안폴더(내 PC₩문서₩ITQ)에 하나의 파일로 저장해야 하며, 답안문서 파일명이 "수험번호-성명"과 일치하지 않거나, 답안파일을 전송하지 않아 미제출로 처리될 경우 실격 처리합니다. (예:12345678-홍길동.xlsx).

◎ 답안 작성을 마치면 파일을 저장하고, '답안 전송' 버튼을 선택하여 감독위원 PC로 답안을 전송하십시오. 수험생 정보와 저장한 파일명이 다를 경우 전송되지 않으므로 주의하시기 바랍니다.

◎ 답안 작성 중에도 **주기적으로 저장하고, '답안 전송'**하여야 문제 발생을 줄일 수 있습니다. 작업한 내용을 저장하지 않고 전송할 경우 이전에 저장된 내용이 전송되오니 이점 유의하시기 바랍니다.

◎ 답안문서는 지정된 경로 외의 다른 보조기억장치에 저장하는 경우, 지정된 시험 시간 외에 작성된 파일을 활용할 경우, 기타 통신수단(이메일, 메신저, 네트워크 등)을 이용하여 타인에게 전달 또는 외부 반출하는 경우는 부정 처리합니다.

◎ 시험 중 부주의 또는 고의로 시스템을 파손한 경우는 수험자가 변상해야 하며, <수험자 유의사항>에 기재된 방법대로 이행하지 않아 생기는 불이익은 수험생 당사자의 책임임을 알려 드립니다.

◎ 문제의 조건은 MS오피스 2016 버전으로 설정되어 있으니 유의하시기 바랍니다.

◎ 시험을 완료한 수험자는 답안파일이 전송되었는지 확인한 후 감독위원의 지시에 따라 문제지를 제출하고 퇴실합니다.

답안 작성요령

◎ 온라인 답안 작성 절차

　　수험자 등록 ⇒ 시험 시작 ⇒ 답안파일 저장 ⇒ 답안 전송 ⇒ 시험 종료

◎ 문제는 총 4단계, 즉 제1작업부터 제4작업까지 구성되어 있으며 반드시 제1작업부터 순서대로 작성하고 조건대로 작업하시오.

◎ 모든 작업시트의 A열은 열 너비 '1'로, 나머지 열은 적당하게 조절하시오.

◎ 모든 작업시트의 테두리는 《출력형태》와 같이 작업하시오.

◎ 해당 작업란에서는 각각 제시된 조건에 따라 《출력형태》와 같이 작업하시오.

◎ 답안 시트 이름은 "제1작업", "제2작업", "제3작업", "제4작업"이어야 하며 답안 시트 이외의 것은 감점 처리됩니다.

◎ 각 시트를 파일로 나누어 작업해서 저장할 경우 실격 처리됩니다.

01 데이터 복사 및 붙여넣기

> ☞ "제1작업" 시트의 「B4:H12」 영역을 복사하여 "제2작업" 시트의 「B2」 셀부터 모두 붙여넣기를 한 후 다음의 조건과 같이 작업하시오.

❶ 05차시_유형1(문제).xlsx 파일을 실행한 후 [제1작업] 시트를 선택합니다. 데이터를 복사하기 위해 [B4:H12] 영역을 드래그한 후 [홈] 탭-[클립보드] 그룹에서 **복사(📋)**를 클릭합니다.

➕ 복사 바로 가기 키 : Ctrl+C

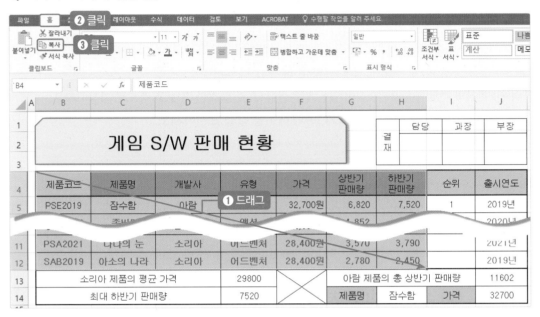

❷ 복사한 데이터를 붙여넣기 위해 [제2작업] 시트의 [B2] 셀을 선택한 후 [홈] 탭-[클립보드] 그룹에서 **붙여넣기(📋)**를 클릭합니다.

➕ 붙여넣기 바로 가기 키 : Ctrl+V

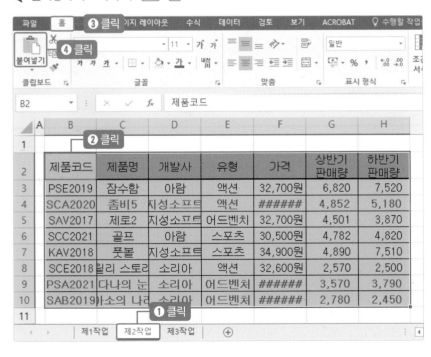

☞ **"제1작업"** 시트를 이용하여 조건에 따라 《출력형태》와 같이 작업하시오.

《조건》

(1) 차트 종류 ⇒ <묶은 세로 막대형>으로 작업하시오.

(2) 데이터 범위 ⇒ "제1작업" 시트의 내용을 이용하여 작업하시오.

(3) 위치 ⇒ "새 시트"로 이동하고, "제4작업"으로 시트 이름을 바꾸시오.

(4) 차트 디자인 도구 ⇒ 레이아웃 3, 스타일 1을 선택하여 《출력형태》에 맞게 작업하시오.

(5) 영역 서식 ⇒ 차트 : 글꼴(굴림, 11pt), 채우기 효과(질감-파피루스)

　　　　　　　　 그림 : 채우기(흰색, 배경 1)

(6) 제목 서식 ⇒ 차트 제목 : 글꼴(굴림, 굵게, 20pt), 채우기(흰색, 배경 1), 테두리

(7) 서식 ⇒ 상품가격(단위:원) 계열의 차트 종류를 <표식이 있는 꺾은선형>으로 변경한 후 보조 축으로 지정하시오.

　　　　 계열 : 《출력형태》를 참조하여 표식(마름모, 크기 10)과 레이블 값을 표시하시오.

　　　　 눈금선 : 선 스타일-파선

　　　　 축 : 《출력형태》를 참조하시오.

(8) 범례 ⇒ 범례명을 변경하고 《출력형태》를 참조하시오.

(9) 도형 ⇒ '모서리가 둥근 사각형 설명선'을 삽입한 후 《출력형태》와 같이 내용을 입력하시오.

(10) 나머지 사항은 《출력형태》에 맞게 작성하시오.

《출력형태》

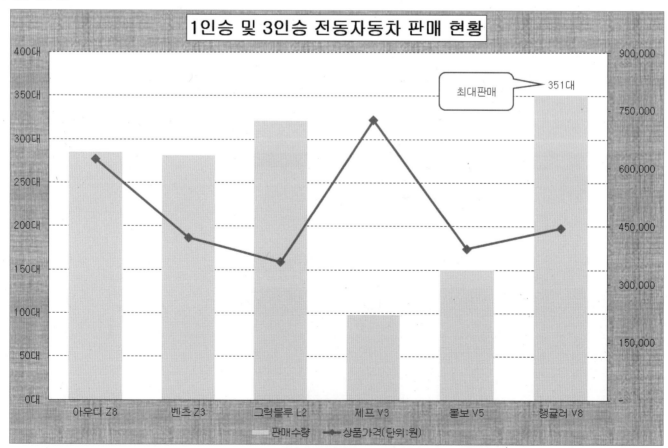

주의 ☞ 시트명 순서가 차례대로 "제1작업", "제2작업", "제3작업", "제4작업"이 되도록 할 것.

❸ 복사된 데이터의 열 너비를 조절하기 위해 **[B:H] 열 머리글을 드래그한 후 열 머리글 사이(+)를 더블클릭**
합니다.

> • 열 머리글 경계선을 더블클릭하면 해당 열에서 가장 긴 글자에 맞추어 자동으로 열의 너비가 조절됩니다.
> • 자동으로 조절된 열의 너비가 《출력형태》에 비해 좁다고 판단되면 마우스로 드래그하여 열 너비를 넓혀줍니다.

(02) 목표값 찾기

1. 아람 제품 가격의 평균 구하기

⑴ 목표값 찾기 – 「B11:G11」 셀을 병합하여 "아람 제품의 가격 평균"을 입력한 후 「H11」 셀에 아람 제품의 가격 평균을 구하시
오. 단, 조건은 입력데이터를 이용하시오(DAVERAGE 함수, 테두리, 가운데 맞춤).

❶ 셀을 병합하고 테두리를 지정하기 위해 **[B11:G11] 영역을 드래그**합니다. [홈] 탭-[맞춤] 그룹에서 **병합하**
고 가운데 맞춤( )을 클릭한 후 **아람 제품의 가격 평균**을 입력합니다.

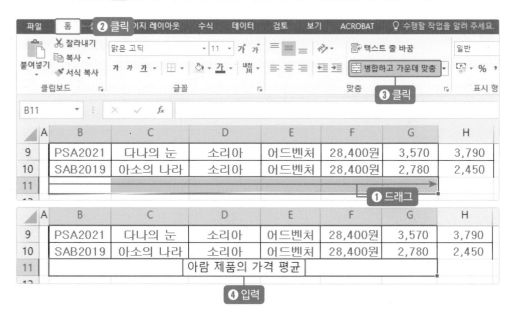

☞ **"제1작업"** 시트의 「B4:H12」 영역을 복사하여 **"제2작업"** 시트의 「B2」 셀부터 모두 붙여넣기를 한 후 다음의 조건과 같이 작업하시오.

《조건》

(1) 고급 필터 – 분류가 '3인승'이면서 판매수량이 '200' 이상인 자료의 데이터만 추출하시오.
    – 조건 범위 : 「B14」 셀부터 입력하시오.
    – 복사 위치 : 「B18」 셀부터 나타나도록 하시오.

(2) 표 서식 – 고급필터의 결과셀을 채우기 없음으로 설정한 후 '표 스타일 보통 6'의 서식을 적용하시오.
    – 머리글 행, 줄무늬 행을 적용하시오.

☞ **"제1작업"** 시트를 이용하여 **"제3작업"** 시트에 조건에 따라 《출력형태》와 같이 작업하시오.

《조건》

(1) 탑승 가능 무게(kg) 및 분류별 상품명의 개수와 상품가격(단위:원)의 평균을 구하시오.
(2) 탑승 가능 무게(kg)를 그룹화하고, 분류를 《출력형태》와 같이 정렬하시오.
(3) 레이블이 있는 셀 병합 및 가운데 맞춤 적용 및 빈 셀은 '*'로 표시하시오.
(4) 행의 총합계는 지우고, 나머지 사항은 《출력형태》에 맞게 작성하시오.

《출력형태》

탑승 가능 무게(kg) ▾	분류 ▾						
	3인승		2인승		1인승		
	개수 : 상품명	평균 : 상품가격(단위:원)	개수 : 상품명	평균 : 상품가격(단위:원)	개수 : 상품명	평균 : 상품가격(단위:원)	
15-21	*	*	2	593,000	3	389,667	
22-28	2	584,500	*	*	*	*	
29-35	1	623,000	*	*	*	*	
총합계	3	597,333	2	593,000	3	389,667	

❷ 아람 제품의 가격 평균을 계산하기 위해 [H11] 셀을 선택하여 =DAVERAGE(B2:H10,5,D2:D3)를 입력한 후 [홈] 탭-[맞춤] 그룹에서 **가운데 맞춤(≡)**을 클릭합니다.

➕ 함수식 작성이 어려운 수험생은 '함수 마법사(*fx*)'를 이용합니다.

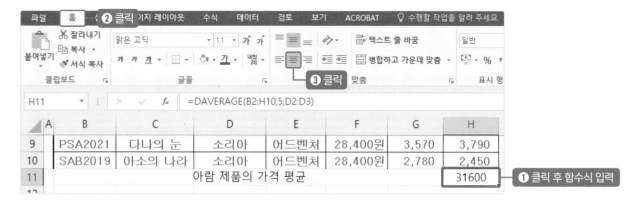

시험꿀팁

목표값 찾기에서 출제되는 함수는 'AVERAGE'와 'DAVERAGE' 함수가 번갈아가며 출제되고 있습니다.

❸ 테두리를 지정하기 위해 [B11:H11] 영역을 드래그한 후 [홈] 탭-[글꼴] 그룹에서 테두리(▦)의 목록 단추(•)를 눌러 **모든 테두리(田)**를 선택합니다.

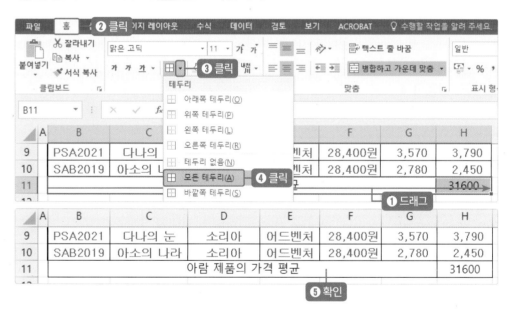

2. 목표값 찾기

– '아람 제품의 가격 평균'이 '32,000'이 되려면 잠수함의 가격이 얼마가 되어야 하는지 목표값을 구하시오.

❶ 목표값 찾기를 실행하기 위해 [H11] 셀을 클릭한 후 [데이터] 탭-[예측] 그룹에서 [가상 분석(📄)]-**목표값 찾기**를 클릭합니다.

☞ 다음은 '유아 전동자동차 판매 현황'에 대한 자료이다. 자료를 입력하고 조건에 맞도록 작업하시오.

《출력형태》

	유아 전동자동차 판매 현황						결재	담당	팀장	본부장
상품코드	상품명	분류	제조사	탑승 가능 무게(kg)	상품가격 (단위:원)	판매수량	사은품		판매 순위	
DC02-2	아우디 Z8	3인승	몬스터	30	623,000	285	(1)		(2)	
HG02-1	벤츠 Z3	1인승	붕붕카	15	420,000	281	(1)		(2)	
HG01-2	그릭블루 L2	1인승	몬스터	18	357,000	321	(1)		(2)	
TC01-3	판도라 S9	2인승	몬스터	15	534,000	93	(1)		(2)	
TC04-3	트윈 L5	2인승	베베카	16	652,000	126	(1)		(2)	
DF03-1	제프 V3	3인승	베베카	25	724,000	98	(1)		(2)	
HW02-2	볼보 V5	1인승	붕붕카	17	392,000	150	(1)		(2)	
DE01-1	랭귤러 V8	3인승	붕붕카	28	445,000	351	(1)		(2)	
분류가 3인승인 제품의 판매수량 평균		(3)			최대 탑승 가능 무게(kg)				(5)	
분류가 1인승인 제품의 판매수량 합계		(4)			상품코드	DC02-2	판매금액		(6)	

《조건》

○ 모든 데이터의 서식에는 글꼴(굴림, 11pt), 정렬은 숫자 및 회계 서식은 오른쪽 정렬, 나머지 서식은 가운데 정렬로 작성하며 예외적인 것은 《출력형태》를 참조하시오.

○ 제 목 ⇒ 도형(육각형)과 그림자(오프셋 아래쪽)를 이용하여 작성하고 "유아 전동자동차 판매 현황"을 입력한 후 다음 서식을 적용하시오

(글꼴-굴림, 24pt, 검정, 굵게, 채우기-노랑).

○ 임의의 셀에 결재란을 작성하여 그림으로 복사 기능을 이용하여 붙이기 하시오(단, 원본 삭제).

○ 「B4:J4, G14, I14」 영역은 '주황'으로 채우기 하시오.

○ 유효성 검사를 이용하여 「H14」 셀에 상품코드(「B5:B12」 영역)가 선택 표시되도록 하시오.

○ 셀 서식 ⇒ 「H5:H12」 영역에 셀 서식을 이용하여 숫자 뒤에 '대'를 표시하시오(예 : 93대).

○ 「F5:F12」 영역에 대해 '무게'로 이름정의를 하시오.

☞ (1)~(6) 셀은 반드시 **주어진 함수를 이용**하여 값을 구하시오(결과값을 직접 입력하면 해당 셀은 0점 처리됨).

(1) 사은품 ⇒ 상품코드의 마지막 글자가 1이면 '배터리 충전킷', 2이면 '보조 리모컨', 3이면 '쿨시트'로 구하시오(CHOOSE, RIGHT 함수).

(2) 판매 순위 ⇒ 판매수량의 내림차순 순위를 구하시오(RANK.EQ 함수).

(3) 분류가 3인승인 제품의 판매수량 평균 ⇒ 반올림하여 정수로 구하시오. 단, 조건은 입력데이터를 이용하시오(ROUND, DAVERAGE 함수)(예 : 451.6 → 452).

(4) 분류가 1인승인 제품의 판매수량 합계 ⇒ 결과값 뒤에 '대'를 붙이시오(SUMIF 함수, & 연산자)(예 : 224대).

(5) 최대 탑승 가능 무게(kg) ⇒ 정의된 이름(무게)을 이용하여 구하시오(MAX 함수).

(6) 판매금액 ⇒ 「H14」 셀에서 선택한 상품코드에 대한 「상품가격(단위:원) × 판매수량」을 구하시오(VLOOKUP 함수).

(7) 조건부 서식의 수식을 이용하여 판매수량이 '300' 이상인 행 전체에 다음의 서식을 적용하시오(글꼴 : 빨강, 굵게).

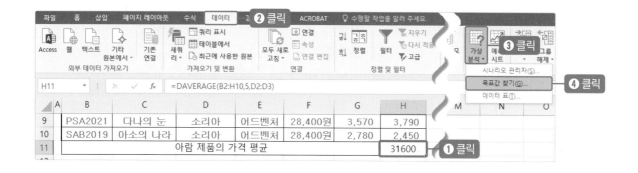

❷ [목표값 찾기] 대화상자에서 **수식 셀([H11]), 찾는 값(32000), 값을 바꿀 셀([F3])**을 각각 선택 및 입력한 후 <확인>을 클릭합니다.

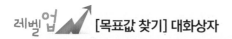

레벨업 **[목표값 찾기] 대화상자**

❶ 수식 셀 : 원하는 결과값을 얻기 위해서 해당 셀은 반드시 수식으로 입력되어야 합니다.

❷ 찾는 값 : 수식 셀의 결과값을 기준으로 원하는 목표값을 입력합니다.

❸ 값을 바꿀 셀 : 목표값을 찾기 위해 값이 변경되어야 할 셀을 지정합니다.

❸ [목표값 찾기 상태] 대화상자에서 **목표값(32000)**을 확인한 후 <확인>을 클릭합니다.

➕ 목표값 32,000원을 찾기 위해 [F3] 셀의 값이 '32,700'에서 '33,500'으로 변경된 것을 확인합니다.

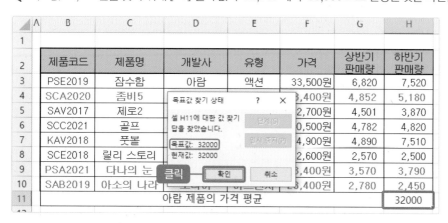

❹ 목표값 찾기 결과 확인이 끝나면 Ctrl + S 를 눌러 파일을 저장합니다.

정보기술자격(ITQ) 실전모의고사

과 목	코 드	문제유형	시험시간	수험번호	성 명
한글엑셀	1122	A	60분		

수험자 유의사항

◎ 수험자는 문제지를 받는 즉시 문제지와 **수험표상의 시험과목(프로그램)이 동일한지 반드시 확인**하여야 합니다.

◎ 파일명은 본인의 "수험번호-성명"으로 입력하여 답안폴더(내 PC\문서\ITQ)에 하나의 파일로 저장해야 하며, 답안문서 파일명이 "수험번호-성명"과 일치하지 않거나, 답안파일을 전송하지 않아 미제출로 처리될 경우 실격 처리합니다 (예:12345678-홍길동.xlsx).

◎ 답안 작성을 마치면 파일을 저장하고, '답안 전송' 버튼을 선택하여 감독위원 PC로 답안을 전송하십시오. 수험생 정보와 저장한 파일명이 다를 경우 전송되지 않으므로 주의하시기 바랍니다.

◎ 답안 작성 중에도 **주기적으로 저장하고, '답안 전송'**하여야 문제 발생을 줄일 수 있습니다. 작업한 내용을 저장하지 않고 전송할 경우 이전에 저장된 내용이 전송되오니 이점 유의하시기 바랍니다.

◎ 답안문서는 지정된 경로 외의 다른 보조기억장치에 저장하는 경우, 지정된 시험 시간 외에 작성된 파일을 활용할 경우, 기타 통신수단(이메일, 메신저, 네트워크 등)을 이용하여 타인에게 전달 또는 외부 반출하는 경우는 부정 처리합니다.

◎ 시험 중 부주의 또는 고의로 시스템을 파손한 경우는 수험자가 변상해야 하며, <수험자 유의사항>에 기재된 방법대로 이행하지 않아 생기는 불이익은 수험생 당사자의 책임임을 알려 드립니다.

◎ 문제의 조건은 MS오피스 2016 버전으로 설정되어 있으니 유의하시기 바랍니다.

◎ 시험을 완료한 수험자는 답안파일이 전송되었는지 확인한 후 감독위원의 지시에 따라 문제지를 제출하고 퇴실합니다.

답안 작성요령

◎ 온라인 답안 작성 절차

　　수험자 등록 ⇒ 시험 시작 ⇒ 답안파일 저장 ⇒ 답안 전송 ⇒ 시험 종료

◎ 문제는 총 4단계, 즉 제1작업부터 제4작업까지 구성되어 있으며 반드시 제1작업부터 순서대로 작성하고 조건대로 작업하시오.

◎ 모든 작업시트의 A열은 열 너비 '1'로, 나머지 열은 적당하게 조절하시오.

◎ 모든 작업시트의 테두리는 《출력형태》와 같이 작업하시오.

◎ 해당 작업란에서는 각각 제시된 조건에 따라 《출력형태》와 같이 작업하시오.

◎ 답안 시트 이름은 "제1작업", "제2작업", "제3작업", "제4작업"이어야 하며 답안 시트 이외의 것은 감점 처리됩니다.

◎ 각 시트를 파일로 나누어 작업해서 저장할 경우 실격 처리됩니다.

03 고급필터

(2) 고급필터 – 유형이 '스포츠'이거나 하반기 판매량이 '3,000' 이하인 자료의 제품명, 가격, 상반기 판매량, 하반기 판매량 데이터만 추출하시오.
- 조건 범위 : 「B14」 셀부터 입력하시오.
- 복사 위치 : 「B18」 셀부터 나타나도록 하시오.

❶ 고급필터의 조건을 입력하기 위해 **유형([E2])**과 **하반기 판매량([H2])** 셀을 선택한 후 [홈] 탭-[클립보드] 그룹에서 **복사( )**를 클릭합니다.

➕ • 떨어져 있는 셀을 연속으로 선택할 때는 [Ctrl]을 누른 채 다음 셀을 클릭합니다.
   • 복사 바로 가기 키 : [Ctrl]+[C]

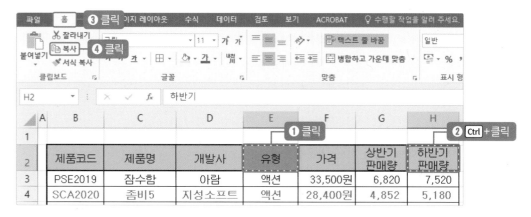

❷ 지정된 조건 범위에 붙여넣기 위해 [B14] 셀을 선택한 후 [홈] 탭-[클립보드] 그룹에서 **붙여넣기( )**를 클릭합니다.

➕ 붙여넣기 바로 가기 키 : [Ctrl]+[V]

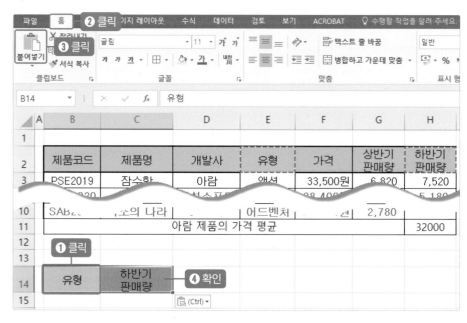

☞ "제1작업" 시트를 이용하여 조건에 따라《출력형태》와 같이 작업하시오.

《조건》

(1) 차트 종류 ⇒ <묶은 세로 막대형>으로 작업하시오.

(2) 데이터 범위 ⇒ "제1작업" 시트의 내용을 이용하여 작업하시오.

(3) 위치 ⇒ "새 시트"로 이동하고, "제4작업"으로 시트 이름을 바꾸시오.

(4) 차트 디자인 도구 ⇒ 레이아웃 3, 스타일 1을 선택하여《출력형태》에 맞게 작업하시오.

(5) 영역 서식 ⇒ 차트 : 글꼴(굴림, 11pt), 채우기 효과(질감-꽃다발)

                         그림 : 채우기(흰색, 배경 1)

(6) 제목 서식 ⇒ 차트 제목 : 글꼴(굴림, 굵게, 20pt), 채우기(흰색, 배경 1), 테두리

(7) 서식 ⇒ 정원(단위:명) 계열의 차트 종류를 <표식이 있는 꺾은선형>으로 변경한 후 보조 축으로 지정하시오.

         계열 :《출력형태》를 참조하여 표식(세모, 크기 10)과 레이블 값을 표시하시오.

         눈금선 : 선 스타일-파선

         축 :《출력형태》를 참조하시오.

(8) 범례 ⇒ 범례명을 변경하고《출력형태》를 참조하시오.

(9) 도형 ⇒ '사각형 설명선'을 삽입한 후《출력형태》와 같이 내용을 입력하시오.

(10) 나머지 사항은《출력형태》에 맞게 작성하시오.

《출력형태》

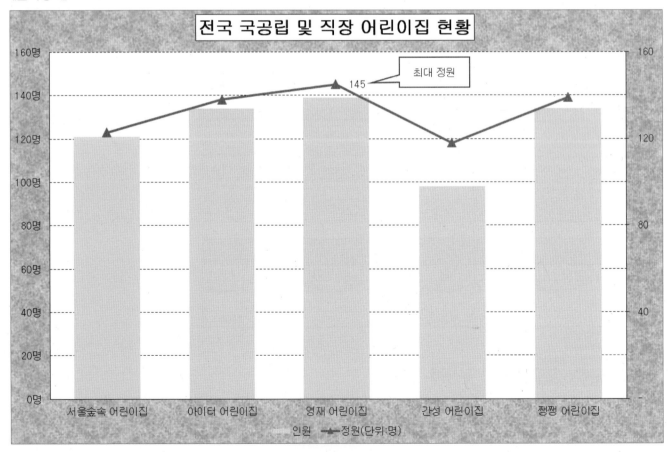

❸ 유형이 '스포츠'이거나, 하반기 판매량이 '3,000 이하'인 조건을 지정하기 위해 [B15] 셀에는 **스포츠**, [C16] 셀에는 **<=3000**으로 조건을 입력합니다.

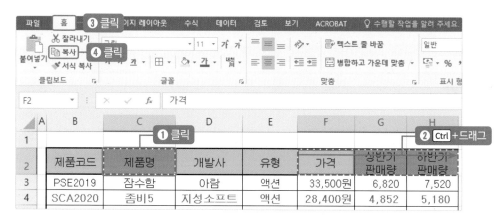

❹ 원본 데이터에서 특정 데이터만 추출하기 위해 **제품명([C2]), 가격([F2]), 상반기 판매량([G2]), 하반기 판매량([H2])** 셀을 선택한 후 [홈] 탭-[클립보드] 그룹에서 **복사(📋)**를 클릭합니다.

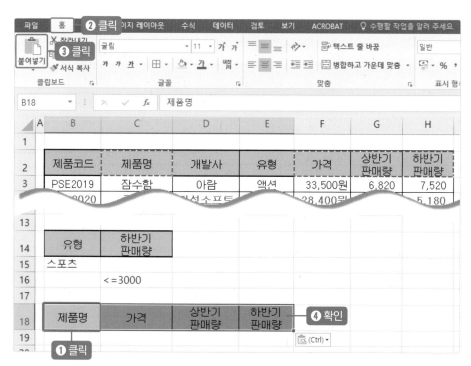

❺ 지정된 복사 위치에 붙여넣기 위해 **[B18]** 셀을 선택한 후 [홈] 탭-[클립보드] 그룹에서 **붙여넣기(📋)**를 클릭합니다.

☞ "제1작업" 시트의 「B4:H12」 영역을 복사하여 "제2작업" 시트의 「B2」 셀부터 모두 붙여넣기를 한 후 다음의 조건과 같이 작업하시오.

《조건》

(1) 목표값 찾기 - 「B11:G11」 셀을 병합하여 "가정 어린이집의 인원 평균"을 입력한 후 「H11」 셀에 가정 어린이집의 인원 평균을 구하시오. 단, 조건은 입력데이터를 이용하시오(DAVERAGE 함수, 테두리, 가운데 맞춤).
　　　　　 - 가정 어린이집의 인원 평균이 '20'이 되려면 ABC 어린이집의 인원이 얼마가 되어야 하는지 목표값을 구하시오.

(2) 고급필터 - 지역이 '서울'이거나 정원(단위:명)이 '50' 이하인 자료의 데이터만 추출하시오.
　　　　　 - 조건 범위 : 「B14」 셀부터 입력하시오.
　　　　　 - 복사 위치 : 「B18」 셀부터 나타나도록 하시오.

☞ "제1작업" 시트의 「B4:H12」 영역을 복사하여 "제3작업" 시트의 「B2」 셀부터 모두 붙여넣기를 한 후 다음의 조건과 같이 작업하시오.

《조건》

(1) 부분합 - 《출력형태》처럼 정렬하고, 어린이집명의 개수와 인원의 합계를 구하시오.
(2) 윤곽 - 지우시오.
(3) 나머지 사항은 《출력형태》에 맞게 작성하시오.

《출력형태》

A	B	C	D	E	F	G	H
1							
2	분류코드	어린이집명	지역	분류	등록률(%)	정원(단위:명)	인원
3	GA3014	영재 어린이집	강원	직장	96	145	139명
4	BA6036	쩅쩅 어린이집	부산	직장	96	139	134명
5				직장 요약			273명
6		2		**직장 개수**			
7	SA1003	서울숲속 어린이집	서울	국공립	98	123	121명
8	DN6007	아이터 어린이집	대구	국공립	97	138	134명
9	GB6015	간성 어린이집	강원	국공립	83	118	98명
10				국공립 요약			353명
11		3		**국공립 개수**			
12	BB9002	아이꿈 어린이집	부산	가정	72	25	20명
13	DD4023	고운 어린이집	대구	가정	74	23	17명
14	SN8163	ABC 어린이집	서울	가정	63	32	20명
15				가정 요약			57명
16		3		**가정 개수**			
17				총합계			683명
18		8		**전체 개수**			

❶ 고급필터에서 자주 사용하는 비교 연산자

연산자	의미	사용 예	연산자	의미	사용 예
>	크다(초과)	>5000	>=	크거나 같다(이상)	>=5000
<	작다(미만)	<5000	<=	작거가 같다(이하)	<=5000
<>	같지 않다	<>5000			

❷ 만능문자(*, ?)

– * : 모든 문자를 대치하는 문자로 문자 앞/뒤에 붙여 사용할 수 있습니다.

– ? : 하나의 문자를 대치하는 문자로 글자 수에 맞추어 문자의 앞/뒤에 붙여 사용할 수 있습니다.

사용 예	의미	사용 예	의미
이*	이로 시작하는 모든 문자열 (예 : 이름, 이순신, 이화여대)	이? 이??	이로 시작하는 두 글자(예 : 이름) 이로 시작하는 세 글자(예 : 이태원)
*이	이로 끝나는 모든 문자열 (예 : 오이, 고양이, 어린아이)	?이 ??이	이로 끝나는 두 글자(예 : 구이) 이로 끝나는 세 글자(예 : 어린이)
이	이가 포함된 모든 문자열 (예 : 다이소, 송이버섯)	?이?	중간에 이가 들어가는 세 글자 (예 : 아이콘)

❸ 고급필터에 자주 사용하는 논리 연산자

사용 예	의미
	❶ AND(~이고, ~이면서) 조건 : 같은 행에 입력합니다. ❷ 상품명이 '청소기'이면서(이고) 가격이 '100,000' 이상인 데이터를 추출합니다.
	❶ AND(~이고, ~이면서) 조건 : 같은 행에 입력합니다. ❷ 상품명이 '청소기'가 아니면서(아니고) 가격이 '100,000' 이하인 데이터를 추출합니다.
	❶ OR(~또는, ~이거나) 조건 : 서로 다른 행에 입력합니다. ❷ 사원명이 '이'로 시작하거나(또는) 입사연도가 '2021-01-01'이후(해당일 포함)인 데이터를 추출합니다.

☞ 다음은 '**전국 어린이집 주요 현황**'에 대한 자료이다. 자료를 입력하고 조건에 맞도록 작업하시오.

《출력형태》

분류코드	어린이집명	지역	분류	등록률(%)	정원 (단위:명)	인원	순위	평가 등급
BB9002	아이꿈 어린이집	부산	가정	72	25	20	(1)	(2)
SA1003	서울숲속 어린이집	서울	국공립	98	123	121	(1)	(2)
DN6007	아이터 어린이집	대구	국공립	97	138	134	(1)	(2)
GA3014	영재 어린이집	강원	직장	96	145	139	(1)	(2)
GB6015	간성 어린이집	강원	국공립	83	118	98	(1)	(2)
BA6036	쨍쨍 어린이집	부산	직장	96	139	134	(1)	(2)
DD4023	고운 어린이집	대구	가정	74	23	17	(1)	(2)
SN8163	ABC 어린이집	서울	가정	63	32	20	(1)	(2)
직장 어린이집의 인원 평균			(3)		가장 많은 인원			(5)
가정 어린이집의 인원 합계			(4)		분류코드	BB9002	지역	(6)

결재 담당 팀장 부장

《조건》

○ 모든 데이터의 서식에는 글꼴(굴림, 11pt), 정렬은 숫자 및 회계 서식은 오른쪽 정렬, 나머지 서식은 가운데 정렬로 작성하며 예외적인 것은《출력형태》를 참조하시오.

○ 제 목 ⇒ 도형(평행 사변형)과 그림자(오프셋 대각선 왼쪽 아래)를 이용하여 작성하고 "전국 어린이집 주요 현황"을 입력한 후 다음 서식을 적용하시오
  (글꼴-굴림, 24pt, 검정, 굵게, 채우기-노랑).

○ 임의의 셀에 결재란을 작성하여 그림으로 복사 기능을 이용하여 붙이기 하시오(단, 원본 삭제).

○ 「B4:J4, G14, I14」 영역은 '주황'으로 채우기 하시오.

○ 유효성 검사를 이용하여 「H14」 셀에 분류코드(「B5:B12」 영역)가 선택 표시되도록 하시오.

○ 셀 서식 ⇒ 「H5:H12」 영역에 셀 서식을 이용하여 숫자 뒤에 '명'을 표시하시오(예 : 121명).

○ 「E5:E12」 영역에 대해 '분류'로 이름정의를 하시오.

☞ (1)~(6) 셀은 반드시 **주어진 함수를 이용**하여 값을 구하시오(결과값을 직접 입력하면 해당 셀은 0점 처리됨).

(1) 순위 ⇒ 인원의 내림차순 순위를 구한 결과값에 '위'를 붙이시오(RANK.EQ 함수, & 연산자)(예 : 1위).

(2) 평가 등급 ⇒ 분류코드의 두 번째 글자가 A이면, 'A등급', B이면 'B등급', 그 외에는 공백으로 구하시오(IF, MID 함수).

(3) 직장 어린이집의 인원 평균 ⇒ 정의된 이름(분류)을 이용하여 분류가 '직장'인 어린이집의 인원 평균을 구하시오
  (SUMIF, COUNTIF 함수).

(4) 가정 어린이집의 인원 합계 ⇒ 분류가 '가정'인 어린이집의 인원 합계를 구하시오. 단, 조건은 입력데이터를 이용하시오
  (DSUM 함수).

(5) 가장 많은 인원 ⇒ (MAX 함수)

(6) 지역 ⇒ 「H14」 셀에서 선택한 분류코드에 대한 지역을 구하시오(VLOOKUP 함수).

(7) 조건부 서식의 수식을 이용하여 인원이 '100' 이상인 행 전체에 다음의 서식을 적용하시오(글꼴 : 파랑, 굵게).

	A	B	C
13			
14		사원명	입사연도
15		*민지	
16			<=2021-01-01

❶ OR(~또는, ~이거나) 조건 : 서로 다른 행에 입력합니다.

❷ 사원명이 '민지'로 끝나거나(또는) 입사연도가 '2021-01-01'이전(해당일 포함)인 데이터를 추출합니다.

	A	B	C
13			
14		사원명	입사연도
15		*나*	
16			2021-01-01

❶ OR(~또는, ~이거나) 조건 : 서로 다른 행에 입력합니다.

❷ 사원명 중간에 '나'가 포함되거나(또는) 입사연도가 '2021-01-01'인 데이터를 추출합니다.

	A	B	C
13			
14		부서	매출액
15		영업1팀	>=1000000
16		영업2팀	>=2000000

❶ AND+OR 조건 : 2개의 조건을 동시에 입력합니다.

❷ 부서가 '영업1팀이면서 매출액이 1,000,000 이상'이거나, 부서가 '영업2팀이면서 매출액이 2,000,000 이상'인 데이터를 추출합니다.

❻ 고급필터를 작성하기 위해 **[B2:H10]** 영역을 드래그한 후 [데이터] 탭-[정렬 및 필터] 그룹에서 **고급** (고급)을 클릭합니다.

📌 범위를 지정할 때 목표값 찾기를 위해 작성한 부분([B11:H11])은 선택되지 않도록 주의합니다.

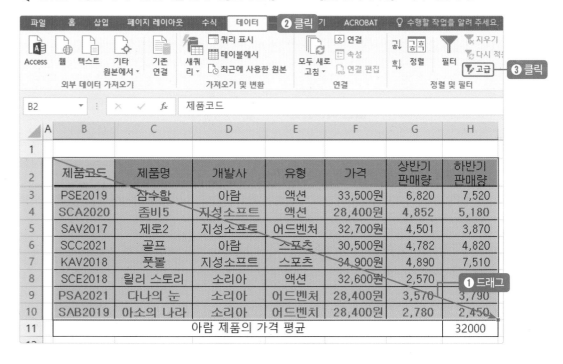

정보기술자격(ITQ) 실전모의고사

과 목	코 드	문제유형	시험시간	수험번호	성 명
한글엑셀	1122	A	60분		

수험자 유의사항

◎ 수험자는 문제지를 받는 즉시 문제지와 **수험표상의 시험과목(프로그램)이 동일한지 반드시 확인**하여야 합니다.

◎ 파일명은 본인의 "수험번호-성명"으로 입력하여 답안폴더(내 PC\문서\ITQ)에 하나의 파일로 저장해야 하며, 답안문서 파일명이 "수험번호-성명"과 일치하지 않거나, 답안파일을 전송하지 않아 미제출로 처리될 경우 실격 처리합니다 (예:12345678-홍길동.xlsx).

◎ 답안 작성을 마치면 파일을 저장하고, '답안 전송' 버튼을 선택하여 감독위원 PC로 답안을 전송하십시오. 수험생 정보와 저장한 파일명이 다를 경우 전송되지 않으므로 주의하시기 바랍니다.

◎ 답안 작성 중에도 **주기적으로 저장하고, '답안 전송'**하여야 문제 발생을 줄일 수 있습니다. 작업한 내용을 저장하지 않고 전송할 경우 이전에 저장된 내용이 전송되오니 이점 유의하시기 바랍니다.

◎ 답안문서는 지정된 경로 외의 다른 보조기억장치에 저장하는 경우, 지정된 시험 시간 외에 작성된 파일을 활용할 경우, 기타 통신수단(이메일, 메신저, 네트워크 등)을 이용하여 타인에게 전달 또는 외부 반출하는 경우는 부정 처리합니다.

◎ 시험 중 부주의 또는 고의로 시스템을 파손한 경우는 수험자가 변상해야 하며, <수험자 유의사항>에 기재된 방법대로 이행하지 않아 생기는 불이익은 수험생 당사자의 책임임을 알려 드립니다.

◎ 문제의 조건은 MS오피스 2016 버전으로 설정되어 있으니 유의하시기 바랍니다.

◎ 시험을 완료한 수험자는 답안파일이 전송되었는지 확인한 후 감독위원의 지시에 따라 문제지를 제출하고 퇴실합니다.

답안 작성요령

◎ 온라인 답안 작성 절차

　　수험자 등록 ⇒ 시험 시작 ⇒ 답안파일 저장 ⇒ 답안 전송 ⇒ 시험 종료

◎ 문제는 총 4단계, 즉 제1작업부터 제4작업까지 구성되어 있으며 반드시 제1작업부터 순서대로 작성하고 조건대로 작업하시오.

◎ 모든 작업시트의 A열은 열 너비 '1'로, 나머지 열은 적당하게 조절하시오.

◎ 모든 작업시트의 테두리는 《출력형태》와 같이 작업하시오.

◎ 해당 작업란에서는 각각 제시된 조건에 따라 《출력형태》와 같이 작업하시오.

◎ 답안 시트 이름은 "제1작업", "제2작업", "제3작업", "제4작업"이어야 하며 답안 시트 이외의 것은 감점 처리됩니다.

◎ 각 시트를 파일로 나누어 작업해서 저장할 경우 실격 처리됩니다.

kpc 한국생산성본부

❼ [고급필터] 대화상자에서 **결과(다른 장소에 복사)**, 목록 범위(B2:H10), 조건 범위(B14:C16), 복사 위치 (B18:E18)를 각각 지정한 후 <확인>을 클릭합니다.

➕ '조건 범위' 및 '복사 위치'는 해당 셀 범위를 마우스로 드래그하여 지정합니다.

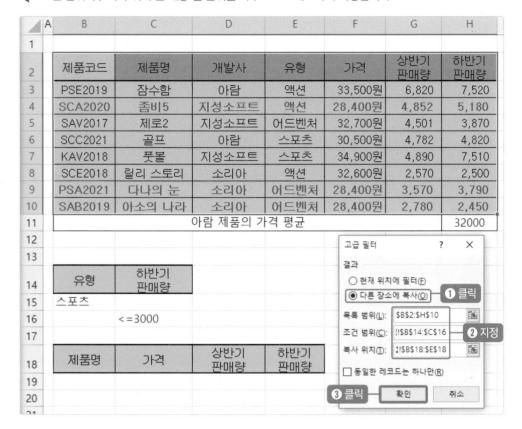

	제품코드	제품명	개발사	유형	가격	상반기 판매량	하반기 판매량
	PSE2019	잠수함	아람	액션	33,500원	6,820	7,520
	SCA2020	좀비5	지성소프트	액션	28,400원	4,852	5,180
	SAV2017	제로2	지성소프트	어드벤처	32,700원	4,501	3,870
	SCC2021	골프	아람	스포츠	30,500원	4,782	4,820
	KAV2018	풋볼	지성소프트	스포츠	34,900원	4,890	7,510
	SCE2018	릴리 스토리	소리아	액션	32,600원	2,570	2,500
	PSA2021	다나의 눈	소리아	어드벤처	28,400원	3,570	3,790
	SAB2019	아소의 나라	소리아	어드벤처	28,400원	2,780	2,450
	아람 제품의 가격 평균						32000

레벨업 📈 **고급필터 대화상자**

❶ 현재 위치에 필터 : 필터 결과를 범위로 지정한 현재 목록 범위에 표시합니다.

❷ 다른 장소에 복사 : 복사 위치에서 지정한 위치에 필터 결과를 표시합니다.

❸ 목록 범위 : 조건에 맞추어 필터링 하려는 원본 데이터의 범위를 지정합니다.

❹ 조건 범위 : 필터 조건이 입력된 범위를 지정합니다.

❺ 복사 위치 : '다른 장소에 복사'를 선택했을 때 필터링된 결과가 표시될 위치를 지정합니다.
  – 부분(B18:E18) 필터 : 조건에 맞는 특정 데이터(제품명, 가격, 상반기 판매량, 하반기 판매량)만 추출합니다.
  – 전체(B18) 필터 : 조건에 맞는 전체 데이터(제품코드, 제품명, 개발사, 유형, 가격, 상반기 판매량, 하반기 판매량)를 추출합니다.

❻ 동일한 레코드는 하나만 : 필터 결과 중 중복된 레코드가 있을 경우 하나만 표시합니다.

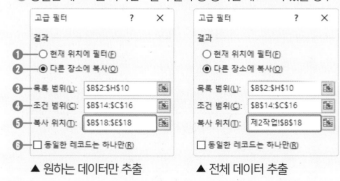

▲ 원하는 데이터만 추출   ▲ 전체 데이터 추출

☞ "제1작업" 시트를 이용하여 조건에 따라《출력형태》와 같이 작업하시오.

《조건》

(1) 차트 종류 ⇒ <묶은 세로 막대형>으로 작업하시오.

(2) 데이터 범위 ⇒ "제1작업" 시트의 내용을 이용하여 작업하시오.

(3) 위치 ⇒ "새 시트"로 이동하고, "제4작업"으로 시트 이름을 바꾸시오.

(4) 차트 디자인 도구 ⇒ 레이아웃 3, 스타일 1을 선택하여《출력형태》에 맞게 작업하시오.

(5) 영역 서식 ⇒ 차트 : 글꼴(굴림, 11pt), 채우기 효과(질감-양피지)

　　　　　　　　그림 : 채우기(흰색, 배경 1)

(6) 제목 서식 ⇒ 차트 제목 : 글꼴(굴림, 굵게, 20pt), 채우기(흰색, 배경 1), 테두리

(7) 서식 ⇒ 판매가격 계열의 차트 종류를 <표식이 있는 꺾은선형>으로 변경한 후 보조 축으로 지정하시오.

　　　　계열 :《출력형태》를 참조하여 표식(네모, 크기 10)과 레이블 값을 표시하시오.

　　　　눈금선 : 선 스타일-파선

　　　　축 :《출력형태》를 참조하시오.

(8) 범례 ⇒ 범례명을 변경하고《출력형태》를 참조하시오.

(9) 도형 ⇒ '타원형 설명선'을 삽입한 후《출력형태》와 같이 내용을 입력하시오.

(10) 나머지 사항은《출력형태》에 맞게 작성하시오.

《출력형태》

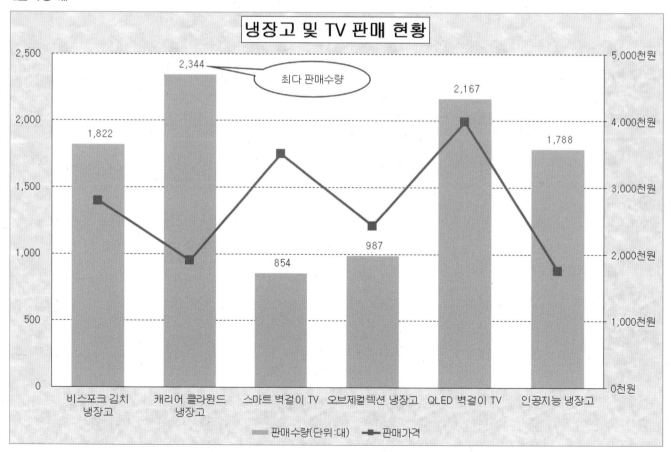

주의 ☞ 시트명 순서가 차례대로 "제1작업", "제2작업", "제3작업", "제4작업"이 되도록 할 것.

❽ 조건에 맞추어 데이터가 추출되면 Ctrl + S 를 눌러 파일을 저장합니다.

	A	B	C	D	E	F	G	H
1								
2		제품코드	제품명	개발사	유형	가격	상반기 판매량	하반기 판매량
3		PSE2019	잠수함	아람	액션	33,500원	6,820	7,520
4		SCA2020	좀비5	지성소프트	액션	28,400원	4,852	5,180
5		SAV2017	제로2	지성소프트	어드벤처	32,700원	4,501	3,870
6		SCC2021	골프	아람	스포츠	30,500원	4,782	4,820
7		KAV2018	풋볼	지성소프트	스포츠	34,900원	4,890	7,510
8		SCE2018	릴리 스토리	소리아	액션	32,600원	2,570	2,500
9		PSA2021	다나의 눈	소리아	어드벤처	28,400원	3,570	3,790
10		SAB2019	아소의 나라	소리아	어드벤처	28,400원	2,780	2,450
11		아람 제품의 가격 평균						32000
12								
13								
14		유형	하반기 판매량					
15		스포츠						
16			<=3000					
17								
18		제품명	가격	상반기 판매량	하반기 판매량			
19		골프	30,500원	4,782	4,820			
20		풋볼	34,900원	4,890	7,510			
21		릴리 스토리	32,600원	2,570	2,500			
22		아소의 나라	28,400원	2,780	2,450			

레벨업 📈 열 너비 조절

고급 필터 작업 후 열 너비가 좁아서 데이터가 다 보이지 않을 경우에는 열의 너비를 적당히 조절합니다.

	A	B	C	D	E
14		유형	하반기 판매량		
15		스포츠			
16			<=3000		
17					
18		제품명	가격	상반기 판매량	하반기 판매량
19		골프	######	4,782	4,820
20		풋볼	######	4,890	7,510
21		릴리 스토리	######	2,570	2,500
22		아소의 나라	######	2,780	2,450

	A	B	C	D	E
14		유형	하반기 판매량		
15		스포츠			
16			<=3000		
17					
18		제품명	가격	상반기 판매량	하반기 판매량
19		골프	30,500원	4,782	4,820
20		풋볼	34,900원	4,890	7,510
21		릴리 스토리	32,600원	2,570	2,500
22		아소의 나라	28,400원	2,780	2,450

☞ **"제1작업"** 시트의 「B4:H12」 영역을 복사하여 **"제2작업"** 시트의 「B2」 셀부터 모두 붙여넣기를 한 후 다음의 조건과 같이 작업하시오.

《조건》

(1) 고급 필터 – 상품코드가 'R'로 시작하면서 판매수량(단위:대)이 '1,800' 초과인 자료의 데이터만 추출하시오.
- 조건 범위 : 「B14」 셀부터 입력하시오.
- 복사 위치 : 「B18」 셀부터 나타나도록 하시오.

(2) 표 서식 – 고급필터의 결과셀을 채우기 없음으로 설정한 후 '표 스타일 보통 7'의 서식을 적용하시오.
- 머리글 행, 줄무늬 행을 적용하시오.

☞ **"제1작업"** 시트를 이용하여 **"제3작업"** 시트에 조건에 따라 《출력형태》와 같이 작업하시오.

《조건》

(1) 방송일 및 분류별 상품명의 개수와 판매수량(단위:대)의 평균을 구하시오.
(2) 방송일을 그룹화하고, 분류를 《출력형태》와 같이 정렬하시오.
(3) 레이블이 있는 셀 병합 및 가운데 맞춤 적용 및 빈 셀은 '***'로 표시하시오.
(4) 행의 총합계는 지우고, 나머지 사항은 《출력형태》에 맞게 작성하시오.

《출력형태》

	A	B	C	D	E	F	G	H
2			분류 ▽						
3			냉장고		TV		세탁기	
4		방송일 ▽	개수 : 상품명	평균 : 판매수량(단위:대)	개수 : 상품명	평균 : 판매수량(단위:대)	개수 : 상품명	평균 : 판매수량(단위:대)
5		1월	1	1,788	1	854	***	***
6		2월	***	***	1	2,167	1	4,456
7		3월	1	2,344	***	***	1	3,012
8		4월	2	1,405	***	***	***	***
9		총합계	4	1,735	2	1,511	2	3,734

 1 "제1작업" 시트의 「B4:H12」 영역을 복사하여 "제2작업" 시트의 「B2」 셀부터 모두 붙여넣기를 한 후 다음의 조건과 같이 작업하시오.

소스파일: 05차시_유형1-1(문제).xlsx
완성파일: 05차시_유형1-1(완성).xlsx

《조건》

(1) 목표값 찾기 – 「B11:G11」 셀을 병합하여 "제조사 JWP 상품의 가격 평균"을 입력한 후 「H11」 셀에 제조사 JWP 상품의 가격 평균을 구하시오. 단, 조건은 입력데이터를 이용하시오 (DAVERAGE 함수, 테두리, 가운데 맞춤).
　　　　　　– '제조사 JWP 상품의 가격 평균'이 '9,500'이 되려면 베이킹소다의 가격이 얼마가 되어야 하는지 목표값을 구하시오.

(2) 고급필터 – 상품코드가 'P'로 시작하거나 조회수가 '100,000' 이상인 자료의 상품명, 제조사, 가격, 점수(5점 만점) 데이터만 추출하시오.
　　　　　　– 조건 범위 : 「B14」 셀부터 입력하시오.
　　　　　　– 복사 위치 : 「B18」 셀부터 나타나도록 하시오.

 2 "제1작업" 시트의 「B4:H12」 영역을 복사하여 "제2작업" 시트의 「B2」 셀부터 모두 붙여넣기를 한 후 다음의 조건과 같이 작업하시오.

소스파일: 05차시_유형1-2(문제).xlsx
완성파일: 05차시_유형1-2(완성).xlsx

《조건》

(1) 목표값 찾기 – 「B11:G11」 셀을 병합하여 "시공업체 JUM 품목의 시공비(단위:천원) 평균"을 입력한 후 「H11」 셀에 시공업체 JUM 품목의 시공비(단위:천원) 평균을 구하시오. 단, 조건은 입력데이터를 이용하시오 (DAVERAGE 함수, 테두리, 가운데 맞춤).
　　　　　　– '시공업체 JUM 품목의 시공비(단위:천원) 평균'이 '1,500'이 되려면 수박의 시공비(단위:천원)가 얼마가 되어야 하는지 목표값을 구하시오.

(2) 고급필터 – 관리코드가 'L'로 시작하거나 농가면적이 '5,000' 이하인 자료의 품목명, 운영기간(년), 시공비(단위:천원), 농가면적 데이터만 추출하시오.
　　　　　　– 조건 범위 : 「B14」 셀부터 입력하시오.
　　　　　　– 복사 위치 : 「B18」 셀부터 나타나도록 하시오.

☞ 다음은 '우리 홈쇼핑 가전 제품 판매 현황'에 대한 자료이다. 자료를 입력하고 조건에 맞도록 작업하시오.

《출력형태》

	담당	팀장	부장
결재			

우리 홈쇼핑 가전 제품 판매 현황

상품코드	상품명	방송일	분류	판매가격	판매수량 (단위:대)	상품평 (단위:건)	방송요일	배송비
W2113	워시타워 드럼 세탁기	2023-02-08	세탁기	1,298	4,456	356	(1)	(2)
R1210	비스포크 김치 냉장고	2023-04-01	냉장고	2,799	1,822	1,657	(1)	(2)
R1213	캐리어 클라윈드 냉장고	2023-03-10	냉장고	1,899	2,344	875	(1)	(2)
C3115	스마트 벽걸이 TV	2023-01-12	TV	3,500	854	34	(1)	(2)
W2117	그랑데 드럼 세탁기	2023-03-15	세탁기	1,798	3,012	1,125	(1)	(2)
R1215	오브제컬렉션 냉장고	2023-04-12	냉장고	2,425	987	67	(1)	(2)
C3119	QLED 벽걸이 TV	2023-02-20	TV	3,985	2,167	1,785	(1)	(2)
R1218	인공지능 냉장고	2023-01-17	냉장고	1,750	1,788	895	(1)	(2)
세탁기 판매수량(단위:대) 평균			(3)			최다 상품평(단위:건)		(5)
비스포크 김치 냉장고 판매순위			(4)			상품코드	W2113	분류	(6)

《조건》

○ 모든 데이터의 서식에는 글꼴(굴림, 11pt), 정렬은 숫자 및 회계 서식은 오른쪽 정렬, 나머지 서식은 가운데 정렬로 작성하며 예외적인 것은《출력형태》를 참조하시오.

○ 제 목 ⇒ 도형(양쪽 모서리가 잘린 사각형)과 그림자(오프셋 아래쪽)를 이용하여 작성하고 "우리 홈쇼핑 가전 제품 판매 현황"을 입력한 후 다음 서식을 적용하시오
(글꼴-굴림, 24pt, 검정, 굵게, 채우기-노랑).

○ 임의의 셀에 결재란을 작성하여 그림으로 복사 기능을 이용하여 붙이기 하시오(단, 원본 삭제).

○ 「B4:J4, G14, I14」 영역은 '주황'으로 채우기 하시오.

○ 유효성 검사를 이용하여 「H14」 셀에 상품코드(「B5:B12」 영역)가 선택 표시되도록 하시오.

○ 셀 서식 ⇒ 「F5:F12」 영역에 셀 서식을 이용하여 숫자 뒤에 '천원'을 표시하시오(예 : 3,525천원).

○ 「H5:H12」 영역에 대해 '상품평'으로 이름정의를 하시오.

☞ (1)~(6) 셀은 반드시 **주어진 함수를 이용**하여 값을 구하시오(결과값을 직접 입력하면 해당 셀은 0점 처리됨).

(1) 방송요일 ⇒ 방송일에 대한 요일을 구하시오(CHOOSE, WEEKDAY 함수)(예 : 월).

(2) 배송비 ⇒ 판매가격이 2,500 이상이면 '무료배송', 그 외에는 '30,000원'으로 표시하시오(IF 함수).

(3) 세탁기 판매수량(단위:대) 평균 ⇒ 반올림하여 정수로 표시하시오. 단, 조건은 입력데이터를 이용하시오(ROUND, DAVERAGE 함수).

(4) 비스포크 김치 냉장고 판매순위 ⇒ 비스포크 김치 냉장고 판매수량(단위:대)의 내림차순 순위를 구한 후 결과값에 '위'를 붙이시오(RANK.EQ 함수, & 연산자)(예 : 3위).

(5) 최다 상품평(단위:건) ⇒ 정의된 이름(상품평)을 이용하여 구하시오(LARGE 함수).

(6) 분류 ⇒ 「H14」 셀에서 선택한 상품코드에 대한 분류를 구하시오(VLOOKUP 함수).

(7) 조건부 서식의 수식을 이용하여 상품평(단위:건)이 '1,000' 이상인 행 전체에 다음의 서식을 적용하시오
(글꼴 : 파랑, 굵은 기울임꼴).

3 "제1작업" 시트의 「B4:H12」 영역을 복사하여 "제2작업" 시트의 「B2」 셀 부터 모두 붙여넣기를 한 후 다음의 조건과 같이 작업하시오.

소스파일: 05차시_유형1-3(문제).xlsx
완성파일: 05차시_유형1-3(완성).xlsx

《조건》
(1) 목표값 찾기 – 「B11:G11」 셀을 병합하여 "누적 대출권수 평균"을 입력한 후 「H11」 셀에 누적 대출권수 평균을 구하시오. (AVERAGE 함수, 테두리, 가운데 맞춤).
　　　　– '누적 대출권수 평균'이 '790'이 되려면 전수민의 누적 대출권수가 얼마가 되어야 하는지 목표값을 구하시오.

(2) 고급필터 – 학교명이 '산월초등학교' 이면서 누적 대출권수가 '900' 이상인 자료의 데이터만 추출하시오.
　　　　– 조건 범위 : 「B14」 셀부터 입력하시오.
　　　　– 복사 위치 : 「B18」 셀부터 나타나도록 하시오.

4 "제1작업" 시트의 「B4:H12」 영역을 복사하여 "제2작업" 시트의 「B2」 셀 부터 모두 붙여넣기를 한 후 다음의 조건과 같이 작업하시오.

소스파일: 05차시_유형1-4(문제).xlsx
완성파일: 05차시_유형1-4(완성).xlsx

《조건》
(1) 목표값 찾기 – 「B11:G11」 셀을 병합하여 "수강인원 평균"을 입력한 후 「H11」 셀에 수강인원 평균을 구하시오. (AVERAGE 함수, 테두리, 가운데 맞춤).
　　　　– '수강인원 평균'이 '40'이 되려면 캘리그라피의 수강인원이 얼마가 되어야 하는지 목표값을 구하시오.

(2) 고급필터 – 지점이 '구로'이면서 수강료(단위:원)가 '100,000' 이하인 자료의 데이터만 추출하시오.
　　　　– 조건 범위 : 「B14」 셀부터 입력하시오.
　　　　– 복사 위치 : 「B18」 셀부터 나타나도록 하시오.

정보기술자격(ITQ) 실전모의고사

과 목	코 드	문제유형	시험시간	수험번호	성 명
한글엑셀	1122	A	60분		

수험자 유의사항

◎ 수험자는 문제지를 받는 즉시 문제지와 **수험표상의 시험과목(프로그램)이 동일한지 반드시 확인**하여야 합니다.

◎ 파일명은 본인의 "수험번호-성명"으로 입력하여 답안폴더(내 PC\문서\ITQ)에 하나의 파일로 저장해야 하며, 답안문서 파일명이 "수험번호-성명"과 일치하지 않거나, 답안파일을 전송하지 않아 미제출로 처리될 경우 실격 처리합니다 (예:12345678-홍길동.xlsx).

◎ 답안 작성을 마치면 파일을 저장하고, '답안 전송' 버튼을 선택하여 감독위원 PC로 답안을 전송하십시오. 수험생 정보와 저장한 파일명이 다를 경우 전송되지 않으므로 주의하시기 바랍니다.

◎ 답안 작성 중에도 **주기적으로 저장하고, '답안 전송'**하여야 문제 발생을 줄일 수 있습니다. 작업한 내용을 저장하지 않고 전송할 경우 이전에 저장된 내용이 전송되오니 이점 유의하시기 바랍니다.

◎ 답안문서는 지정된 경로 외의 다른 보조기억장치에 저장하는 경우, 지정된 시험 시간 외에 작성된 파일을 활용할 경우, 기타 통신수단(이메일, 메신저, 네트워크 등)을 이용하여 타인에게 전달 또는 외부 반출하는 경우는 부정 처리합니다.

◎ 시험 중 부주의 또는 고의로 시스템을 파손한 경우는 수험자가 변상해야 하며, <수험자 유의사항>에 기재된 방법대로 이행하지 않아 생기는 불이익은 수험생 당사자의 책임임을 알려 드립니다.

◎ 문제의 조건은 MS오피스 2016 버전으로 설정되어 있으니 유의하시기 바랍니다.

◎ 시험을 완료한 수험자는 답안파일이 전송되었는지 확인한 후 감독위원의 지시에 따라 문제지를 제출하고 퇴실합니다.

답안 작성요령

◎ 온라인 답안 작성 절차

수험자 등록 ⇒ 시험 시작 ⇒ 답안파일 저장 ⇒ 답안 전송 ⇒ 시험 종료

◎ 문제는 총 4단계, 즉 제1작업부터 제4작업까지 구성되어 있으며 반드시 제1작업부터 순서대로 작성하고 조건대로 작업 하시오.

◎ 모든 작업시트의 A열은 열 너비 '1'로, 나머지 열은 적당하게 조절하시오.

◎ 모든 작업시트의 테두리는 《출력형태》와 같이 작업하시오.

◎ 해당 작업란에서는 각각 제시된 조건에 따라 《출력형태》와 같이 작업하시오.

◎ 답안 시트 이름은 "제1작업", "제2작업", "제3작업", "제4작업"이어야 하며 답안 시트 이외의 것은 감점 처리됩니다.

◎ 각 시트를 파일로 나누어 작업해서 저장할 경우 실격 처리됩니다.

[제2작업] 필터 및 서식

- [제1작업] 시트의 데이터를 복사하여 [제2작업] 시트에 붙여넣습니다.
- 고급필터를 이용하여 특정 조건에 만족하는 데이터만 추출합니다.
- 고급필터 결과를 표 서식의 스타일로 지정합니다.

소스파일: 05차시_유형2(문제).xlsx　　완성파일: 05차시_유형2(완성).xlsx

문제 미리보기　"제1작업" 시트의 「B4:H12」 영역을 복사하여 "제2작업" 시트의 「B2」 셀부터 모두 붙여넣기를 한 후 다음의 조건과 같이 작업하시오.

《조건》

⑴ 고급필터 – 개발사가 '소리아'이면서 하반기 판매량이 '2,500' 이상인 데이터만 추출하시오.
　　　　　 – 조건 범위 : 「B14」 셀부터 입력하시오.
　　　　　 – 복사 위치 : 「B18」 셀부터 나타나도록 하시오.

⑵ 표 서식 – 고급필터의 결과셀을 채우기 없음으로 설정한 후 '표 스타일 보통 6'의 서식을 적용하시오.
　　　　　 – 머리글 행, 줄무늬 행을 적용하시오.

⭐ **과정 미리보기**　데이터 복사 및 붙여넣기 ➡ 필터 조건 입력 ➡ 고급필터 ➡ 채우기 없음 지정 ➡ 표 서식 적용

☞ "**제1작업**" 시트를 이용하여 조건에 따라《출력형태》와 같이 작업하시오.

《조건》

(1) 차트 종류 ⇒ <묶은 세로 막대형>으로 작업하시오.

(2) 데이터 범위 ⇒ "제1작업" 시트의 내용을 이용하여 작업하시오.

(3) 위치 ⇒ "새 시트"로 이동하고, "제4작업"으로 시트 이름을 바꾸시오.

(4) 차트 디자인 도구 ⇒ 레이아웃 3, 스타일 1을 선택하여《출력형태》에 맞게 작업하시오.

(5) 영역 서식 ⇒ 차트 : 글꼴(굴림, 11pt), 채우기 효과(질감-파랑 박엽지)

　　　　　　 그림 : 채우기(흰색, 배경 1)

(6) 제목 서식 ⇒ 차트 제목 : 글꼴(굴림, 굵게, 20pt), 채우기(흰색, 배경 1), 테두리

(7) 서식 ⇒ 가격 계열의 차트 종류를 <표식이 있는 꺾은선형>으로 변경한 후 보조 축으로 지정하시오.

　　　　 계열 :《출력형태》를 참조하여 표식(마름모, 크기 10)과 레이블 값을 표시하시오.

　　　　 눈금선 : 선 스타일-파선

　　　　 축 :《출력형태》를 참조하시오.

(8) 범례 ⇒ 범례명을 변경하고《출력형태》를 참조하시오.

(9) 도형 ⇒ '모서리가 둥근 사각형 설명선'을 삽입한 후《출력형태》와 같이 내용을 입력하시오.

(10) 나머지 사항은《출력형태》에 맞게 작성하시오.

《출력형태》

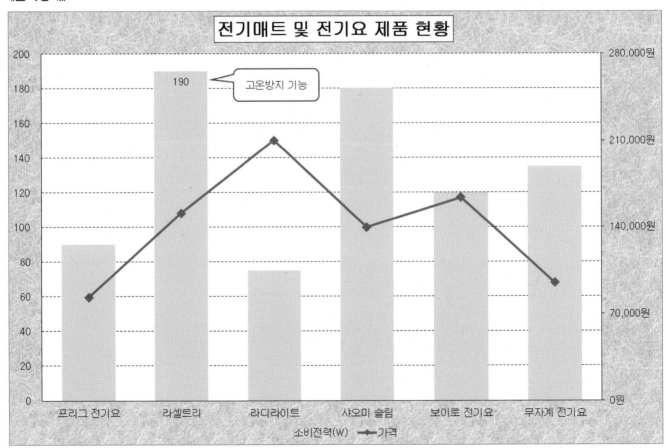

주의 ☞ 시트명 순서가 차례대로 "제1작업", "제2작업", "제3작업", "제4작업"이 되도록 할 것.

01 **데이터 복사 및 붙여넣기**

☞ "제1작업" 시트의 「B4:H12」 영역을 복사하여 "제2작업" 시트의 「B2」 셀부터 모두 붙여넣기를 한 후 다음의 조건과 같이 작업하시오.

❶ 05차시_유형2(문제).xlsx 파일을 실행한 후 [제1작업] 시트를 선택합니다. 데이터를 복사하기 위해 [B4:H12] 영역을 드래그한 후 [홈] 탭-[클립보드] 그룹에서 복사(📋)를 클릭합니다.

➕ 복사 바로 가기 키 : Ctrl + C

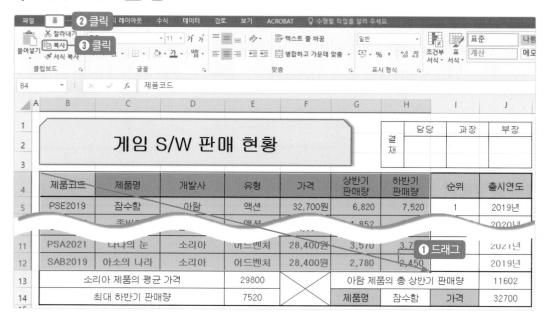

❷ 복사한 데이터를 붙여넣기 위해 [제2작업] 시트의 [B2] 셀을 선택한 후 [홈] 탭-[클립보드] 그룹에서 붙여넣기(📋)를 클릭합니다.

➕ 붙여넣기 바로 가기 키 : Ctrl + V

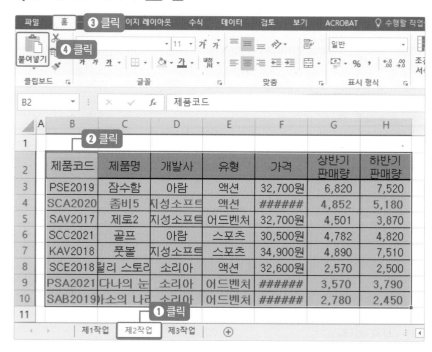

☞ **"제1작업"** 시트의 「B4:H12」 영역을 복사하여 **"제2작업"** 시트의 「B2」 셀부터 모두 붙여넣기를 한 후 다음의 조건과 같이 작업하시오.

《조건》

(1) 목표값 찾기 - 「B11:G11」 셀을 병합하여 "전기요의 가격 평균"을 입력한 후 「H11」 셀에 전기요의 가격 평균을 구하시오. 단, 조건은 입력데이터를 이용하시오(DAVERAGE 함수, 테두리, 가운데 맞춤).
   - '전기요의 가격 평균'이 '120,000'이 되려면 무자계 전기요의 가격이 얼마가 되어야 하는지 목표값을 구하시오.

(2) 고급필터 - 제품코드가 'B'로 시작하거나, 소비전력(W)이 '100' 이하인 자료의 모델명, 방식, 제조사, 가격 데이터만 추출하시오.
   - 조건 범위 : 「B14」 셀부터 입력하시오.
   - 복사 위치 : 「B18」 셀부터 나타나도록 하시오.

☞ **"제1작업"** 시트의 「B4:H12」 영역을 복사하여 **"제3작업"** 시트의 「B2」 셀부터 모두 붙여넣기를 한 후 다음의 조건과 같이 작업하시오.

《조건》

(1) 부분합 - 《출력형태》처럼 정렬하고, 가격의 최대값과 소비전력의 평균을 구하시오.
(2) 윤곽 - 지우시오.
(3) 나머지 사항은《출력형태》에 맞게 작성하시오.

《출력형태》

	A	B	C	D	E	F	G	H
1								
2		제품코드	모델명	방식	제조사	가격	소비전력(W)	등록일
3		HL3-099	더 케어 슬림	온수매트	대성셀틱	220,760원	350	2023-10-15
4		OE1-082	에어로 실버	온수매트	경동나비엔	80,860원	240	2022-09-03
5				온수매트 평균			295	
6				온수매트 최대값		220,760원		
7		RA2-019	라셀트리	전기매트	액세트리	151,260원	190	2023-04-15
8		RD1-035	라디라이트	전기매트	신일전자	210,000원	75	2023-09-05
9		OE1-076	샤오미 슬림	전기매트	샤오미	139,860원	180	2023-11-21
10				전기매트 평균			148	
11				전기매트 최대값		210,000원		
12		BK1-021	프리그 전기요	전기요	대진전자	83,300원	90	2022-10-23
13		BE2-073	보이로 전기요	전기요	이메틱	163,800원	120	2022-10-08
14		HE2-052	무자계 전기요	전기요	대원전자	95,000원	135	2023-09-19
15				전기요 평균			115	
16				전기요 최대값		163,800원		
17				전체 평균			173	
18				전체 최대값		220,760원		

❸ 복사된 데이터의 열 너비를 조절하기 위해 **[B:H]** 열 머리글을 드래그한 후 **열 머리글 사이(✛)를** 더블클릭합니다.

➕ • 열 머리글 경계선을 더블클릭하면 해당 열에서 가장 긴 글자에 맞추어 자동으로 열의 너비가 조절됩니다.
  • 자동으로 조절된 열의 너비가 《출력형태》에 비해 좁다고 판단되면 마우스로 드래그하여 열 너비를 넓혀줍니다.

02 고급필터

(1) 고급필터 – 개발사가 '소리아'이면서 하반기 판매량이 '2,500' 이상인 데이터만 추출하시오.
 – 조건 범위 : 「B14」 셀부터 입력하시오.
 – 복사 위치 : 「B18」 셀부터 나타나도록 하시오.

❶ 고급필터의 조건을 입력하기 위해 **개발사([D2])와 하반기 판매량([H2])** 셀을 선택한 후 **[홈]** 탭–**[클립보드]** 그룹에서 **복사(🗐)를** 클릭합니다.

➕ • 떨어져 있는 셀을 연속으로 선택할 때는 Ctrl 을 누른 채 다음 셀을 클릭합니다.
  • 복사 바로 가기 키 : Ctrl + C

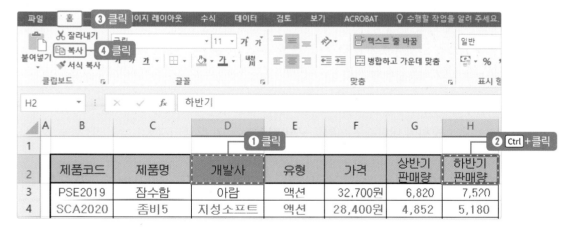

❷ 지정된 조건 범위에 붙여넣기 위해 **[B14]** 셀을 선택한 후 **[홈]** 탭–**[클립보드]** 그룹에서 **붙여넣기(📋)를** 클릭합니다.

➕ 붙여넣기 바로 가기 키 : Ctrl + V

☞ 다음은 '**겨울가전 최신 상품 목록**'에 대한 자료이다. 자료를 입력하고 조건에 맞도록 작업하시오.

《출력형태》

제품코드	모델명	방식	제조사	가격	소비전력 (W)	등록일	순위	비고
BK1-021	프리그 전기요	전기요	대진전자	83,300	90	2022-10-23	(1)	(2)
RA2-019	라셀트리	전기매트	액세트리	151,260	190	2023-04-15	(1)	(2)
HL3-099	더 케어 슬림	온수매트	대성셀틱	220,760	350	2023-10-15	(1)	(2)
RD1-035	라디라이트	전기매트	신일전자	210,000	75	2023-09-05	(1)	(2)
OE1-082	에어로 실버	온수매트	경동나비엔	80,860	240	2022-09-03	(1)	(2)
OE1-076	샤오미 슬림	전기매트	샤오미	139,860	180	2023-11-21	(1)	(2)
BE2-073	보이로 전기요	전기요	이메틱	163,800	120	2022-10-08	(1)	(2)
HE2-052	무자계 전기요	전기요	대원전자	95,000	135	2023-09-19	(1)	(2)
온수매트 가격 평균			(3)			두 번째로 높은 소비전력		(5)
전기요 최고 가격			(4)			제품코드	BK1-021	소비전력(W) (6)

(결재: 담당 / 팀장 / 본부장)

《조건》

○ 모든 데이터의 서식에는 글꼴(굴림, 11pt), 정렬은 숫자 및 회계 서식은 오른쪽 정렬, 나머지 서식은 가운데 정렬로 작성하며 예외적인 것은 《출력형태》를 참조하시오.

○ 제 목 ⇒ 도형(사다리꼴)과 그림자(오프셋 대각선 오른쪽 아래)를 이용하여 작성하고 "겨울가전 최신 상품 목록"을 입력한 후 다음 서식을 적용하시오

　　　　(글꼴-굴림, 24pt, 검정, 굵게, 채우기-노랑).

○ 임의의 셀에 결재란을 작성하여 그림으로 복사 기능을 이용하여 붙이기 하시오(단, 원본 삭제).

○ 「B4:J4, G14, I14」 영역은 '주황'으로 채우기 하시오.

○ 유효성 검사를 이용하여 「H14」 셀에 제품코드(「B5:B12」 영역)가 선택 표시되도록 하시오.

○ 셀 서식 ⇒ 「F5:F12」 영역에 셀 서식을 이용하여 숫자 뒤에 '원'을 표시하시오(예 : 83,300원).

○ 「G5:G12」 영역에 대해 '소비전력'으로 이름정의를 하시오.

☞ (1)~(6) 셀은 반드시 **주어진 함수를 이용**하여 값을 구하시오(결과값을 직접 입력하면 해당 셀은 0점 처리됨).

(1) 순위 ⇒ 정의된 이름(소비전력)을 이용하여 내림차순 순위를 구한 결과값에 '위'를 붙이시오(RANK.EQ 함수, & 연산자).
　　　(예 : 1위).

(2) 비고 ⇒ 제품코드의 세 번째 글자가 1이면 '싱글', 2이면 '슈퍼 싱글', 그 외에는 '더블'로 구하시오(IF, MID 함수).

(3) 온수매트 가격 평균 ⇒ (SUMIF, COUNTIF 함수)

(4) 전기요 최고 가격 ⇒ 조건은 입력데이터를 이용하시오(DMAX 함수).

(5) 두 번째로 높은 소비전력 ⇒ 정의된 이름(소비전력)을 이용하여 구하시오(LARGE 함수).

(6) 소비전력(W) ⇒ 「H14」 셀에서 선택한 제품코드에 대한 소비전력(W)을 구하시오(VLOOKUP 함수).

(7) 조건부 서식의 수식을 이용하여 소비전력(W)이 '150' 이하인 행 전체에 다음의 서식을 적용하시오(글꼴 : 파랑, 굵게).

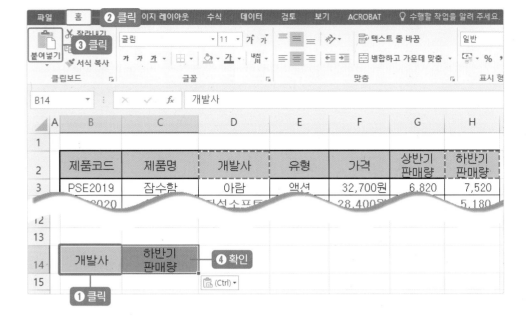

❸ 개발사가 '소리아'이면서 하반기 판매량이 '2,500 이상'인 조건을 지정하기 위해 [B15] 셀에는 **소리아**, [C15] 셀에는 **>=2500**으로 조건을 입력합니다.

	A	B	C	D	E	F	G	H
9		PSA2021	다나의 눈	소리아	어드벤처	28,400원	3,570	3,790
10		SAB2019	아소의 나라	소리아	어드벤처	28,400원	2,780	2,450
11								
12								
13								
14		개발사	하반기 판매량					
15		소리아	>=2500	── 입력				
16								

❹ 고급필터를 작성하기 위해 [B2:H10] 영역을 드래그한 후 [데이터] 탭-[정렬 및 필터] 그룹에서 **고급** (▼고급)을 클릭합니다.

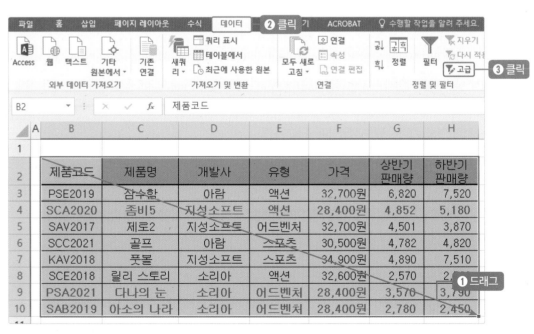

정보기술자격(ITQ) 실전모의고사

과 목	코 드	문제유형	시험시간	수험번호	성 명
한글엑셀	1122	A	60분		

수험자 유의사항

◎ 수험자는 문제지를 받는 즉시 문제지와 **수험표상의 시험과목(프로그램)이 동일한지 반드시 확인**하여야 합니다.

◎ 파일명은 본인의 "수험번호-성명"으로 입력하여 답안폴더(내 PC\문서\ITQ)에 하나의 파일로 저장해야 하며, 답안문서 파일명이 "수험번호-성명"과 일치하지 않거나, 답안파일을 전송하지 않아 미제출로 처리될 경우 실격 처리합니다 (예:12345678-홍길동.xlsx).

◎ 답안 작성을 마치면 파일을 저장하고, '답안 전송' 버튼을 선택하여 감독위원 PC로 답안을 전송하십시오. 수험생 정보와 저장한 파일명이 다를 경우 전송되지 않으므로 주의하시기 바랍니다.

◎ 답안 작성 중에도 **주기적으로 저장하고, '답안 전송'**하여야 문제 발생을 줄일 수 있습니다. 작업한 내용을 저장하지 않고 전송할 경우 이전에 저장된 내용이 전송되오니 이점 유의하시기 바랍니다.

◎ 답안문서는 지정된 경로 외의 다른 보조기억장치에 저장하는 경우, 지정된 시험 시간 외에 작성된 파일을 활용할 경우, 기타 통신수단(이메일, 메신저, 네트워크 등)을 이용하여 타인에게 전달 또는 외부 반출하는 경우는 부정 처리합니다.

◎ 시험 중 부주의 또는 고의로 시스템을 파손한 경우는 수험자가 변상해야 하며, <수험자 유의사항>에 기재된 방법대로 이행하지 않아 생기는 불이익은 수험생 당사자의 책임임을 알려 드립니다.

◎ 문제의 조건은 MS오피스 2016 버전으로 설정되어 있으니 유의하시기 바랍니다.

◎ 시험을 완료한 수험자는 답안파일이 전송되었는지 확인한 후 감독위원의 지시에 따라 문제지를 제출하고 퇴실합니다.

답안 작성요령

◎ 온라인 답안 작성 절차

    수험자 등록 ⇒ 시험 시작 ⇒ 답안파일 저장 ⇒ 답안 전송 ⇒ 시험 종료

◎ 문제는 총 4단계, 즉 제1작업부터 제4작업까지 구성되어 있으며 반드시 제1작업부터 순서대로 작성하고 조건대로 작업하시오.

◎ 모든 작업시트의 A열은 열 너비 '1'로, 나머지 열은 적당하게 조절하시오.

◎ 모든 작업시트의 테두리는《출력형태》와 같이 작업하시오.

◎ 해당 작업란에서는 각각 제시된 조건에 따라《출력형태》와 같이 작업하시오.

◎ 답안 시트 이름은 "제1작업", "제2작업", "제3작업", "제4작업"이어야 하며 답안 시트 이외의 것은 감점 처리됩니다.

◎ 각 시트를 파일로 나누어 작업해서 저장할 경우 실격 처리됩니다.

❺ [고급필터] 대화상자에서 **결과(다른 장소에 복사)**, **목록 범위(B2:H10)**, **조건 범위(B14:C15)**, **복사 위치 (B18)**를 각각 지정한 후 <확인>을 클릭합니다.

➕ '조건 범위' 및 '복사 위치'는 해당 셀 범위를 마우스로 드래그하여 지정합니다.

	A	B	C	D	E	F	G	H
1								
2		제품코드	제품명	개발사	유형	가격	상반기 판매량	하반기 판매량
3		PSE2019	잠수함	아람	액션	32,700원	6,820	7,520
4		SCA2020	좀비5	지성소프트	액션	28,400원	4,852	5,180
5		SAV2017	제로2	지성소프트	어드벤처	32,700원	4,501	3,870
6		SCC2021	골프	아람	스포츠	30,500원	4,782	4,820
7		KAV2018	풋볼	지성소프트	스포츠	34,900원	4,890	7,510
8		SCE2018	릴리 스토리	소리아	액션	32,600원	2,570	2,500
9		PSA2021	다나의 눈	소리아	어드벤처	28,400원	3,570	3,790
10		SAB2019	아소의 나라	소리아	어드벤처	28,400원	2,780	2,450
11								
12								
13								
14		개발사	하반기 판매량					
15		소리아	>=2500					
16								
17								
18								
19								
20								
21								

고급 필터 대화상자:
- 결과
  - ○ 현재 위치에 필터(F)
  - ◉ 다른 장소에 복사(O) ← ❶ 클릭
- 목록 범위(L): $B$2:$H$10
- 조건 범위(C): !!$B$14:$C$15 ← ❷ 지정
- 복사 위치(T): 제2작업!$B$18
- ☐ 동일한 레코드는 하나만(R)
- ❸ 클릭 → 확인 취소

❻ 조건에 맞추어 데이터가 추출되면 결과를 확인합니다.

	A	B	C	D	E	F	G	H
1								
2		제품코드	제품명	개발사	유형	가격	상반기 판매량	하반기 판매량
3		PSE2019	잠수함	아람	액션	32,700원	6,820	7,520
4		SCA2020	좀비5	지성소프트	액션	28,400원	4,852	5,180
5		SAV2017	제로2	지성소프트	어드벤처	32,700원	4,501	3,870
6		SCC2021	골프	아람	스포츠	30,500원	4,782	4,820
7		KAV2018	풋볼	지성소프트	스포츠	34,900원	4,890	7,510
8		SCE2018	릴리 스토리	소리아	액션	32,600원	2,570	2,500
9		PSA2021	다나의 눈	소리아	어드벤처	28,400원	3,570	3,790
10		SAB2019	아소의 나라	소리아	어드벤처	28,400원	2,780	2,450
11								
12								
13								
14		개발사	하반기 판매량					
15		소리아	>=2500					
16								
17								
18		제품코드	제품명	개발사	유형	가격	상반기 판매량	하반기 판매량
19		SCE2018	릴리 스토리	소리아	액션	32,600원	2,570	2,500
20		PSA2021	다나의 눈	소리아	어드벤처	28,400원	3,570	3,790

☞ "제1작업" 시트를 이용하여 조건에 따라 《출력형태》와 같이 작업하시오.

《조건》

(1) 차트 종류 ⇒ <묶은 세로 막대형>으로 작업하시오.

(2) 데이터 범위 ⇒ "제1작업" 시트의 내용을 이용하여 작업하시오.

(3) 위치 ⇒ "새 시트"로 이동하고, "제4작업"으로 시트 이름을 바꾸시오.

(4) 차트 디자인 도구 ⇒ 레이아웃 3, 스타일 1을 선택하여 《출력형태》에 맞게 작업하시오.

(5) 영역 서식 ⇒ 차트 : 글꼴(굴림, 11pt), 채우기 효과(질감-분홍 박엽지)

　　　　　　　그림 : 채우기(흰색, 배경 1)

(6) 제목 서식 ⇒ 차트 제목 : 글꼴(굴림, 굵게, 20pt), 채우기(흰색, 배경 1), 테두리

(7) 서식 ⇒ 등록비(단위:원) 계열의 차트 종류를 <표식이 있는 꺾은선형>으로 변경한 후 보조 축으로 지정하시오.

　　　　계열 :《출력형태》를 참조하여 표식(세모, 크기 10)과 레이블 값을 표시하시오.

　　　　눈금선 : 선 스타일-파선

　　　　축 :《출력형태》를 참조하시오.

(8) 범례 ⇒ 범례명을 변경하고 《출력형태》를 참조하시오.

(9) 도형 ⇒ '모서리가 둥근 사각형 설명선'을 삽입한 후 《출력형태》와 같이 내용을 입력하시오.

(10) 나머지 사항은 《출력형태》에 맞게 작성하시오.

《출력형태》

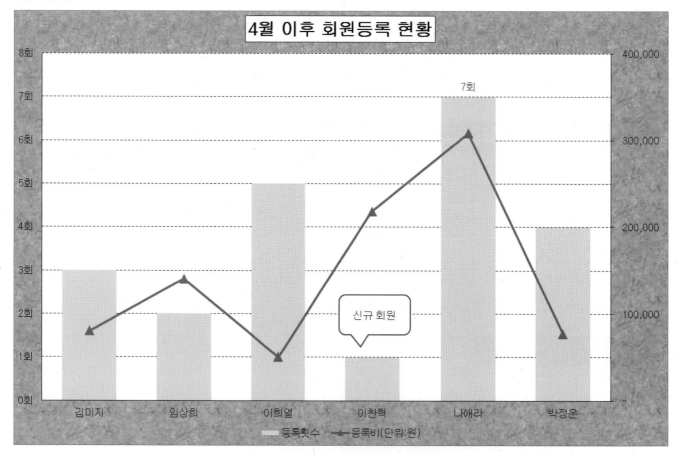

주의 ☞ 시트명 순서가 차례대로 "제1작업", "제2작업", "제3작업", "제4작업"이 되도록 할 것.

03 표 서식

(2) 표 서식 – 고급필터의 결과셀을 채우기 없음으로 설정한 후 '표 스타일 보통 6'의 서식을 적용하시오.
– 머리글 행, 줄무늬 행을 적용하시오.

❶ 고급필터로 추출된 결과셀의 채우기 색을 삭제하기 위해 [B18:H20] 영역을 드래그한 후 [홈] 탭-[글꼴] 그룹에서 채우기 색(🪣)의 목록 단추(⌄)를 눌러 **채우기 없음**을 클릭합니다.

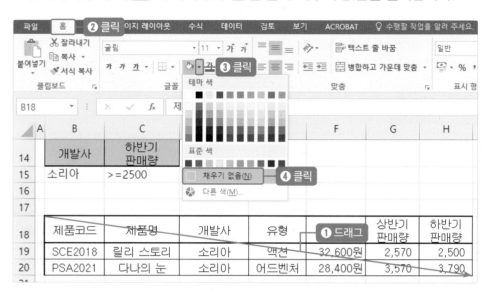

❷ 조건에 맞추어 표 스타일을 적용하기 위해 [홈] 탭-[스타일] 그룹에서 [표 서식(📋)]-보통-**표 스타일 보통 6**을 클릭합니다.

➕ 영역 지정이 해제되었을 경우 [B18:H20]을 다시 영역으로 지정한 후 표 서식을 작업합니다.

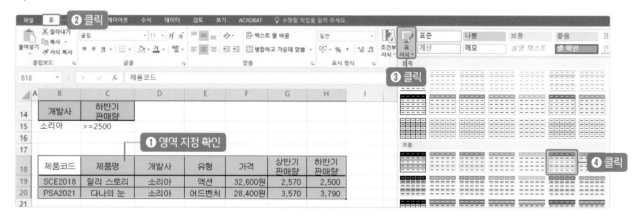

❸ [표 서식] 대화상자에서 **데이터 범위($B$18:$H$20)**를 확인한 후 <확인>을 클릭합니다.

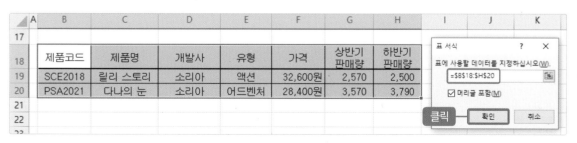

☞ **"제1작업"** 시트의 「B4:H12」 영역을 복사하여 **"제2작업"** 시트의 「B2」 셀부터 모두 붙여넣기를 한 후 다음의 조건과 같이 작업하시오.

《조건》

(1) 고급 필터 - 등록일이 '2023-05-31' 이전(해당일 포함)이거나, 등록횟수가 '4' 이상인 자료의 회원코드, 회원명, 담당자, 등록비(단위:원) 데이터만 추출하시오.
　　　　　 - 조건 범위 : 「B14」 셀부터 입력하시오.
　　　　　 - 복사 위치 : 「B18」 셀부터 나타나도록 하시오.

(2) 표 서식 - 고급필터의 결과셀을 채우기 없음으로 설정한 후 '표 스타일 보통 2'의 서식을 적용하시오.
　　　　　 - 머리글 행, 줄무늬 행을 적용하시오.

제3작업　　피벗 테이블　　　　　　　　　　　　　　　　　　　(80점)

☞ **"제1작업"** 시트를 이용하여 **"제3작업"** 시트에 조건에 따라 《출력형태》와 같이 작업하시오.

《조건》

(1) 등록일 및 등록경로별 회원명의 개수와 등록비(단위:원)의 평균을 구하시오.
(2) 등록일을 그룹화하고, 등록경로를 《출력형태》와 같이 정렬하시오.
(3) 레이블이 있는 셀 병합 및 가운데 맞춤 적용 및 빈 셀은 '***'로 표시하시오.
(4) 행의 총합계는 지우고, 나머지 사항은 《출력형태》에 맞게 작성하시오.

《출력형태》

A	B	C	D	E	F	G	H
1							
2		등록경로 ↲					
3			홈페이지		카톡채널		밴드
4	등록일 ▼	개수 : 회원명	평균 : 등록비(단위:원)	개수 : 회원명	평균 : 등록비(단위:원)	개수 : 회원명	평균 : 등록비(단위:원)
5	1사분기	***	***	2	195,000	***	***
6	2사분기	1	308,000	1	80,000	***	***
7	3사분기	2	108,500	***	***	1	218,000
8	4사분기	1	50,000	***	***	***	***
9	총합계	4	143,750	3	156,667	1	218,000

❹ 표 스타일 옵션을 지정하기 위해 [표 도구-디자인] 탭-[표 스타일 옵션] 그룹에서 **머리글 행**과 **줄무늬 행**이
선택(✓)되었는지 확인합니다.

➕ • 표 스타일 옵션을 지정하기 위해서는 표 스타일이 적용된 범위([B18:H20])를 클릭해야 활성화됩니다.
   • 표 서식을 적용한 후 열 간격이 좁거나 ###으로 표시되면 열의 너비를 조절합니다.

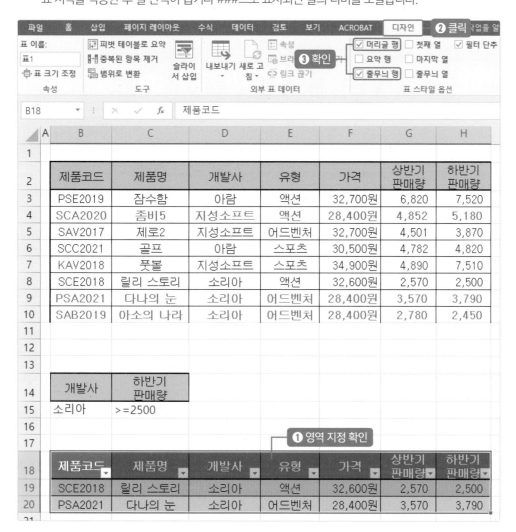

❺ 모든 작업이 완료되면 [Ctrl]+[S]를 눌러 파일을 저장합니다.

☞ 다음은 '2023년 피트니스 센터 회원등록 현황'에 대한 자료이다. 자료를 입력하고 조건에 맞도록 작업하시오.

《출력형태》

		결재	담당	과장	차장

2023년 피트니스 센터 회원등록 현황

회원코드	회원명	등록일	담당자	등록경로	등록비 (단위:원)	등록횟수	운동종류	등록월
H2834	김미지	2023-06-03	이하늘	카톡채널	80,000	3	(1)	(2)
P2543	임상희	2023-09-14	김미래	홈페이지	140,000	2	(1)	(2)
H1296	이희열	2023-10-05	이정혁	홈페이지	50,000	5	(1)	(2)
Y4621	고현욱	2023-02-07	김미래	카톡채널	230,000	4	(1)	(2)
Y3705	박성찬	2023-03-25	이하늘	카톡채널	160,000	3	(1)	(2)
H6019	이찬혁	2023-08-16	이정혁	밴드	218,000	1	(1)	(2)
P4572	나애리	2023-05-26	이하늘	홈페이지	308,000	7	(1)	(2)
P1367	박정운	2023-09-16	김미래	홈페이지	77,000	4	(1)	(2)
밴드를 통해 등록한 회원명			(3)		카톡채널을 통해 등록한 회원의 총 등록비(단위:원)			(5)
홈페이지를 통해 등록한 회원수			(4)		회원코드	H2834	등록비 (단위:원)	(6)

《조건》

○ 모든 데이터의 서식에는 글꼴(굴림, 11pt), 정렬은 숫자 및 회계 서식은 오른쪽 정렬, 나머지 서식은 가운데 정렬로 작성하며 예외적인 것은 《출력형태》를 참조하시오.

○ 제 목 ⇒ 도형(양쪽 모서리가 잘린 사각형)과 그림자(오프셋 오른쪽)를 이용하여 작성하고 "2023년 피트니스 센터 회원등록 현황"을 입력한 후 다음 서식을 적용하시오

(글꼴-굴림, 24pt, 검정, 굵게, 채우기-노랑).

○ 임의의 셀에 결재란을 작성하여 그림으로 복사 기능을 이용하여 붙이기 하시오(단, 원본 삭제).

○ 「B4:J4, G14, I14」 영역은 '주황'으로 채우기 하시오.

○ 유효성 검사를 이용하여 「H14」 셀에 회원코드(「B5:B12」 영역)가 선택 표시되도록 하시오.

○ 셀 서식 ⇒ 「H5:H12」 영역에 셀 서식을 이용하여 숫자 뒤에 '회'를 표시하시오(예 : 1회).

○ 「G5:G12」 영역에 대해 '등록비'로 이름정의를 하시오.

☞ (1)~(6) 셀은 반드시 **주어진 함수를 이용**하여 값을 구하시오(결과값을 직접 입력하면 해당 셀은 0점 처리됨).

(1) 운동종류 ⇒ 회원코드의 첫 번째 값이 H이면 '헬스', P이면 'PT', 그 외에는 '스피닝'으로 표시하시오(IF, LEFT 함수).

(2) 등록월 ⇒ 등록일의 월을 추출한 결과값에 '월'을 붙이시오(MONTH 함수, & 연산자)(예 : 1월).

(3) 밴드를 통해 등록한 회원명 ⇒ 등록경로가 밴드인 회원명을 구하시오(INDEX, MATCH 함수).

(4) 홈페이지를 통해 등록한 회원수 ⇒ 등록경로가 홈페이지인 회원의 수를 구하시오(COUNTIF 함수).

(5) 카톡채널을 통해 등록한 회원의 총 등록비(단위:원) ⇒ 정의된 이름(등록비)을 이용하여 구하시오(SUMIF 함수).

(6) 등록비(단위:원) ⇒ 「H14」 셀에서 선택한 회원코드에 대한 등록비(단위:원)를 구하시오(VLOOKUP 함수).

(7) 조건부 서식의 수식을 이용하여 등록횟수가 '4' 이상인 행 전체에 다음의 서식을 적용하시오(글꼴 : 파랑, 굵게).

 1 "제1작업" 시트의 「B4:H12」 영역을 복사하여 "제2작업" 시트의 「B2」 셀부터 모두 붙여넣기를 한 후 다음의 조건과 같이 작업하시오.

소스파일: 05차시_유형2-1(문제).xlsx
완성파일: 05차시_유형2-1(완성).xlsx

《조건》

⑴ 고급필터 – 분류가 '시뮬레이션'이 아니면서 수익금(백만 달러)이 '1,000' 이상인 자료의 관리코드, 게임명, 수익금(백만 달러), 서비스 시작일 데이터만 추출하시오.
    – 조건 범위 : 「B14」 셀부터 입력하시오.
    – 복사 위치 : 「B18」 셀부터 나타나도록 하시오.

⑵ 표 서식 – 고급필터의 결과셀을 채우기 없음으로 설정한 후 '표 스타일 보통 7'의 서식을 적용하시오.
    – 머리글 행, 줄무늬 행을 적용하시오.

 2 "제1작업" 시트의 「B4:H12」 영역을 복사하여 "제2작업" 시트의 「B2」 셀부터 모두 붙여넣기를 한 후 다음의 조건과 같이 작업하시오.

소스파일: 05차시_유형2-2(문제).xlsx
완성파일: 05차시_유형2-2(완성).xlsx

《조건》

⑴ 고급필터 – 과정이 '체험'이 아니면서 신청인원이 '30' 이상인 자료의 관리번호, 캠프명, 시작일, 비용(단위:원) 데이터만 추출하시오.
    – 조건 범위 : 「B14」 셀부터 입력하시오.
    – 복사 위치 : 「B18」 셀부터 나타나도록 하시오.

⑵ 표 서식 – 고급필터의 결과셀을 채우기 없음으로 설정한 후 '표 스타일 보통 7'의 서식을 적용하시오.
    – 머리글 행, 줄무늬 행을 적용하시오.

정보기술자격(ITQ) 실전모의고사

과 목	코 드	문제유형	시험시간	수험번호	성 명
한글엑셀	1122	A	60분		

수험자 유의사항

◎ 수험자는 문제지를 받는 즉시 문제지와 **수험표상의 시험과목(프로그램)이 동일한지 반드시 확인**하여야 합니다.

◎ 파일명은 본인의 "수험번호-성명"으로 입력하여 답안폴더(내 PC₩문서₩ITQ)에 하나의 파일로 저장해야 하며, 답안문서 파일명이 "수험번호-성명"과 일치하지 않거나, 답안파일을 전송하지 않아 미제출로 처리될 경우 실격 처리합니다 (예:12345678-홍길동.xlsx).

◎ 답안 작성을 마치면 파일을 저장하고, '답안 전송' 버튼을 선택하여 감독위원 PC로 답안을 전송하십시오. 수험생 정보와 저장한 파일명이 다를 경우 전송되지 않으므로 주의하시기 바랍니다.

◎ 답안 작성 중에도 **주기적으로 저장하고, '답안 전송'**하여야 문제 발생을 줄일 수 있습니다. 작업한 내용을 저장하지 않고 전송할 경우 이전에 저장된 내용이 전송되오니 이점 유의하시기 바랍니다.

◎ 답안문서는 지정된 경로 외의 다른 보조기억장치에 저장하는 경우, 지정된 시험 시간 외에 작성된 파일을 활용할 경우, 기타 통신수단(이메일, 메신저, 네트워크 등)을 이용하여 타인에게 전달 또는 외부 반출하는 경우는 부정 처리합니다.

◎ 시험 중 부주의 또는 고의로 시스템을 파손한 경우는 수험자가 변상해야 하며, <수험자 유의사항>에 기재된 방법대로 이행하지 않아 생기는 불이익은 수험생 당사자의 책임임을 알려 드립니다.

◎ 문제의 조건은 MS오피스 2016 버전으로 설정되어 있으니 유의하시기 바랍니다.

◎ 시험을 완료한 수험자는 답안파일이 전송되었는지 확인한 후 감독위원의 지시에 따라 문제지를 제출하고 퇴실합니다.

답안 작성요령

◎ 온라인 답안 작성 절차

　수험자 등록 ⇒ 시험 시작 ⇒ 답안파일 저장 ⇒ 답안 전송 ⇒ 시험 종료

◎ 문제는 총 4단계, 즉 제1작업부터 제4작업까지 구성되어 있으며 반드시 제1작업부터 순서대로 작성하고 조건대로 작업하시오.

◎ 모든 작업시트의 A열은 열 너비 '1'로, 나머지 열은 적당하게 조절하시오.

◎ 모든 작업시트의 테두리는 《출력형태》와 같이 작업하시오.

◎ 해당 작업란에서는 각각 제시된 조건에 따라 《출력형태》와 같이 작업하시오.

◎ 답안 시트 이름은 "제1작업", "제2작업", "제3작업", "제4작업"이어야 하며 답안 시트 이외의 것은 감점 처리됩니다.

◎ 각 시트를 파일로 나누어 작업해서 저장할 경우 실격 처리됩니다.

3 "제1작업" 시트의 「B4:H12」 영역을 복사하여 "제2작업" 시트의 「B2」 셀부터 모두 붙여넣기를 한 후 다음의 조건과 같이 작업하시오.

소스파일: 05차시_유형2-3(문제).xlsx
완성파일: 05차시_유형2-3(완성).xlsx

《조건》

⑴ 고급필터 – 기부금 총금액이 '200,000' 이하이거나 기부방법이 '지로'인 자료의 성명, 기부금 총금액, 기부방법, 성별 데이터만 추출하시오.
  – 조건 범위 : 「B14」 셀부터 입력하시오.
  – 복사 위치 : 「B18」 셀부터 나타나도록 하시오.

⑵ 표 서식 – 고급필터의 결과셀을 채우기 없음으로 설정한 후 '표 스타일 보통 6'의 서식을 적용하시오.
  – 머리글 행, 줄무늬 행을 적용하시오.

4 "제1작업" 시트의 「B4:H12」 영역을 복사하여 "제2작업" 시트의 「B2」 셀부터 모두 붙여넣기를 한 후 다음의 조건과 같이 작업하시오.

소스파일: 05차시_유형2-4(문제).xlsx
완성파일: 05차시_유형2-4(완성).xlsx

《조건》

⑴ 고급필터 – 분류가 '의류'이거나 주문량이 '300' 이상인 자료의 데이터만 추출하시오.
  – 조건 범위 : 「B14」 셀부터 입력하시오.
  – 복사 위치 : 「B18」 셀부터 나타나도록 하시오.

⑵ 표 서식 – 고급필터의 결과셀을 채우기 없음으로 설정한 후 '표 스타일 보통 3'의 서식을 적용하시오.
  – 머리글 행, 줄무늬 행을 적용하시오.

☆

3

실전
모의고사

—

[제3작업] 정렬 및 부분합

- [제1작업] 시트의 데이터를 복사하여 [제2작업] 시트에 붙여넣습니다.
- 데이터를 오름차순 또는 내림차순으로 정렬합니다.
- 부분합을 작성한 후 윤곽을 지웁니다.

소스파일: 06차시_유형1(문제).xlsx   완성파일: 06차시_유형1(완성).xlsx

출제 유형 미리보기   "제1작업" 시트의 「B4:H12」 영역을 복사하여 "제3작업" 시트의 「B2」 셀부터 모두 붙여넣기를 한 후 다음의 조건과 같이 작업하시오.

《조건》
(1) 부분합 –《출력형태》처럼 정렬하고, 제품명의 개수와 하반기 판매량의 평균을 구하시오.
(2) 윤곽 – 지우시오.
(3) 나머지 사항은《출력형태》에 맞게 작성하시오.

《출력형태》

	A	B	C	D	E	F	G	H
1								
2		제품코드	제품명	개발사	유형	가격	상반기 판매량	하반기 판매량
3		SAV2017	제로2	지성소프트	어드벤처	32,700원	4,501	3,870
4		PSA2021	다나의 눈	소리아	어드벤처	28,400원	3,570	3,790
5		SAB2019	아소의 나라	소리아	어드벤처	28,400원	2,780	2,450
6					어드벤처 평균			3,370
7			3		어드벤처 개수			
8		PSE2019	잠수함	아람	액션	32,700원	6,820	7,520
9		SCA2020	좀비5	지성소프트	액션	28,400원	4,852	5,180
10		SCE2018	릴리 스토리	소리아	액션	32,600원	2,570	2,500
11					액션 평균			5,067
12			3		액션 개수			
13		SCC2021	골프	아람	스포츠	30,500원	4,782	4,820
14		KAV2018	풋볼	지성소프트	스포츠	34,900원	4,890	7,510
15					스포츠 평균			6,165
16			2		스포츠 개수			
17					전체 평균			4,705
18			8		전체 개수			

⭐ **과정 미리보기**   데이터 복사 및 붙여넣기 ➔ 데이터 정렬 ➔ 1차 부분합 작성 ➔ 2차 부분합 작성 ➔ 윤곽 지우기

4 **"제1작업"** 시트를 이용하여 조건에 따라 《출력형태》와 같이 작업하시오.

소스파일: 07차시-4(문제).xlsx
완성파일: 07차시-4(완성).xlsx

《조건》

(1) 차트 종류 ⇒ <묶은 세로 막대형>으로 작업하시오.

(2) 데이터 범위 ⇒ "제1작업" 시트의 내용을 이용하여 작업하시오.

(3) 위치 ⇒ "새 시트"로 이동하고, "제4작업"으로 시트 이름을 바꾸시오.

(4) 차트 디자인 도구 ⇒ 레이아웃 3, 스타일 1을 선택하여 《출력형태》에 맞게 작업하시오.

(5) 영역 서식 ⇒ 차트 : 글꼴(굴림, 11pt), 채우기 효과(질감-분홍 박엽지)

　　　　　　　 그림 : 채우기(흰색, 배경1)

(6) 제목 서식 ⇒ 차트 제목 : 글꼴(굴림, 굵게, 20pt), 채우기(흰색, 배경1), 테두리

(7) 서식 ⇒ 수강인원 계열의 차트 종류를 <표식이 있는 꺾은선형>으로 변경한 후 보조 축으로 지정하시오.

　　　　 계열 : 《출력형태》를 참조하여 표식(세모, 크기 10)과 레이블 값을 표시하시오.

　　　　 눈금선 : 선 스타일-파선

　　　　 축 : 《출력형태》를 참조하시오.

(8) 범례 ⇒ 범례명을 변경하고 《출력형태》를 참조하시오.

(9) 도형 ⇒ '모서리가 둥근 사각형 설명선'을 삽입한 후 《출력형태》와 같이 내용을 입력하시오.

(10) 나머지 사항은 《출력형태》에 맞게 작성하시오.

《출력형태》

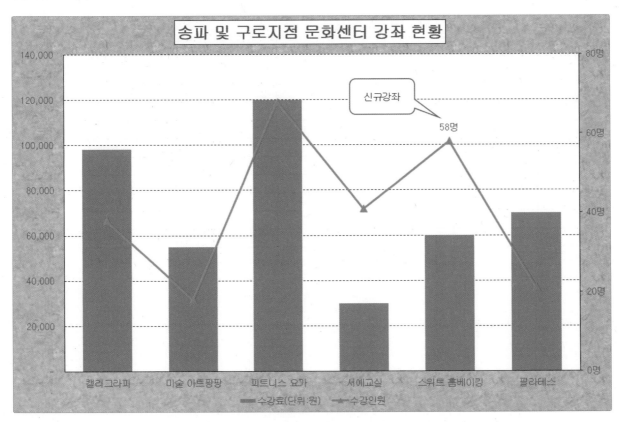

주의 ☞ 시트명 순서가 차례대로 "제1작업", "제2작업", "제3작업", "제4작업"이 되도록 할 것.

01 데이터 복사 및 붙여넣기

> ☞ "제1작업" 시트의 「B4:H12」 영역을 복사하여 "제3작업" 시트의 「B2」 셀부터 모두 붙여넣기를 한 후 다음의 조건과 같이 작업하시오.

❶ 06차시_유형1(문제).xlsx 파일을 실행한 후 [제1작업] 시트를 선택합니다. 데이터를 복사하기 위해 [B4:H12] 영역을 드래그한 후 [홈] 탭-[클립보드] 그룹에서 **복사**(📋)를 클릭합니다.

➕ 복사 바로 가기 키 : Ctrl + C

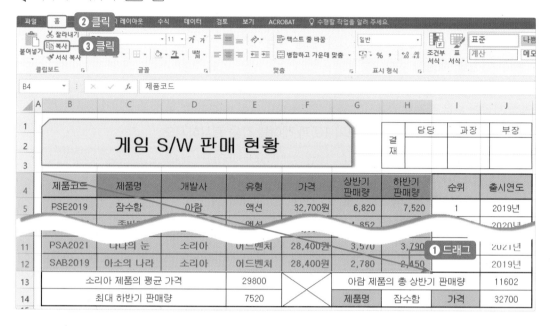

❷ 복사한 데이터를 붙여넣기 위해 [제3작업] 시트의 [B2] 셀을 선택한 후 [홈] 탭-[클립보드] 그룹에서 **붙여넣기**(📋)를 클릭합니다.

➕ 붙여넣기 바로 가기 키 : Ctrl + V

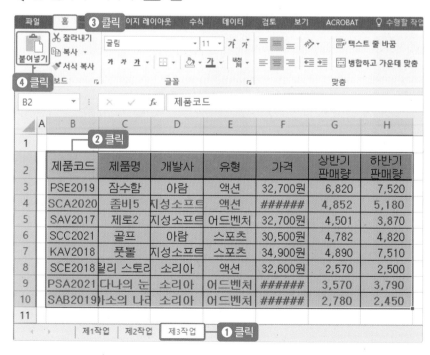

《조건》

(1) 차트 종류 ⇒ <묶은 세로 막대형>으로 작업하시오.

(2) 데이터 범위 ⇒ "제1작업" 시트의 내용을 이용하여 작업하시오.

(3) 위치 ⇒ "새 시트"로 이동하고, "제4작업"으로 시트 이름을 바꾸시오.

(4) 차트 디자인 도구 ⇒ 레이아웃 3, 스타일 1을 선택하여《출력형태》에 맞게 작업하시오.

(5) 영역 서식 ⇒ 차트 : 글꼴(굴림, 11pt), 채우기 효과(질감-분홍 박엽지)

　　　　　　　　그림 : 채우기(흰색, 배경1)

(6) 제목 서식 ⇒ 차트 제목 : 글꼴(굴림, 굵게, 20pt), 채우기(흰색, 배경1), 테두리

(7) 서식 ⇒ 누적 대출권수 계열의 차트 종류를 <표식이 있는 꺾은선형>으로 변경한 후 보조 축으로 지정하시오.

　　　계열 :《출력형태》를 참조하여 표식(네모, 크기 10)과 레이블 값을 표시하시오.

　　　눈금선 : 선 스타일-파선

　　　축 :《출력형태》를 참조하시오.

(8) 범례 ⇒ 범례명을 변경하고《출력형태》를 참조하시오.

(9) 도형 ⇒ '타원형 설명선'을 삽입한 후《출력형태》와 같이 내용을 입력하시오.

(10) 나머지 사항은《출력형태》에 맞게 작성하시오.

《출력형태》

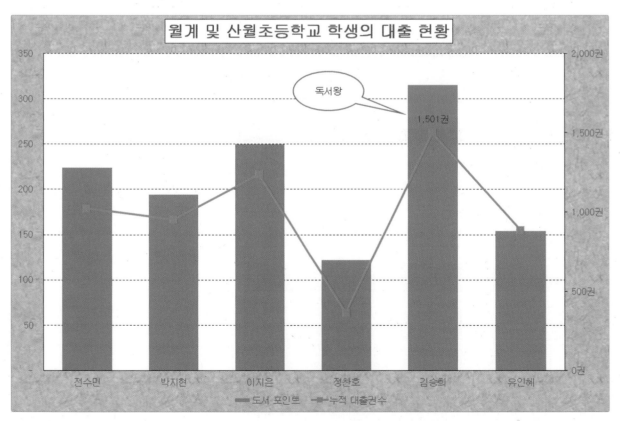

주의 ☞ 시트명 순서가 차례대로 "제1작업", "제2작업", "제3작업", "제4작업"이 되도록 할 것.

❸ 복사된 데이터의 열 너비를 조절하기 위해 [B:H] 열 머리글을 드래그한 후 **열 머리글 사이(+)를** 더블클릭
합니다.

	제품코드	제품명	개발사	유형	가격	상반기 판매량	하반기 판매량
3	PSE2019	잠수함	아람	액션	32,700원	6,820	7,520
4	SCA2020	좀비5	지성소프트	액션	######	4,852	5,180
5	SAV2017	제로2	지성소프트	어드벤처	32,700원	4,501	3,870
6	SCC2021	골프	아람	스포츠	30,500원	4,782	4,820
7	KAV2018	풋볼	지성소프트	스포츠	34,900원	4,890	7,510
8	SCE2018	릴리 스토리	소리아	액션	32,600원	2,570	2,500
9	PSA2021	다나의 눈	소리아	어드벤처	######	3,570	3,790
10	SAB2019	아소의 나라	소리아	어드벤처	######	2,780	2,450

	B	C	D	E	F	G	H
2	제품코드	제품명	개발사	유형	가격	상반기 판매량	하반기 판매량
3	PSE2019	잠수함	아람	액션	32,700원	6,820	7,520
4	SCA2020	좀비5	지성소프트	액션	28,400원	4,852	5,180
5	SAV2017	제로2	지성소프트	어드벤처	32,700원	4,501	3,870
6	SCC2021	골프	아람	스포츠	30,500원	4,782	4,820
7	KAV2018	풋볼	지성소프트	스포츠	34,900원	4,890	7,510
8	SCE2018	릴리 스토리	소리아	액션	32,600원	2,570	2,500
9	PSA2021	다나의 눈	소리아	어드벤처	28,400원	3,570	3,790
10	SAB2019	아소의 나라	소리아	어드벤처	28,400원	2,780	2,450

《조건》

(1) 차트 종류 ⇒ <묶은 세로 막대형>으로 작업하시오.

(2) 데이터 범위 ⇒ "제1작업" 시트의 내용을 이용하여 작업하시오.

(3) 위치 ⇒ "새 시트"로 이동하고, "제4작업"으로 시트 이름을 바꾸시오.

(4) 차트 디자인 도구 ⇒ 레이아웃 3, 스타일 1을 선택하여 《출력형태》에 맞게 작업하시오.

(5) 영역 서식 ⇒ 차트 : 글꼴(굴림, 11pt), 채우기 효과(질감-파랑 박엽지)

   그림 : 채우기(흰색, 배경1)

(6) 제목 서식 ⇒ 차트 제목 : 글꼴(굴림, 굵게, 20pt), 채우기(흰색, 배경1), 테두리

(7) 서식 ⇒ 농가면적 계열의 차트 종류를 <표식이 있는 꺾은선형>으로 변경한 후 보조 축으로 지정하시오.

   계열 : 《출력형태》를 참조하여 표식(마름모, 크기 10)과 레이블 값을 표시하시오.

   눈금선 : 선 스타일-파선

   축 : 《출력형태》를 참조하시오.

(8) 범례 ⇒ 범례명을 변경하고 《출력형태》를 참조하시오.

(9) 도형 ⇒ '사각형 설명선'을 삽입한 후 《출력형태》와 같이 내용을 입력하시오.

(10) 나머지 사항은 《출력형태》에 맞게 작성하시오.

《출력형태》

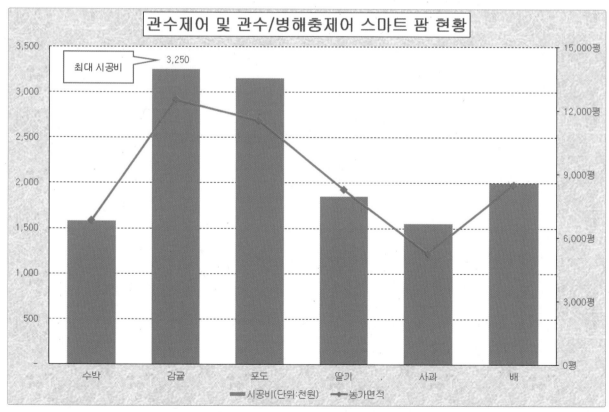

주의 ☞ 시트명 순서가 차례대로 "제1작업", "제2작업", "제3작업", "제4작업"이 되도록 할 것.

02 정렬

(1) 부분합 – 《출력형태》처럼 정렬하고, 제품명의 개수와 하반기 판매량의 평균을 구하시오.

❶ 부분합에서 사용할 그룹화 항목을 정렬하기 위해 **유형([E2])**을 선택한 후 [데이터] 탭-[정렬 및 필터] 그룹에서 **텍스트 내림차순 정렬(횤)**을 클릭합니다.

➕ 정렬 작업은 《출력형태》에서 부분합으로 그룹화된 항목(유형)을 참고하여 '오름차순' 또는 '내림차순'으로 정렬합니다.

제품코드	제품명	개발사	유형	가격	상반기 판매량	하반기 판매량
PSE2019	잠수함	아람	액션	32,700원	6,820	7,520
SCA2020	좀비5	지성소프트	액션	28,400원	4,852	5,180
SAV2017	제로2	지성소프트	어드벤처	32,700원	4,501	3,870
SCC2021	골프	아람	스포츠	30,500원	4,782	4,820
KAV2018	풋볼	지성소프트	스포츠	34,900원	4,890	7,510
SCE2018	릴리 스토리	소리아	액션	32,600원	2,570	2,500
PSA2021	다나의 눈	소리아	어드벤처	28,400원	3,570	3,790
SAB2019	아소의 나라	소리아	어드벤처	28,400원	2,780	2,450

❷ 정렬된 데이터의 순서가 《출력형태》와 동일한지 확인합니다.

제품코드	제품명	개발사	유형	가격	상반기 판매량	하반기 판매량
SAV2017	제로2	지성소프트	어드벤처	32,700원	4,501	3,870
PSA2021	다나의 눈	소리아	어드벤처	28,400원	3,570	3,790
SAB2019	아소의 나라	소리아	어드벤처	28,400원	2,780	2,450
PSE2019	잠수함	아람	액션	32,700원	6,820	7,520
SCA2020	좀비5	지성소프트	액션	28,400원	4,852	5,180
SCE2018	릴리 스토리	소리아	액션	32,600원	2,570	2,500
SCC2021	골프	아람	스포츠	30,500원	4,782	4,820
KAV2018	풋볼	지성소프트	스포츠	34,900원	4,890	7,510

레벨업 📈 텍스트 정렬

❶ 오름차순 정렬 : 한글(ㄱ, ㄴ, ㄷ...), 숫자(1, 2, 3...), 영문(A, B, C...)
❷ 내림차순 정렬 : 한글(ㅎ, ㅍ, ㅌ...), 숫자(10, 9, 8...), 영문(Z, Y, X...)

"제1작업" 시트를 이용하여 조건에 따라 《출력형태》와 같이 작업하시오.

소스파일: 07차시-1(문제).xlsx
완성파일: 07차시-1(완성).xlsx

《조건》

(1) 차트 종류 ⇒ <묶은 세로 막대형>으로 작업하시오.

(2) 데이터 범위 ⇒ "제1작업" 시트의 내용을 이용하여 작업하시오.

(3) 위치 ⇒ "새 시트"로 이동하고, "제4작업"으로 시트 이름을 바꾸시오.

(4) 차트 디자인 도구 ⇒ 레이아웃 3, 스타일 1을 선택하여 《출력형태》에 맞게 작업하시오.

(5) 영역 서식 ⇒ 차트 : 글꼴(굴림, 11pt), 채우기 효과(질감-파랑 박엽지)

　　　　　　　　그림 : 채우기(흰색, 배경1)

(6) 제목 서식 ⇒ 차트 제목 : 글꼴(굴림, 굵게, 20pt), 채우기(흰색, 배경1), 테두리

(7) 서식 ⇒ 점수(5점 만점) 계열의 차트 종류를 <표식이 있는 꺾은선형>으로 변경한 후 보조 축으로 지정하시오.

　　　　계열 : 《출력형태》를 참조하여 표식(세모, 크기 10)과 레이블 값을 표시하시오.

　　　　눈금선 : 선 스타일-파선

　　　　축 : 《출력형태》를 참조하시오.

(8) 범례 ⇒ 범례명을 변경하고 《출력형태》를 참조하시오.

(9) 도형 ⇒ '모서리가 둥근 사각형 설명선'을 삽입한 후 《출력형태》와 같이 내용을 입력하시오.

(10) 나머지 사항은 《출력형태》에 맞게 작성하시오.

《출력형태》

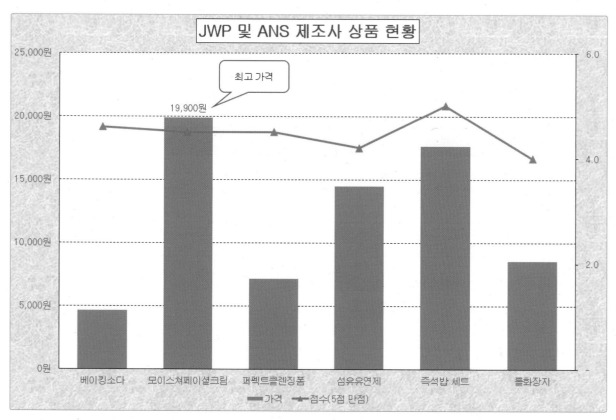

주의 ☞ 시트명 순서가 차례대로 "제1작업", "제2작업", "제3작업", "제4작업"이 되도록 할 것.

03 부분합

(1) 부분합 – 《출력형태》처럼 정렬하고, 제품명의 개수와 하반기 판매량의 평균을 구하시오.
(2) 윤곽 –지우시오.

1. 부분합

❶ 부분합을 작성하기 위해 범위([B2:H10]) 내에서 임의의 셀(예 : [B2])을 선택한 후 [데이터] 탭-[윤곽선] 그룹에서 **부분합(▦)**을 클릭합니다.

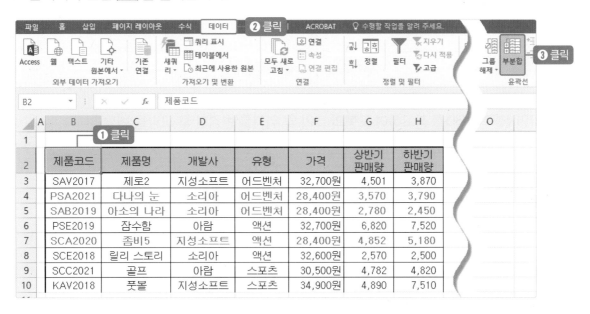

❷ [부분합] 대화상자에서 **그룹화할 항목(유형), 사용할 함수(개수), 부분합 계산 항목(제품명)**을 지정한 후 **<확인>**을 클릭합니다.

➕ 부분합을 작성할 때는 《조건》 및 《출력형태》를 참고하여 작업하며, 불필요한 '부분합 계산 항목(예 : 하반기판매량)'은 선택을 해제시킵니다.

시험꿀팁

부분합을 작성할 때는 《조건》 순서('제품명의 개수' → '하반기 판매량의 평균')에 맞추어 작성합니다.

❹ 텍스트를 정렬하기 위하여 [홈] 탭-[맞춤] 그룹에서 세로 **가운데 맞춤**(=)과 가로 **가운데 맞춤**(≡)을 각각 클릭합니다.

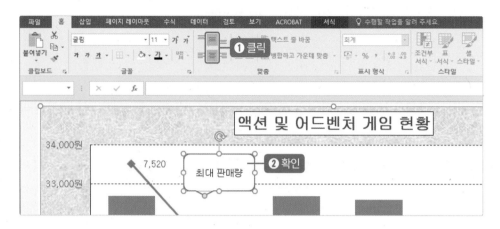

❺ 서식 지정이 끝나면 《출력형태》를 참고하여 도형의 크기 및 위치를 변경한 후 모양을 변형합니다.

➕ 위치 변경(⬩), 크기 조절점(◯), 모양 변형 조절점(◉)

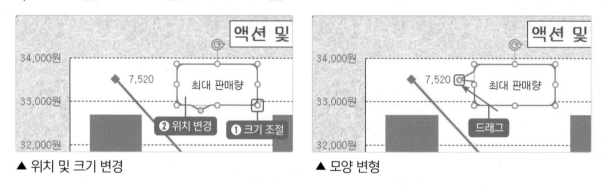

▲ 위치 및 크기 변경　　　　　　　　▲ 모양 변형

❻ 모든 작업이 완료되면 Ctrl+S를 눌러 파일을 저장합니다.

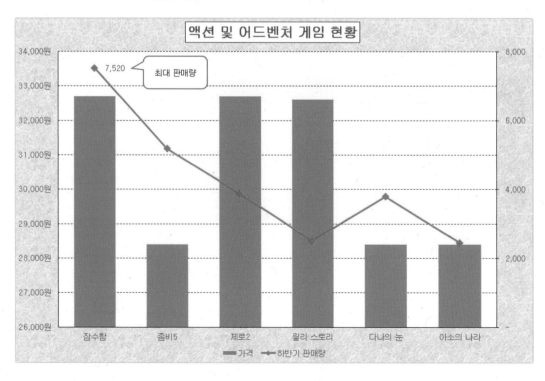

 **[부분합] 대화상자**

❶ 그룹화할 항목 : 그룹화를 위해 정렬로 지정된 '항목(열)'을 선택합니다.

❷ 사용할 함수 : 부분합에 사용할 '함수'를 선택합니다.

❸ 부분합 계산 항목 : 함수를 이용하여 계산할 '항목(열)'을 선택합니다.

❹ 새로운 값으로 대치 : 부분합 결과를 새로운 값으로 변경하여 표시합니다.

❺ 그룹 사이에서 페이지 나누기 : 부분합 결과를 그룹별 페이지로 나누어 인쇄시 그룹별로 출력합니다.

❻ 데이터 아래에 요약 표시 : 부분합 결과를 아래쪽 또는 위쪽에 표시합니다.

❼ <모두 제거> 단추 : 부분합을 제거하여 처음 목록 상태로 표시합니다.

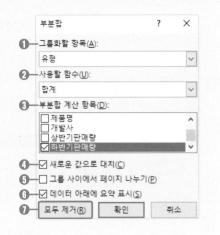

❸ 1차 부분합 결과가 나오면 2차 부분합을 작성하기 [데이터] 탭-[윤곽선] 그룹에서 **부분합(▦)**을 클릭합니다.

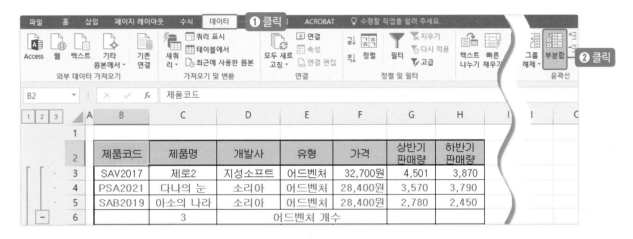

❹ [부분합] 대화상자에서 **그룹화할 항목(유형), 사용할 함수(평균), 부분합 계산 항목(하반기판매량), 새로운 값으로 대치(선택 해제)**를 지정한 후 <확인>을 클릭합니다.

➕ 2차 부분합 작성 시 '새로운 값으로 대치' 항목과 이전 부분합 계산 항목(제품명)의 선택을 해제해야 합니다.

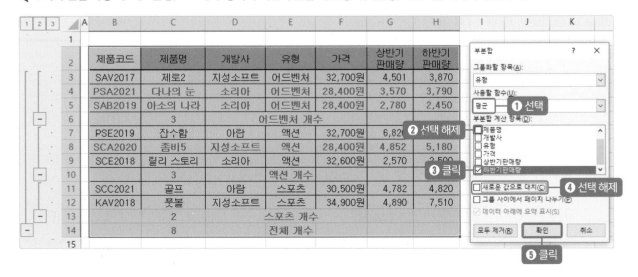

(9) 도형 ⇒ '모서리가 둥근 사각형 설명선'을 삽입한 후《출력형태》와 같이 내용을 입력하시오.

❶ 도형을 삽입하기 위해 차트를 선택한 후 [삽입] 탭-[일러스트레이션] 그룹에서 [도형(◻)]-설명선-**모서리가 둥근 사각형 설명선(◻)**을 클릭합니다.

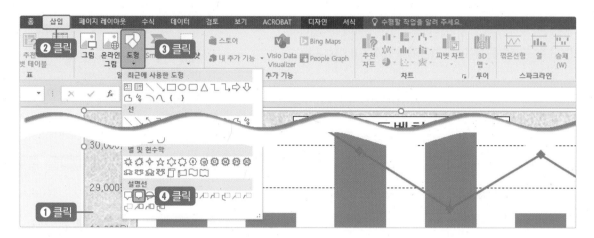

❷ 마우스 포인터가 '+' 모양으로 변경되면 적당한 위치를 드래그하여 도형을 삽입한 후 **최대 판매량**을 입력하고 [Esc]를 누릅니다.

➕ 도형이 선택되지 않으면 마우스를 이용하여 도형의 테두리를 클릭합니다.

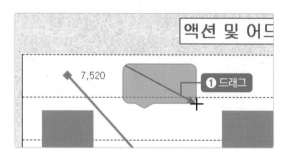
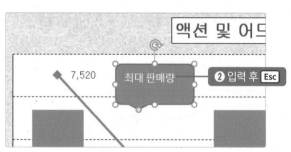

❸ 도형에 서식을 지정하기 위해 [홈] 탭-[글꼴] 그룹에서 **글꼴(굴림), 글꼴 크기(11), 글꼴 색(검정, 텍스트 1), 채우기 색(흰색, 배경 1)**을 각각 지정합니다.

➕ 도형의 글꼴(맑은 고딕 → 굴림)은 변경하지 않아도 감점되지 않습니다.

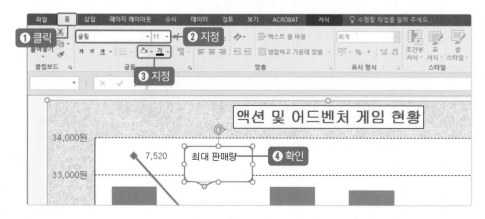

2. 윤곽 지우기   (2) 윤곽 - 지우시오.

❶ 부분합 왼쪽에 표시된 윤곽을 지우기 위해 [데이터] 탭-[윤곽선] 그룹에서 그룹 해제(그룹 해제)-**윤곽 지우기**를 클릭합니다.

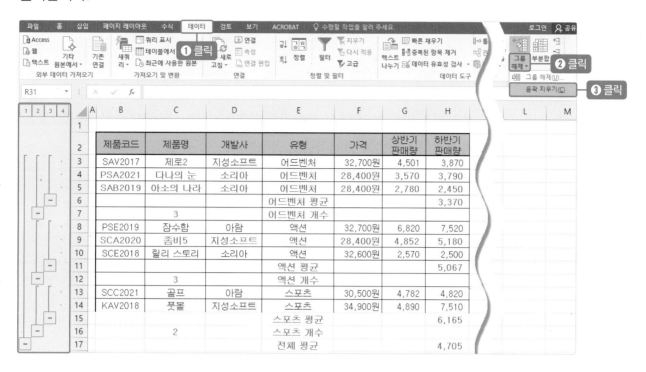

❷ 윤곽이 지워지면 [E] 열의 열 너비를 조절하기 위해 열 머리글의 경계선을 더블클릭합니다. 모든 작업이 완료되면 Ctrl + S 를 눌러 파일을 저장합니다.

➕ 부분합 작성 후 열 간격이 좁거나 '###'으로 표시되면 열의 너비를 조절합니다.

A	B	C	D	E	F	G	H
1							
2	제품코드	제품명	개발사	유형	가격	상반기 판매량	하반기 판매량
3	SAV2017	제로2	지성소프트	어드벤처	32,700원	4,501	3,870
4	PSA2021	다나의 눈	소리아	어드벤처	28,400원	3,570	3,790
5	SAB2019	아소의 나라	소리아	어드벤처	28,400원	2,780	2,450
6				어드벤처 평균			3,370
7		3		어드벤처 개수			
8	PSE2019	잠수함	아람	액션	32,700원	6,820	7,520
9	SCA2020	좀비5	지성소프트	액션	28,400원	4,852	5,180
10	SCE2018	릴리 스토리	소리아	액션	32,600원	2,570	2,500
11				액션 평균			5,067
12		3		액션 개수			
13	SCC2021	골프	아람	스포츠	30,500원	4,782	4,820
14	KAV2018	풋볼	지성소프트	스포츠	34,900원	4,890	7,510
15				스포츠 평균			6,165
16		2		스포츠 개수			
17				전체 평균			4,705
18		8		전체 개수			

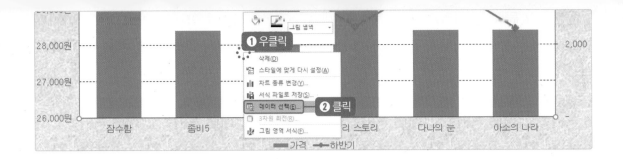

❷ [데이터 원본 선택] 대화상자의 범례 항목(계열)에서 **하반기판매량**을 선택한 후 <편집>를 클릭합니다.

❸ [계열 편집] 대화상자에서 계열 이름을 **하반기 판매량**으로 입력한 <확인>을 클릭합니다.

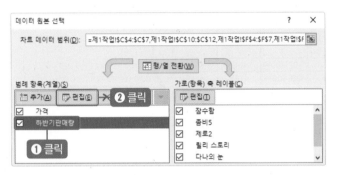

❹ [데이터 원본 선택] 대화상자에서 <확인>을 누른 후 범례명이 《출력형태》와 동일한지 확인합니다.

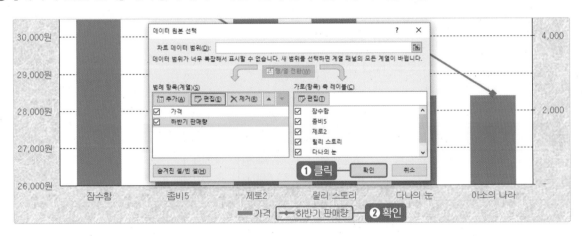

레벨업 📈 **범례 위치 변경**

범례를 선택한 후 [차트 도구-디자인] 탭-[차트 레이아웃] 그룹에서 [차트 요소 추가(📊)]-
범례에서 원하는 위치(오른쪽, 위쪽, 왼쪽, 아래쪽)를 선택합니다.

"제1작업" 시트의 「B4:H12」 영역을 복사하여 "제3작업" 시트의 「B2」 셀 부터 모두 붙여넣기를 한 후 다음의 조건과 같이 작업하시오.

소스파일: 06차시_유형1-1(문제).xlsx
완성파일: 06차시_유형1-1(완성).xlsx

《조건》

(1) 부분합 –《출력형태》처럼 정렬하고, 상품명의 개수와 가격의 평균을 구하시오.

(2) 윤곽 –지우시오.

(3) 나머지 사항은《출력형태》에 맞게 작성하시오.

《출력형태》

	A	B	C	D	E	F	G	H
1								
2		상품코드	상품명	제조사	분류	가격	점수 (5점 만점)	조회수
3		QA4-548	샘물 12개	MB	식품	6,390원	4.5	174,320
4		PF4-525	멸균흰우유 10개	MB	식품	17,800원	4.2	18,222
5		PF4-122	즉석밥 세트	ANS	식품	17,650원	5.0	30,763
6					식품 평균	13,947원		
7			3		식품 개수			
8		EA4-475	베이킹소다	JWP	생활용품	4,640원	4.6	23,869
9		DA7-125	섬유유연제	JWP	생활용품	14,490원	4.2	52,800
10		WF1-241	롤화장지	JWP	생활용품	8,560원	4.0	12,870
11					생활용품 평균	9,230원		
12			3		생활용품 개수			
13		SF4-143	모이스쳐페이셜크림	ANS	뷰티	19,900원	4.5	10,967
14		KE4-124	퍼펙트클렌징폼	ANS	뷰티	7,150원	4.5	14,825
15					뷰티 평균	13,525원		
16			2		뷰티 개수			
17					전체 평균	12,073원		
18			8		전체 개수			

❸ 세로(값) 축에 실선을 지정하기 위해 **세로(값) 축**을 선택합니다. 화면 오른쪽 [축 서식] 작업 창에서 채우기 및 선(🖊)을 선택한 후 **선-실선**을 클릭합니다.

➕ 실선을 선택하면 색은 검정색으로 지정됩니다. 만약, 검정색이 아닐 경우에는 색을 '검정' 또는 '진한 회색' 계열로 변경합니다.

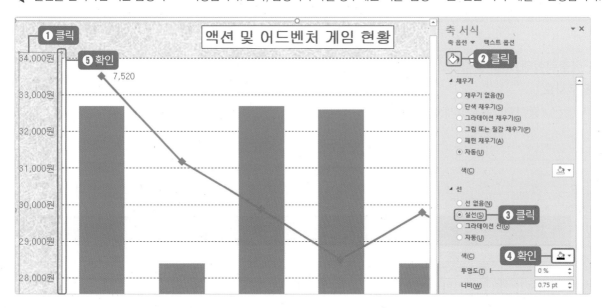

❹ 가로(항목) 축에 실선을 지정하기 위해 **가로(항목) 축**을 선택합니다. 화면 오른쪽 [축 서식] 작업 창에서 채우기 및 선(🖊)에서 **선-실선**을 클릭합니다.

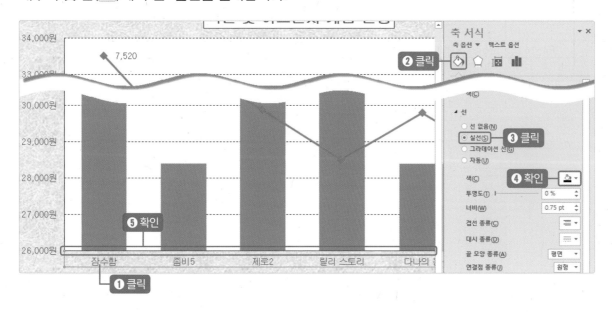

07 범례명 변경하기

(8) 범례 ⇒ 범례명을 변경하고 《출력형태》를 참조하시오.

❶ 범례명을 변경하기 위해 차트 위에서 마우스 오른쪽 버튼을 클릭하여 [데이터 선택]을 클릭합니다.

➕ [차트 도구-디자인] 탭-[데이터] 그룹에서 '데이터 선택(📊)'을 클릭해도 됩니다.

2. "제1작업" 시트의 「B4:H12」 영역을 복사하여 "제3작업" 시트의 「B2」 셀부터 모두 붙여넣기를 한 후 다음의 조건과 같이 작업하시오.

소스파일: 06차시_유형1-2(문제).xlsx
완성파일: 06차시_유형1-2(완성).xlsx

《조건》

(1) 부분합 –《출력형태》처럼 정렬하고, 품목명의 개수와 시공비(단위:천원)의 평균을 구하시오.

(2) 윤곽 –지우시오.

(3) 나머지 사항은《출력형태》에 맞게 작성하시오.

《출력형태》

	A	B	C	D	E	F	G	H
1								
2		관리코드	품목명	ICT 제어수준	시공업체	운영기간 (년)	시공비 (단위:천원)	농가면적
3		KB8-518	딸기	관수/병해충제어	SEON	4.2	1,850	8,250평
4		LS6-719	배	관수/병해충제어	SEON	3.2	2,000	8,500평
5					SEON 평균		1,925	
6			2		SEON 개수			
7		SW4-118	수박	관수제어	JUM	4.1	1,580	6,800평
8		LM6-119	망고	병해충제어	JUM	3.1	1,600	7,550평
9		PE2-422	복숭아	병해충제어	JUM	2.5	1,200	3,200평
10					JUM 평균		1,460	
11			3		JUM 개수			
12		PZ3-124	감귤	관수제어	GRN	1.7	3,250	12,500평
13		HG7-521	포도	관수/병해충제어	GRN	1.5	3,150	11,500평
14		PA5-918	사과	관수제어	GRN	4.2	1,550	5,250평
15					GRN 평균		2,650	
16			3		GRN 개수			
17					전체 평균		2,023	
18			8		전체 개수			

② 축 옵션 메뉴가 활성화되면 단위-주 값을 2000으로 변경한 후 눈금-주 눈금을 바깥쪽으로 지정합니다

> ✚ 축의 최소값, 최대값, 단위 등은《출력형태》를 참고하여 작업합니다.

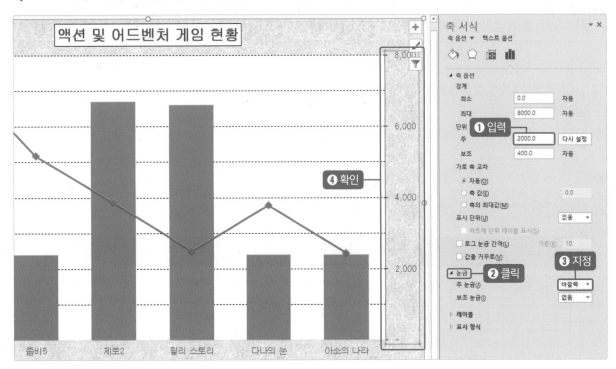

축 서식(표시 형식)

❶ 축의 최소값(0 또는 -)이《출력형태》와 다를 경우에는 화면 오른쪽 [축 서식] 작업 창에서 축 옵션( )-표시 형식을 클릭합니다.

❷ 축의 최소값이 '-'이면 범주를 '회계'로 지정한 다음 기호(없음 또는 ₩)를 확인하여 선택합니다.

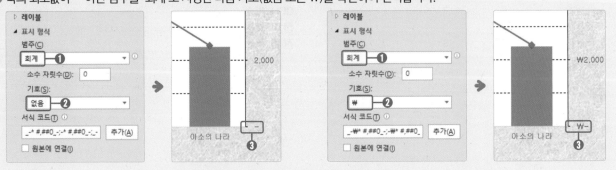

❸ 축의 최소값이 '0'이면 범주를 '숫자'로 지정한 다음 '1000 단위 구분 기호 사용' 유무를 확인하여 선택합니다.

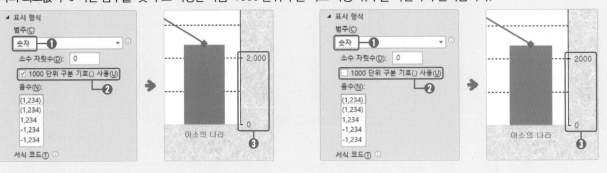

3 "제1작업" 시트의 「B4:H12」 영역을 복사하여 "제3작업" 시트의 「B2」 셀부터 모두 붙여넣기를 한 후 다음의 조건과 같이 작업하시오.

소스파일: 06차시_유형1-3(문제).xlsx
완성파일: 06차시_유형1-3(완성).xlsx

《조건》

(1) 부분합 −《출력형태》처럼 정렬하고, 대출자의 개수와 누적 대출권수의 평균을 구하시오.

(2) 윤곽 −지우시오.

(3) 나머지 사항은《출력형태》에 맞게 작성하시오.

《출력형태》

	관리코드	대출도서	대출자	학교명	대출일	누적 대출권수	도서 포인트
	3127-P	바다 목욕탕	전수민	월계초등학교	2022-05-03	1,024권	224
	3131-P	책 읽는 도깨비	정찬호	월계초등학교	2022-05-09	367권	122
	3219-K	퀴즈 과학상식	김승희	월계초등학교	2022-05-02	1,501권	315
				월계초등학교 평균		964권	
			3	**월계초등학교 개수**			
	3738-G	모치모치 나무	김종환	수문초등학교	2022-05-02	205권	121
	3955-P	꼬마 지빠귀	권제인	수문초등학교	2022-05-11	107권	160
				수문초등학교 평균		156권	
			2	**수문초등학교 개수**			
	3861-K	땅콩 동그라미	박지현	산월초등학교	2022-05-08	954권	194
	3928-G	해리포터	이지은	산월초등학교	2022-05-07	1,238권	250
	3713-P	아기 고둥 두마리	유인혜	산월초등학교	2022-05-07	886권	154
				산월초등학교 평균		1,026권	
			3	**산월초등학교 개수**			
				전체 평균		785권	
			8	**전체 개수**			

❷ 화면 오른쪽 [주 눈금선 서식] 작업 창에서 채우기 및 선(◇)을 확인한 후 실선을 클릭합니다.

➕ 실선을 선택하면 색은 '검정색'으로 지정됩니다. 만약, 검정색이 아닐 경우에는 색을 '검정' 또는 '진한 회색' 계열로 변경합니다.

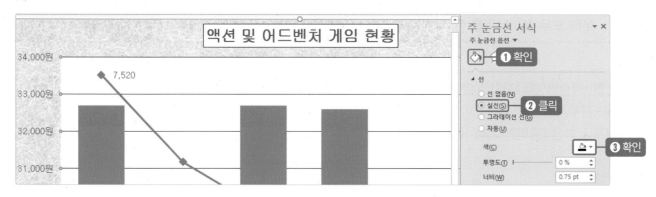

시험꿀팁

차트 작업 시 눈금선의 색상은 《조건》에 없기 때문에 임의의 색(검정 또는 진한 회색 계열)을 선택합니다.

❸ 눈금선이 실선으로 변경되면 대시 종류(▭▾)를 **파선(– – – – –)**으로 선택합니다.

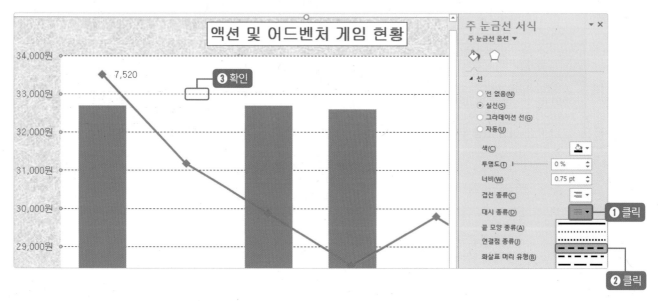

2. 축 서식 변경하기   축 : 《출력형태》를 참조하시오.

❶ 축 서식을 변경하기 위해 **보조 세로(값) 축**을 클릭합니다. 화면 오른쪽 [축 서식] 작업 창에서 **축 옵션(▥)**-
축 옵션을 선택합니다.

4 "제1작업" 시트의 「B4:H12」 영역을 복사하여 "제3작업" 시트의 「B2」 셀부터 모두 붙여넣기를 한 후 다음의 조건과 같이 작업하시오.

소스파일: 06차시_유형1-4(문제).xlsx
완성파일: 06차시_유형1-4(완성).xlsx

《조건》

(1) 부분합 –《출력형태》처럼 정렬하고, 강좌명의 개수와 수강인원의 평균을 구하시오.

(2) 윤곽 –지우시오.

(3) 나머지 사항은《출력형태》에 맞게 작성하시오.

《출력형태》

	관리코드	강좌명	지점	강사명	수강인원	강의 시작일	수강료 (단위:원)
	BH009	동화 속 쿠키나라	은평	양영아	55명	2022-05-02	35,000
	CA006	성인 팝아트	은평	임진우	25명	2022-05-24	110,000
			은평 평균		40명		
		2	은평 개수				
	CH005	캘리그라피	송파	김은경	38명	2022-05-11	98,000
	CA002	미술 아트팡팡	송파	임송이	18명	2022-05-05	55,000
	BC005	스위트 홈베이킹	송파	윤송이	58명	2022-05-13	60,000
			송파 평균		38명		
		3	송파 개수				
	AH001	피트니스 요가	구로	진현숙	68명	2022-05-07	120,000
	CH007	서예교실	구로	권재웅	41명	2022-05-02	30,000
	AC003	필라테스	구로	박장원	21명	2022-05-21	70,000
			구로 평균		43.3333명		
		3	구로 개수				
			전체 평균		40.5명		
		8	전체 개수				

❷ [차트 도구-디자인] 탭-[차트 레이아웃] 그룹에서 [차트 요소 추가(▮▮)]-데이터 레이블-오른쪽(▱)을 클릭합니다.

➕ 데이터 레이블 위치(왼쪽, 오른쪽, 위쪽 등)는《출력형태》를 참고하여 지정합니다.

레벨업 묶은 세로 막대형에 데이터 레이블 표시

❶ 묶은 세로 막대형 계열을 선택한 후 특정 요소만 다시 클릭합니다.
❷ [차트 요소 추가(▮▮)]-데이터 레이블을 클릭하여 레이블이 표시될 위치를 지정합니다.

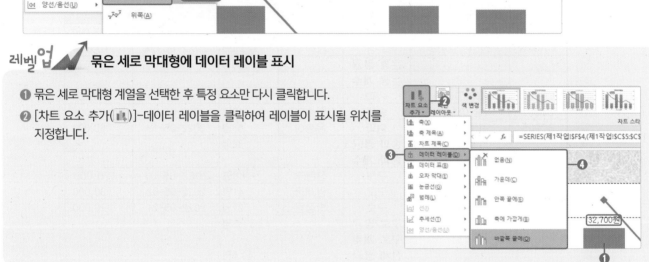

06 차트 서식 지정하기-2(눈금선 및 축)

(7) 서식 ⇒ 눈금선 : 선 스타일-파선, 축 :《출력형태》를 참조하시오.

1. 눈금선 변경하기

❶ 눈금선을 파선으로 변경하기 위해 **눈금선**을 클릭합니다.

➕ [차트 도구-서식] 탭의 [현재 선택 영역] 그룹에서 '세로 (값) 축 주 눈금선'으로 선택할 수도 있습니다.

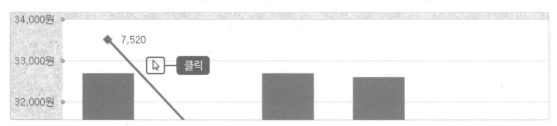

06-2

[제3작업] 피벗 테이블

- [제1작업] 시트의 데이터를 이용하여 피벗 테이블을 작성합니다.
- 행 필드의 데이터를 그룹화하고 열 필드를 정렬합니다.
- 《조건》에 맞추어 피벗 테이블 옵션을 지정합니다.

소스파일: 06차시_유형2(문제).xlsx   완성파일: 06차시_유형2(완성).xlsx

출제 유형 미리보기   "제1작업" 시트를 이용하여 "제3작업" 시트에 조건에 따라《출력형태》와 같이 작업합니다.

《조건》

(1) 가격 및 개발사별 제품명의 개수와 하반기 판매량의 평균을 구하시오.

(2) 가격을 그룹화하고, 개발사를《출력형태》와 같이 정렬하시오.

(3) 레이블이 있는 셀 병합 및 가운데 맞춤 적용 및 빈 셀은 '**'로 표시하시오.

(4) 행의 총합계는 지우고, 나머지 사항은《출력형태》에 맞게 작성하시오.

《출력형태》

A	B	C	D	E	F	G	H
1							
2		개발사					
3		지성소프트		아람		소리아	
4	가격	개수 : 제품명	평균 : 하반기 판매량	개수 : 제품명	평균 : 하반기 판매량	개수 : 제품명	평균 : 하반기 판매량
5	27001-30000	1	5,180	**	**	2	3,120
6	30001-33000	1	3,870	2	6,170	1	2,500
7	33001-36000	1	7,510	**	**	**	**
8	총합계	3	5,520	2	6,170	3	2,913

과정 미리보기 범위 및 삽입 위치 지정 ➡ 피벗 테이블 작성 ➡ 행 필드 그룹화 ➡ 열 필드 정렬 ➡ 피벗 테이블 옵션 지정

❷ 화면 오른쪽 [데이터 계열 서식] 작업 창에서 **채우기 및 선( )**을 클릭한 후 **표식( )**을 신택합니다.

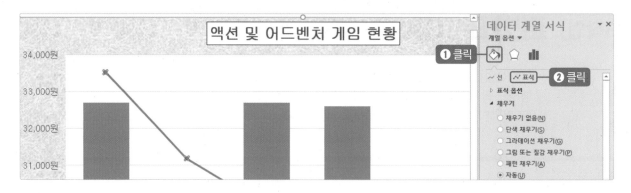

❸ 표식 메뉴가 활성화되면 **표식 옵션-기본 제공**을 클릭한 후 **형식( )**과 **크기(10)**를 변경합니다.

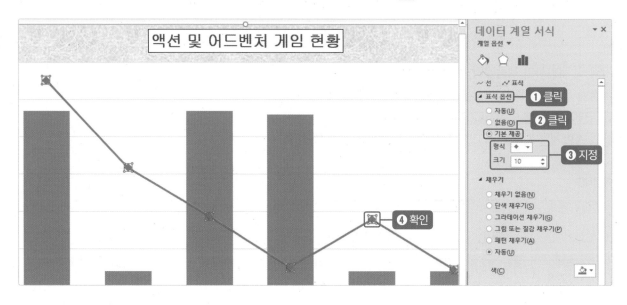

2. 데이터 레이블 표시하기   (7) 서식 ⇒ 계열 :《출력형태》를 참조하여 레이블 값을 표시하시오.

❶ 데이터 레이블을 표시하기 위해 **하반기판매량** 계열이 선택된 상태에서 **잠수함** 요소만 클릭합니다.

> 계열 선택이 해제되었을 경우 '하반기판매량' 계열을 클릭한 후 '잠수함' 요소만 다시 선택합니다.

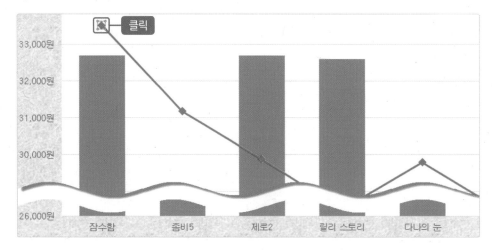

01 피벗 테이블 작성

(1) 가격 및 개발사별 제품명의 개수와 하반기 판매수량의 평균을 구하시오.

❶ 06차시_유형2(문제).xlsx 파일을 실행한 후 [제1작업] 시트를 선택합니다. 피벗 테이블을 작성하기 위해 [B4:H12] 영역을 드래그한 후 [삽입] 탭-[표] 그룹에서 **피벗 테이블(📑)**을 클릭합니다.

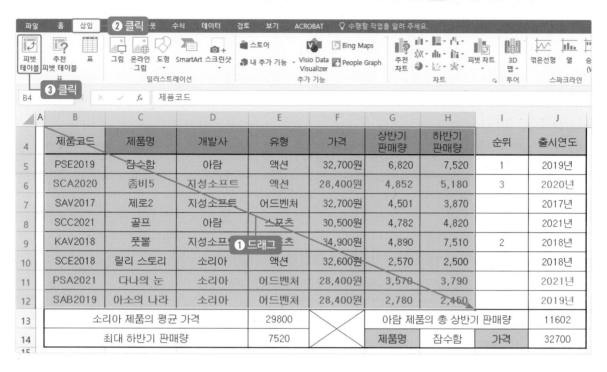

❷ [피벗 테이블 만들기] 대화상자에서 **표/범위(제1작업!$B$4:$H$12)**를 확인한 후 피벗 테이블 보고서 넣을 위치를 **기존 워크시트**로 선택합니다. 위치 입력 칸이 활성화되면 [제3작업] 시트의 [B2] 셀을 선택하고 <확인>을 클릭합니다.

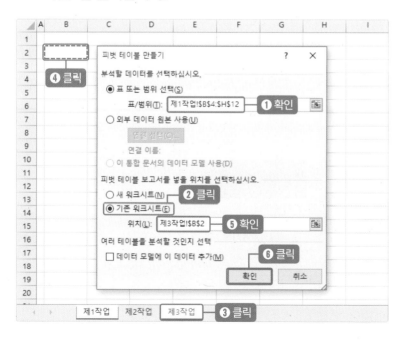

❹ 차트 제목에 테두리를 지정하기 위해 [차트 도구-서식] 탭-[도형 스타일] 그룹에서 [도형 윤곽선]-**검정, 텍스트 1**을 클릭합니다.

05 차트 서식 지정하기-1(표식 및 레이블 값)

(7) 서식 ⇒ 계열 : 《출력형태》를 참조하여 표식(마름모, 크기 10)과 레이블 값을 표시하시오.

❶ 계열의 표식과 크기를 변경하기 위해 **하반기판매량** 계열을 클릭합니다.

➕ 화면 오른쪽 서식 작업 창이 닫혔을 경우에는 '하반기판매량' 계열을 더블클릭합니다.

레벨업 차트 요소 선택

❶ [차트 도구-서식] 탭의 [현재 선택 영역] 그룹에서 목록 단추(ˇ)를 눌러 원하는 차트 요소(예 : 계열 "하반기판매량")를 빠르게 선택할 수 있습니다.

❷ 요소를 선택한 후 **선택 영역 서식**(🎨)을 클릭하면 화면 오른쪽에 서식 창이 활성화됩니다.

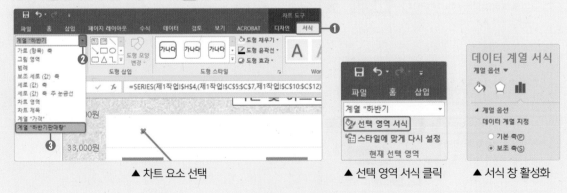

▲ 차트 요소 선택　　　　　▲ 선택 영역 서식 클릭　　　　▲ 서식 창 활성화

❸ 필드를 추가하기 위해 [피벗 테이블 필드] 작업 창에서 **가격 필드**를 **행 영역**으로 드래그합니다.

> ✚ • [피벗 테이블 필드] 작업 창이 활성화되지 않을 경우에는 [피벗 테이블 도구-분석] 탭-[표시] 그룹에서 '필드 목록(▥)'을 클릭합니다.
> • 《조건》과 《출력형태》를 참고하여 필드를 필요한 영역에 배치합니다.

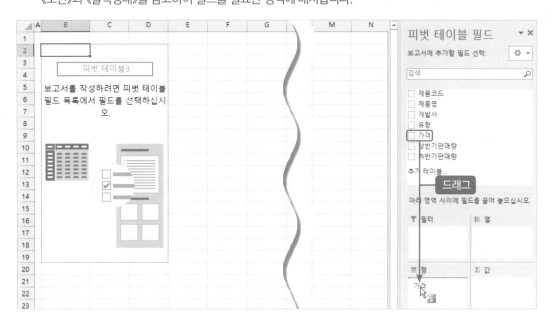

❹ 똑같은 방법으로 **개발사 필드**는 **열 영역**으로, **제품명**과 **하반기판매량**은 **값 영역**으로 각각 드래그합니다.

> ✚ 값 영역에 추가되는 필드는 순서(제품명 → 하반기판매량)가 바뀌지 않도록 주의합니다.

 **필드 삭제**

삭제할 필드를 워크시트 쪽으로 드래그합니다.

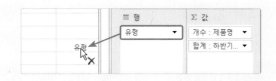

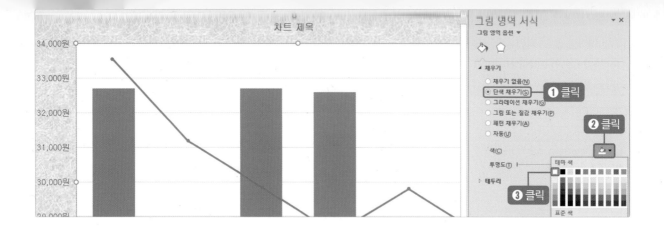

(04) 차트 제목 작성하기

(6) 제목 서식 ⇒ 차트 제목 : 글꼴(굴림, 굵게, 20pt), 채우기(흰색, 배경1), 테두리

❶ 차트 제목을 입력하기 위해 차트 제목을 선택한 후 다시 **제목 안쪽을 클릭**합니다. 텍스트 상자 안쪽에 커서가 깜빡거리면 [Delete] 또는 [Back Space]를 이용하여 내용(차트 제목)을 삭제합니다.

➕ 차트 제목을 선택한 후 텍스트를 드래그(차트 제목)하여 새로운 제목을 바로 입력할 수도 있습니다.

▲ 제목 선택　　　　　▲ 제목 안쪽 클릭　　　　　▲ 내용 삭제

❷ 《출력형태》를 참고하여 제목(**액션 및 어드벤처 게임 현황**)을 입력한 후 [Esc]를 누릅니다.

➕ 제목 입력 후 마우스를 이용하여 제목의 테두리를 클릭해도 됩니다.

❸ 차트 제목의 글꼴과 채우기 서식을 변경하기 위해 [홈] 탭-[글꼴] 그룹에서 **글꼴(굴림), 글꼴 크기(20), 굵게(가), 채우기 색(흰색, 배경 1)**을 각각 지정합니다.

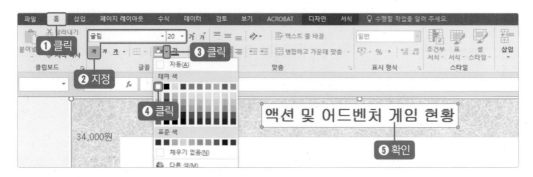

02 값 필드 설정 및 그룹 지정, 열 레이블 정렬

> (1) 가격 및 개발사별 제품명의 개수와 하반기 판매수량의 평균을 구하시오.
> (2) 가격을 그룹화하고, 개발사를 《출력형태》와 같이 정렬하시오.

❶ 필드의 함수와 이름을 변경하기 위해 값 영역에서 **합계 : 하반기판매량**을 클릭한 후 [**값 필드 설정**]을 선택합니다.

❷ [값 필드 설정] 대화상자-[값 요약 기준] 탭에서 **평균**을 선택한 후 사용자 지정 이름 입력 칸 뒤쪽에 **판매량**을 입력하고 <확인>을 클릭합니다.

➕ '판매량'을 입력할 때 한 칸 띄운 후 내용을 입력합니다.(하반기 판매량)

❸ 변경된 함수와 필드명을 확인합니다.

❹ 행 필드를 그룹화하기 위해 [B5] 셀 위에서 마우스 오른쪽 버튼을 클릭하여 [**그룹**]을 선택합니다. [그룹화] 대화상자에서 **시작(1)**, **끝(36000)**, **단위(3000)**를 입력한 후 <확인>을 클릭합니다.

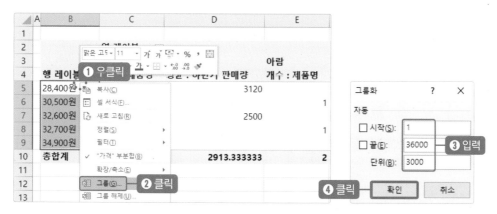

❶ 차트 영역을 진갈으로 채우기 위해 차트 영역을 더블클릭합니다.

➕ 차트 영역 위에서 마우스 오른쪽 버튼을 클릭하여 [차트 영역 서식]을 선택해도 됩니다.

❸ 화면 오른쪽 [차트 영역 서식] 작업 창에서 **채우기 및 선(🖌)**을 클릭한 후 **채우기-그림 또는 질감 채우기**를 선택합니다.

❹ 질감 메뉴가 활성화되면 **질감(▦▾)**을 클릭하여 **파랑 박엽지**를 선택합니다.

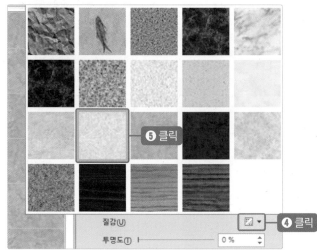

시험꿀팁

차트 영역의 질감은 '파랑 박엽지'와 '분홍 박엽지'가 번갈아가며 출제되고 있습니다.

❺ 그림 영역을 단색으로 채우기 위해 **그림 영역을 클릭**합니다.

➕ 화면 오른쪽 서식 작업 창이 닫혔을 경우에는 '그림 영역'을 더블클릭합니다.

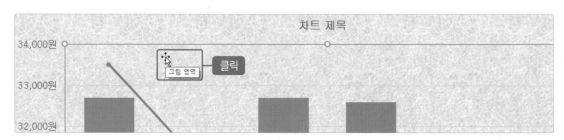

❻ 화면 오른쪽 [그림 영역 서식] 작업 창에서 **채우기-단색 채우기**를 선택한 후 채우기 색(🪣▾)을 클릭하여 **흰색, 배경 1**을 선택합니다.

➕ 오른쪽 작업 창이 활성화된 상태에서 특정 요소(예 : 그림 영역)를 선택하면 해당 요소로 메뉴가 변경됩니다.

 **그룹화 작업**

❶ 그룹화 작업은 '숫자(시작, 끝, 단위)'와 '날짜(분기, 월, 일 등)'가 자주 출제됩니다.

❷ 날짜 그룹화는 단위(일, 월, 분기, 연)를 선택하면 되지만 숫자 그룹화는 '최소값', '최대값', '단위'를 판단하여 그룹화 값을 지정해야 합니다.

    – 시작(최소값) : 201, 끝(최대값) : 500, 단위(201~300) : 100

    – 단위 구분 : 오단위(1~5, 7~11), 십단위(1~10, 15~24, 1~20),
                        백단위(1~100, 51~150, 1~200), 천단위(1~1000, 1~2000)

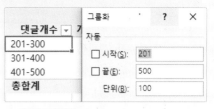

▲ 숫자 그룹화

❺ 열 필드를 정렬하기 위하여 목록 단추(▼)를 눌러 **텍스트 내림차순 정렬**을 클릭합니다.

❻ 그룹 지정 및 정렬 작업이 완료되면 《출력형태》와 동일한지 확인합니다.

행 레이블	지성소프트 개수 : 제품명	지성소프트 평균 : 하반기 판매량	아람 개수 : 제품명	아람 평균 : 하반기 판매량	소리아 개수 : 제품명	소리아 평균 : 하반기 판매량
27001-30000	1	5180			2	3120
30001-33000	1	3870	2	6170	1	2500
33001-36000	1	7510				
총합계	3	5520	2	6170	3	2913.333333

 **열 필드 정렬**

❶ 《출력형태》에서 열 레이블의 목록 단추(개발사 ↓) 모양을 확인하면 정렬을 쉽고 빠르게 구분할 수 있습니다.

    – ↓ : 내림차순 정렬 / ↑ : 오름차순 정렬 / ▼ : 드래그 정렬

❷ 목록 단추가 ▼ 모양일 때는 정렬할 필드를 마우스로 드래그하여 이동시킵니다.

행 레이블	지성소프트 개수 : 제품명	지성소프트 평균 : 하반기 판매량	아람 개수 : 제품명	아람 평균 : 하반기 판매량	소리아 개수 : 제품명
27001-30000	1	5180			2
30001-33000	1	3870	2	6170	1
33001-36000	1	7510			
총합계	3	5520	2	6170	3

❷ 차트 스타일을 변경하기 위해 [차트 도구-디자인] 탭-[차트 스타일] 그룹에서 **스타일 1**()을 선택합니다.

❸ 차트 레이아웃과 스타일이 변경되면 《출력형태》와 동일한지 확인합니다.

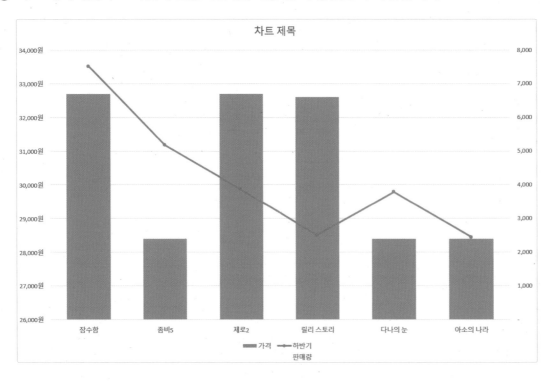

03 차트 영역 서식 지정하기

(5) 영역 서식 ⇒ 차트 : 글꼴(굴림, 11pt), 채우기 효과(질감-파랑 박엽지), 그림 : 채우기(흰색, 배경1)

❶ 차트의 글꼴과 크기를 변경하기 위해 차트 영역을 클릭한 후 [홈] 탭-[글꼴] 그룹에서 **글꼴(굴림)**과 **글꼴 크기(11)**를 지정합니다.

03 **피벗 테이블 옵션 및 서식 지정**

> (3) 레이블이 있는 셀 병합 및 가운데 맞춤 적용 및 빈 셀은 '**'로 표시하시오.
> (4) 행의 총합계는 지우고, 나머지 사항은《출력형태》에 맞게 작성하시오.

❶ 피벗 테이블 옵션을 설정하기 위해 피벗 테이블 위에서 마우스 오른쪽 버튼을 클릭하여 **[피벗 테이블 옵션]** 을 선택합니다.

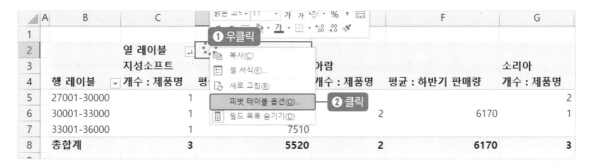

❷ [피벗 테이블 옵션] 대화상자-[레이아웃 및 서식] 탭에서 **레이블이 있는 셀 병합 및 가운데 맞춤** 항목을 선택(✓)한 후 빈 셀 표시 입력 칸에 **을 입력합니다.

❸ [요약 및 필터] 탭을 클릭하여 **행 총합계 표시**의 선택을 해제한 후 <확인>을 클릭합니다.

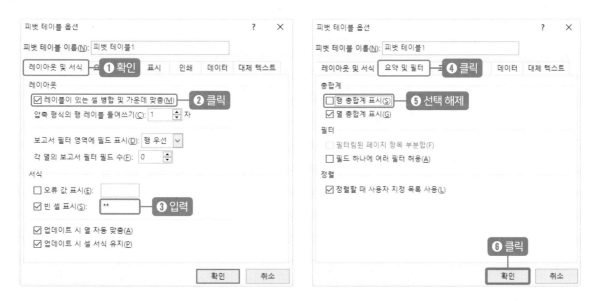

❹ 피벗 테이블 옵션 지정이 끝나면 《출력형태》와 동일한지 확인합니다.

⑦ **[제4작업]** 시트가 만들어지면 맨 끝으로 드래그하여 시트를 이동시킵니다.

레벨업 **차트 구성 요소**

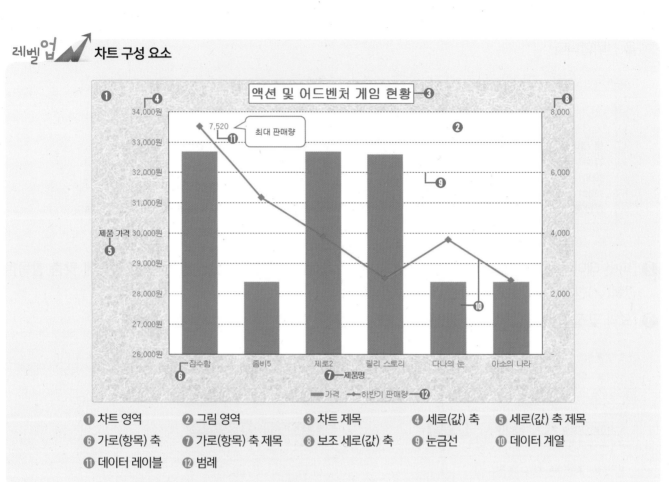

① 차트 영역   ② 그림 영역   ③ 차트 제목   ④ 세로(값) 축   ⑤ 세로(값) 축 제목
⑥ 가로(항목) 축   ⑦ 가로(항목) 축 제목   ⑧ 보조 세로(값) 축   ⑨ 눈금선   ⑩ 데이터 계열
⑪ 데이터 레이블   ⑫ 범례

---

02 차트 디자인(레이아웃 및 스타일) 변경하기

(4) 차트 디자인 도구 ⇒ 레이아웃 3, 스타일 1을 선택하여 《출력형태》에 맞게 작업하시오.

❶ 차트 레이아웃을 변경하기 위해 [차트 도구-디자인] 탭-[차트 레이아웃] 그룹에서 [빠른 레이아웃(📊)]-
레이아웃 3(📊)을 선택합니다.

❺ 행과 열 레이블의 이름을 변경하기 위해 [C2] 셀은 **개발사**, [B4] 셀은 **가격**을 입력합니다.

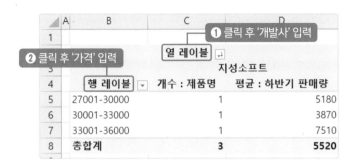

❻ 《출력형태》와 동일하게 서식을 지정하기 위해 [C5:H8] 영역을 드래그합니다. [홈] 탭-[맞춤] 그룹에서 **가운데 맞춤(≡)**을 클릭한 후 [표시 형식] 그룹에서 **쉼표 스타일(,)**을 선택합니다.

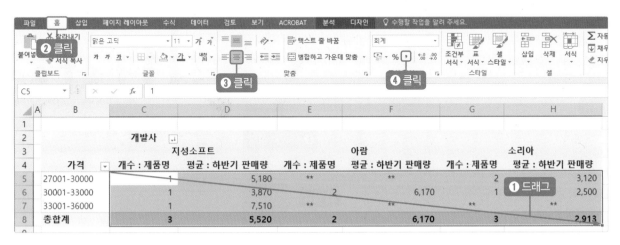

❼ 모든 작업이 완료되면 Ctrl + S 를 눌러 파일을 저장합니다.

❸ [차트 삽입] 대화상자에서 [모든 차트] 탭-[콤보(📊)]를 선택합니다.

❹ 이중축 혼합형 차트(콤보 차트)를 만들기 위해 **하반기판매량** 계열의 차트 종류를 **표식이 있는 꺾은선형**으로 변경한 후 **보조 축**으로 지정하고 <확인>을 클릭합니다.

➕ 계열별(가격-묶은 세로 막대형, 하반기판매량-표식이 있는 꺾은선형) 차트 종류는 《출력형태》를 참고하여 작업합니다.

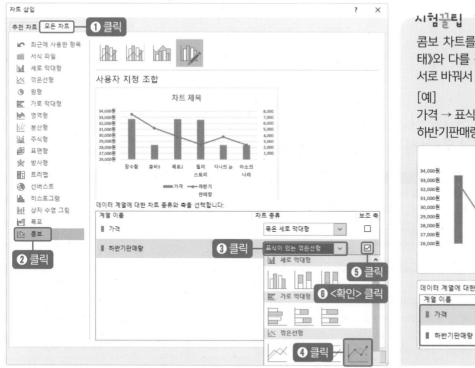

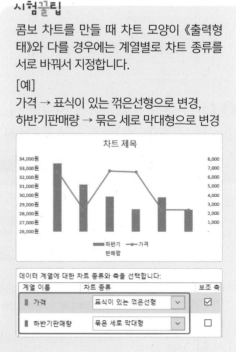

시험꿀팁

콤보 차트를 만들 때 차트 모양이 《출력형태》와 다를 경우에는 계열별로 차트 종류를 서로 바꿔서 지정합니다.

[예]
가격 → 표식이 있는 꺾은선형으로 변경,
하반기판매량 → 묶은 세로 막대형으로 변경

❺ 차트가 삽입되면 [차트 도구-디자인] 탭-[위치] 그룹에서 **차트 이동(📊)**을 클릭합니다.

❻ [차트 이동] 대화상자에서 **새 시트**를 선택한 후 시트 이름을 **제4작업**으로 변경하고 <확인>을 클릭합니다.

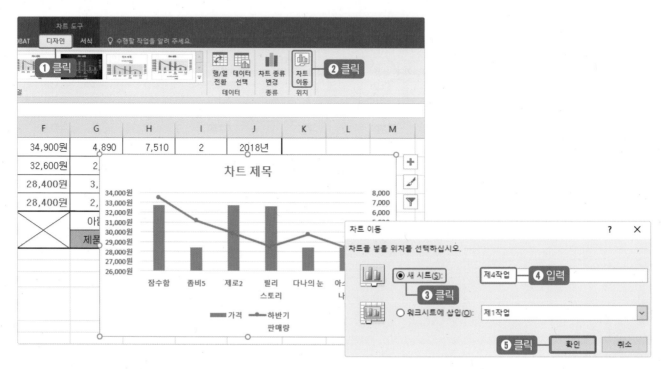

1 "제1작업" 시트를 이용하여 "제3작업" 시트에 조건에 따라 《출력형태》와 같이 작업하시오.

소스파일: 06차시_유형2-1(문제).xlsx
완성파일: 06차시_유형2-1(완성).xlsx

《조건》

(1) 만족도 및 분류별 게임명의 개수와 수익금(백만 달러)의 평균을 구하시오.

(2) 만족도를 그룹화하고, 분류를 《출력형태》와 같이 정렬하시오.

(3) 레이블이 있는 셀 병합 및 가운데 맞춤 적용 및 빈 셀은 '***'로 표시하시오.

(4) 행의 총합계는 지우고, 나머지 사항은 《출력형태》에 맞게 작성하시오.

《출력형태》

A	B	C	D	E	F	G	H
1							
2		분류 ↴					
3			역할수행		아케이드		시뮬레이션
4	만족도 ▽	개수 : 게임명	평균 : 수익금(백만 달러)	개수 : 게임명	평균 : 수익금(백만 달러)	개수 : 게임명	평균 : 수익금(백만 달러)
5	4.1-4.4	1	1,600	1	163	1	2,120
6	4.4-4.7	2	252	***	***	1	179
7	4.7-5	***	***	2	936	***	***
8	총합계	3	701	3	678	2	1,150

— 그룹화 : 시작(4.1), 끝(4.9), 단위(0.3)

2 "제1작업" 시트를 이용하여 "제3작업" 시트에 조건에 따라 《출력형태》와 같이 작업하시오.

소스파일: 06차시_유형2-2(문제).xlsx
완성파일: 06차시_유형2-2(완성).xlsx

《조건》

(1) 신청인원 및 과정별 캠프명의 개수와 비용(단위:원)의 평균을 구하시오.

(2) 신청인원을 그룹화하고, 과정을 《출력형태》와 같이 정렬하시오.

(3) 레이블이 있는 셀 병합 및 가운데 맞춤 적용 및 빈 셀은 '**'로 표시하시오.

(4) 행의 총합계는 지우고, 나머지 사항은 《출력형태》에 맞게 작성하시오.

《출력형태》

A	B	C	D	E	F	G	H
1							
2		과정 ↴					
3			과학		리더십		체험
4	신청인원 ▽	개수 : 캠프명	평균 : 비용(단위:원)	개수 : 캠프명	평균 : 비용(단위:원)	개수 : 캠프명	평균 : 비용(단위:원)
5	15-24	**	**	2	190,000	**	**
6	25-34	2	302,500	1	190,000	1	200,000
7	35-44	1	370,000	**	**	1	295,000
8	총합계	3	325,000	3	190,000	2	247,500

(1) 차트 종류 ⇒ <묶은 세로 막대형>으로 작업하시오.
(2) 데이터 범위 ⇒ "제1작업" 시트의 내용을 이용하여 작업하시오.
(3) 위치 ⇒ "새 시트"로 이동하고, "제4작업"으로 시트 이름을 바꾸시오.

❶ 07차시(문제).xlsx 파일을 실행한 후 [제1작업] 시트를 선택합니다. 차트 데이터 범위를 지정하기 위해
제품명([C4:C7], [C10:C12]), 가격([F4:F7], [F10:F12]), 하반기 판매량([H4:H7], [H10:H12])을
영역으로 지정합니다.

➕ 떨어져 있는 셀을 연속으로 선택할 때는 Ctrl 을 누른 채 다음 셀을 선택합니다.

	제품코드	제품명	개발사	유형	가격	상반기 판매량	하반기 판매량	순위	출시연도
5	PSE2019	잠수함	아람	액션	32,700원	6,820	7,520	1	2019년
6	SCA2020	좀비5	지성소프트	액션	28,400원	4,852	5,180	3	2020년
7	SAV2017	제로2	지성소프트	어드벤처	32,700원	4,501	3,870		2017년
8	SCC2021	골프	아람	스포츠	30,500원	4,782	4,820		2021년
9	KAV2018	풋볼	지성소프트	스포츠	34,900원	4,890	7,510	2	2018년
10	SCE2018	릴리 스토리	소리아	액션	32,600원	2,570	2,500		2018년
11	PSA2021	다나의 눈	소리아	어드벤처	28,400원	3,570	3,790		2021년
12	SAB2019	아소의 나라	소리아	어드벤처	28,400원	2,780	2,450		2019년

레벨업 📈 **차트 데이터 범위 지정**

차트를 만들 데이터 범위는 《출력형태》의 '가로(항목) 축'과 '범례'를 참고하여 영역을 지정합니다.

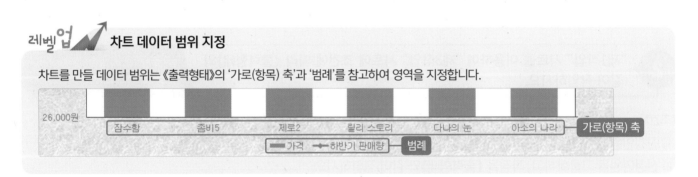

❷ 차트를 만들 데이터 범위가 지정되면 [삽입] 탭-[차트] 그룹에서 **추천 차트(📊)**를 클릭합니다.

파일 홈 삽입 페이지 레이아웃 수식 데이터 검토 보기 ACROBAT ♀ 수행할 작업을 알려 주세요

피벗
테이블 추천 피벗 테이블 │ 표 │ 그림 온라인 도형 SmartArt 스크린샷 그림 │ 일러스트레이션 │ 🛒 스토어 📊 내 추가 기능 │ Visio Data Visualizer 🔲 People Graph │ 추가 기능 │ 추천 차트 │ 차트 │ 피벗 차트 │ 3D 맵 │ 투어 │ 꺾은선형 열 승 │ 스파크라인

H10 │ ✕ ✓ fx │ 2500

	제품코드	제품명	개발사	유형	가격	상반기 판매량	하반기 판매량	순위	출시연도
4									
5	PSE2019	잠수함	아람	액션	32,700원	6,820	7,520	1	2019년
6	SCA2020	좀비5	지성소프트	액션	28,400원	4,852	5,180	3	2020년
7	SAV2017	제로2	지성소프트	어드벤처	32,700원	4,501	3,870		2017년
8	SCC2021	골프	아람	스포츠	30,500원	4,782	4,820		2021년
9	KAV2018	풋볼	지성소프트	스포츠	34,900원	4,890	7,510	2	2018년
10	SCE2018	릴리 스토리	소리아	액션	32,600원	2,570	2,500		2018년
11	PSA2021	다나의 눈	소리아	어드벤처	28,400원	3,570	3,790		2021년
12	SAB2019	아소의 나라	소리아	어드벤처	28,400원	2,780	2,450		2019년

3 "제1작업" 시트를 이용하여 "제3작업" 시트에 조건에 따라 《출력형태》와 같이 작업하시오.

소스파일: 06차시_유형2-3(문제).xlsx
완성파일: 06차시_유형2-3(완성).xlsx

《조건》

⑴ 가입일자 및 기부방법별 성별의 개수와 기부금 총금액의 평균을 구하시오.

⑵ 가입일자를 그룹화하고, 기부방법을《출력형태》와 같이 정렬하시오.

⑶ 레이블이 있는 셀 병합 및 가운데 맞춤 적용 및 빈 셀은 '***'로 표시하시오.

⑷ 행의 총합계는 지우고, 나머지 사항은《출력형태》에 맞게 작성하시오.

《출력형태》

	A	B	C	D	E	F	G	H
1								
2			기부방법 ↴					
3			휴대폰결제			지로		자동이체
4		가입일자 ▾	개수 : 성별	평균 : 기부금 총금액	개수 : 성별	평균 : 기부금 총금액	개수 : 성별	평균 : 기부금 총금액
5		2019년	1	1,110,000	***	***	2	960,000
6		2020년	1	130,000	2	244,000	***	***
7		2021년	1	600,000	***	***	1	165,000
8		총합계	3	613,333	2	244,000	3	695,000

└── 그룹화 : 단위(연)

4 "제1작업" 시트를 이용하여 "제3작업" 시트에 조건에 따라 《출력형태》와 같이 작업하시오.

소스파일: 06차시_유형2-4(문제).xlsx
완성파일: 06차시_유형2-4(완성).xlsx

《조건》

⑴ 방송일 및 분류별 상품명의 개수와 쇼핑가(단위:원)의 평균을 구하시오.

⑵ 방송일을 그룹화하고, 분류를《출력형태》와 같이 정렬하시오.

⑶ 레이블이 있는 셀 병합 및 가운데 맞춤 적용 및 빈 셀은 '*'로 표시하시오.

⑷ 행의 총합계는 지우고, 나머지 사항은《출력형태》에 맞게 작성하시오.

《출력형태》

	A	B	C	D	E	F	G	H
1								
2			분류 ▾					
3			생활가전			화장품		의류
4		방송일 ▾	개수 : 상품명	평균 : 쇼핑가(단위:원)	개수 : 상품명	평균 : 쇼핑가(단위:원)	개수 : 상품명	평균 : 쇼핑가(단위:원)
5		3월	1	1,050,000	1	38,000	*	*
6		4월	1	129,000	*	*	1	82,700
7		5월	1	608,000	2	50,750	1	114,400
8		총합계	3	595,667	3	46,500	2	98,550

[제4작업] 그래프

- 데이터 범위를 지정하여 차트를 삽입한 후 차트 레이아웃과 스타일을 변경합니다.
- 차트 영역, 그림 영역, 차트 제목, 계열, 범례 등을 《조건》에 맞게 변경합니다.
- 도형을 삽입한 후 내용을 입력합니다.

소스파일: 07차시(문제).xlsx　　완성파일: 07차시(완성).xlsx

출제 유형 미리보기　“제1작업” 시트를 이용하여 조건에 따라 《출력형태》와 같이 작업하시오.

《조건》

(1) 차트 종류 ⇒ <묶은 세로 막대형>으로 작업하시오.

(2) 데이터 범위 ⇒ “제1작업” 시트의 내용을 이용하여 작업하시오.

(3) 위치 ⇒ “새 시트”로 이동하고, “제4작업”으로 시트 이름을 바꾸시오.

(4) 차트 디자인 도구 ⇒ 레이아웃 3, 스타일 1을 선택하여 《출력형태》에 맞게 작업하시오.

(5) 영역 서식 ⇒ 차트 : 글꼴(굴림, 11pt), 채우기 효과(질감-파랑 박엽지)
　　　　　　　그림 : 채우기(흰색, 배경1)

(6) 제목 서식 ⇒ 차트 제목 : 글꼴(굴림, 굵게, 20pt), 채우기(흰색, 배경1), 테두리

(7) 서식 ⇒ 하반기 판매량 계열의 차트 종류를 <표식이 있는 꺾은선형>으로 변경한 후 보조 축으로 지정하시오.
　　　　계열 : 《출력형태》를 참조하여 표식(마름모, 크기 10)과 레이블 값을 표시하시오.
　　　　눈금선 : 선 스타일-파선
　　　　축 : 《출력형태》를 참조하시오.

(8) 범례 ⇒ 범례명을 변경하고 《출력형태》를 참조하시오.

(9) 도형 ⇒ ‘모서리가 둥근 사각형 설명선’을 삽입한 후 《출력형태》와 같이 내용을 입력하시오.

(10) 나머지 사항은 《출력형태》에 맞게 작성하시오.

《출력형태》

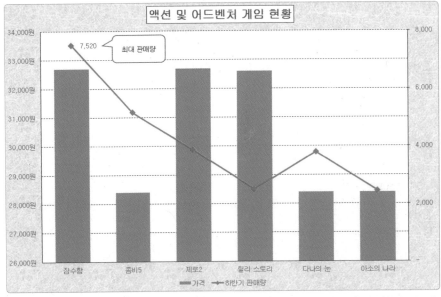

주의 ☞ 시트명 순서가 차례대로 “제1작업”, “제2작업”, “제3작업”, “제4작업”이 되도록 할 것.

⭐ **과정 미리보기**　범위 지정 ➡ 차트 삽입 ➡ 레이아웃 및 스타일 변경 ➡ 세부 구성 요소(제목, 범례 등) 변경 ➡ 도형 삽입